区域基础教育大数据应用建模研究

方海光　杜斌　主编

首都师范大学出版社
CAPITAL NORMAL UNIVERSITY PRESS

图书在版编目(CIP)数据

区域基础教育大数据应用建模研究/方海光，杜斌主编. —北京：首都师范大学出版社，2024.3

ISBN 978-7-5656-8164-6

Ⅰ.①区… Ⅱ.①方… ②杜… Ⅲ.①地方教育－基础教育－研究－中国 Ⅳ.①G639.2

中国国家版本馆 CIP 数据核字(2024)第 056739 号

QUYU JICHU JIAOYU DASHUJU YINGYONG JIANMO YANJIU

区域基础教育大数据应用建模研究

方海光　杜斌　主编

责任编辑　禹　冰

首都师范大学出版社出版发行

地　　址　北京西三环北路 105 号

邮　　编　100048

电　　话　68418523(总编室)　68982468(发行部)

网　　址　http://cnupn.cnu.edu.cn

印　　刷　北京印刷集团有限责任公司

经　　销　全国新华书店

版　　次　2024 年 3 月第 1 版

印　　次　2024 年 3 月第 1 次印刷

开　　本　710 mm×1000 mm　1/16

印　　张　15

字　　数　250 千

定　　价　45.00 元

编委会

前　　言

技术的发展让人们对世界的认识从主观意识向客观数据变得更加可能，继互联网、云计算之后，以大数据、人工智能、5G 网络、ChatGPT 等为代表的新一轮信息技术浪潮席卷而来，深刻地改变着人类的思维、生产、生活和学习方式。教育数字化转型背景下大数据的产生、应用极大地改变了人们对教育的传统认知，技术对教育的作用已不再局限于辅助学习、提高效率，而是成为直接改变教学基本模式、学校基本形态乃至教育行业基本业态的根本性力量，大数据技术让规模化的个性学习成为可能。大数据技术的应用为教育领域提供了处理和分析大数据技术的能力，对学生、教师和学校的各类数据进行收集、存储、处理和分析，从中挖掘出有价值的信息和模型，提供更准确、全面的教学教育决策支持。

教育部公布了国家智慧教育示范区，强调区域教育整体发展以数据为基础，可以直观准确地把握区域教育发展动态，近几年国家智慧教育示范区从教师的教学、学生的学习、决策者的治理等多个方面进行探索。而大规模数据模型是教育数字化服务平台建设应用科学化和精准化的基础，因此，区域教育示范区区域教育数据大脑平台以数据模型为基础，将存储、加工、管理等集为一体，为区域基础教育生态系统奠定基础。

编写本书的初衷是使教育领域从事教育大数据研究的工作者和中小学教师掌握并遵循大数据建模的逻辑和规律，在正确的理论指导下实现教育大数据从表面复杂的数据向精细地反映本质飞跃。本书共 12 章，从区域基础教育大数据的背景、周期、模型、应用以及案例等多个方面来分析大数据是如何对区域基础教育发挥作用的。

第一章梳理了区域教育大数据的研究现状以及相关理论基础，由此界定了区域教育大数据相关概念，并介绍了区域教育大数据的典型应用方向、研究热点和研究发展趋势。

第二章介绍了数据生命周期的发展历程，划分了数据生命周期的不同阶段，并介绍了目前较为典型的数据生命周期模型以供参考。

第三章承上启下，总领第四至八章，在对教育大数据、数据模型等相关概念进行辨析的基础上，介绍了教育大数据的模型分类和区域教育大数据模型发展趋势。

第四章介绍了区域基础教育大数据指数模型的内涵、概念、性质，列举了典型的指数分析模型。

第五章分析了国内外监测模型的使用情况，并梳理了典型的监测分析模型等。

第六章梳理了预警模型的起源和内涵发展，对学生学习行为预警模型等几种典型的预警模型进行了介绍。

第七章介绍了关联分析模型的缘起，阐述了关联分析和关联规则等相关概念以及四类典型的关联模型算法，通过分析相关案例，提出了关联分析模型的机遇与挑战。

第八章以课堂为单位，介绍课堂教学分析模型的发展历程及典型的课堂教学行为分析模型，基于此，采用课堂教学行为模型应用于课堂效果分析。

从第九章起，强调区域基础教育大数据支持的教师发展、教育教学、平台建设和应用情况。

第九章梳理了数据素养的发展历程以及国内外比较有影响的教师数据素养框架，并基于理论研究和现实发展介绍了教师数据素养的运用案例。

第十章基于前期的文献梳理，介绍了精准教学的缘起与发展，并对精准教学的概念进行了界定，介绍了教育大数据支持下的精准教学相关的模型框架，以及精准教学的应用案例。

第十一章提出了区域教育数据大脑的类脑研究，从区域教育数据大脑的类脑的内涵、结构、架构设计等，阐述了 12 条落地的实施路径方案。

第十二章从整体案例的角度，在个性化学习、精准教学、教育治理三个方面分别列出三个典型案例，为后续的区域基础教育大数据的发展和建设提供参考。

最后，特别感谢中国科学院院士张景中先生、北京师范大学智慧学习研究院院长黄荣怀教授和首都师范大学副校长蔡春教授的思想启发和所提供的指导，为本书的编写奠定了坚实的基础。本书是作者团队与北京市东城区智慧教育研究中心三年来共同联合打造的成果，汇集了教育部数学教育技术应用与创新研究中心、北京市教育大数据协同创新研究基地、首都师范大学教育学院多年来的研究积累，同时特别感谢团队成员孔新梅、洪心和韦小勇等人为本书做出的贡献。

当然，本书难免有不当之处，敬请广大读者不吝赐教！

方海光

2024 年 1 月 1 日

目　　录

第一章　区域教育大数据概述

大数据时代已经到来，大数据正在成为推动教育系统创新与变革的科学力量。大数据方面的国际知名专家 Viktor Mayer-Schonberger 在其与 Kenneth Cukier 共同撰写的《大数据时代》中指出，大数据正在实现人类工作、生活与思维的大变革。在大数据理念与技术的冲击下，教育大数据正在成为教育领域不可忽视的新型驱动力，在教育教学研究与实践中发挥着越来越重要的作用。对于区域教育，目前面临的重大问题之一依旧是均衡发展，应用大数据技术可以准确把握区域发展动态和影响其均衡发展的关键因素，从而推进区域教育的均衡发展。

【本章内容结构】

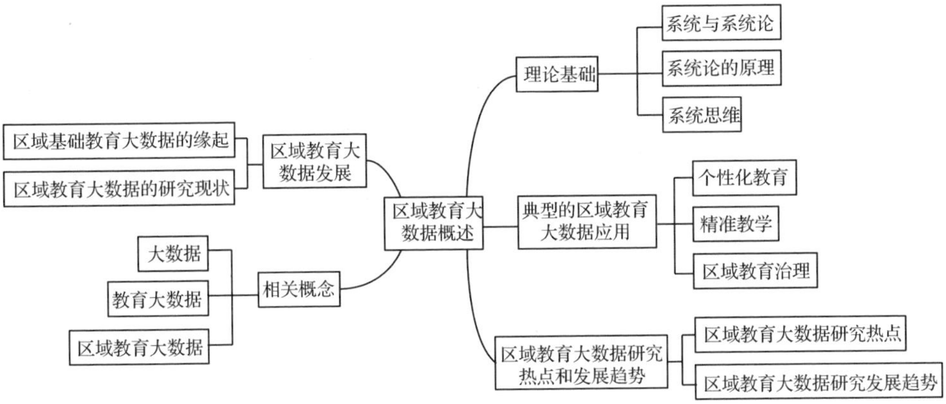

图 1-1　思维导图

第一节　区域教育大数据发展

一、区域基础教育大数据的缘起

（一）大数据时代的兴起

自2011年麦肯锡全球研究所在《大数据：下一个竞争、创新和生产力的前沿领域》的研究报告中对大数据的应用和商业价值进行详细分析以来，基于海量数据挖掘得出决策已经成为经济、通信、环境、医疗等诸多行业运行的基础。联合国在2012年发布的大数据白皮书 *Big Data for Development：Challenges & Opportunities* 中指出，大数据的出现将会对社会各个领域产生深刻影响，其“威力”也给教育带来了强烈的冲击，正在成为推动教育系统创新与变革的颠覆性力量[①]。2016年7月，全球知名信息技术调研机构Gartner在《新兴技术成熟度曲线报告》中指出：中国庞大的互联网消费群会为大数据的发展带来无限前景，在中国政府的全力支持下，大数据技术将在中国大行其道[②]。大数据已成为各行各业决策的依据，大数据产业链正加速形成，在大数据理念与技术的冲击下，教育大数据正在成为教育领域不可忽视的新型驱动力，在教育教学研究与实践中发挥着越来越重要的作用。

（二）大数据驱动教育变革

在教育领域，大数据的重要性与其巨大的价值已经为更多人所关注，教育领域不断生成流动的海量数据，便是常说的教育大数据。美国教育部于2012年10月发布的《通过教育数据挖掘和学习分析促进教与学》中介绍了美国教育大数据应用领域、案例与挑战，并明确教育大数据的主要应用方向——教育数据挖掘和学习分析，促进美国高等院校及K-12学校教学系统的变革[③]。欧盟的《开放数据战略》在观念意识、法律政策和技术研发等方面提出了详细的发展规划，将教育、培训与终身学习列为开放数据战略的重要领域。2015年8月31日国务院发布的《促进大数据发展行动纲要》中指出“数据已成为国

① *Big Data for Development：Challenges & Opportunities*，http：//www. unglobalpulse. org/sites/default/files/BigDataforDevelopment-UNGlobalPulseJune2012. pdf.

② 裴莹、付世秋、吴锋：《我国教育大数据研究热点及存在问题的可视化分析》，《中国远程教育》，2017年第12期，第46—53页。

③ 徐鹏、王以宁、刘艳华等：《大数据视角分析学习变革——美国〈通过教育数据挖掘和学习分析促进教与学〉报告解读及启示》，《远程教育杂志》，2013年第31期，第6、11—17页。

家基础性战略资源”，并在启动的十大工程之一“公共服务大数据工程”中明确提出要建设教育大数据。[①] 目前，教育大数据的重要性已经提升到国家战略层面，教育大数据中心建设和区域数据共建共享应用成为主要的建设模式，对个体学习的全过程数据分析和精准数据评测学习成为主要的应用场景，从而通过宏观和微观两方面建设，带动教育领域的广泛关注和重视。2016 年 4 月，《中国基础教育大数据发展蓝皮书》正式发布[②]，蓝皮书中对教育大数据基础理论、发展理念和应用范式进行了梳理，发展教育大数据决定着教育的未来，是我国深化教育领域改革与推进教育创新演进的必由之路。蓝皮书指出，2015 年是我国教育大数据发展的元年，但从 2013 年(中国大数据元年)开始我国教育工作者就从不同角度开展了教育大数据的研究工作，为一线学校进行教育大数据的实践活动提供理论指导。

大数据对于教育领域的冲击是全面的。基于大数据的理念，大数据教育能够改变个体学习者的学习状况、对教育规律的认识深度、教育政策的制订方式，乃至整个教育系统的结构。教育大数据的最终价值在于实现教育管理和决策的科学化、教学模式改革、个性化学习的实现、教育评价体系的重构、科学研究范式的转型以及教育服务的人性化。

(三)大数据促进区域教育均衡发展

当前区域教育发展面临发展不均衡、教育决策粗放化、教育方式单调化、教育信息隐形化、教育就业盲目化、教育择校感性化等诸多难题。教育大数据建设不仅要持续、动态汇聚海量数据，更要实现数据基础上的教育“智慧”的创生。应用教育大数据可以准确把握区域教育发展动态和影响其均衡发展的关键因素，通过持续汇聚海量的教育数据，教育大数据能够为破解区域教育发展难题提供科学的数据分析与决策支持，为区域教育的全方位变革与创新发展提供强大动力来源和科学力量支撑[③]。大数据是区域智慧教育发展的基础，区域性教育大数据汇聚应用是智慧教育必经的前置阶段，依托大数据，逐步形成智能系统和智能装备，为智慧教育发展奠定基础。

教育大数据促进区域教育科学均衡发展。刘雍潜认为海量教育数据的汇

---

① 国务院：《促进大数据发展行动纲要》，http：//www.gov.cn/xinwen/2015-09/05/content_2925284.htm.

② 卢秋红：《〈中国基础教育大数据发展蓝皮书(2015)〉发布》，《中小学信息技术教育》，2016 年第 5 期，第 4 页。

③ 刘雍潜、杨现民：《大数据时代区域教育均衡发展新思路》，《电化教育研究》，2014 年第 5 期，第 11—14 页。

聚为区域教育均衡发展提供了新的思路，在大数据时代背景下，区域教育的均衡发展应该以数据为基础，准确把握区域教育发展的动态。杨现民认为大数据助力破解教育发展不均衡、教育决策粗放化、教育方式单调化、教育信息隐形化等难题，强调区域教育大数据的建设应以构建立体化的区域教育数据网络为基础，形成全区教育数据动态实时采集、交换、共享、更新与创新应用的完备机制，为区域教育的全方位变革与创新发展提供强大的动力来源和科学力量支撑。[①]

二、区域教育大数据的研究现状

智慧教育是当前教育数字化的发展方向，也是区域教育数字化的美好期望，但要实现教育中的智能支持，大数据是必不可少的。在服务的过程中，数据自然地汇聚与生成，形成区域教育大数据，可为区域教育质量管理、教育资源配置、区域性精准教研、区域性教育公共服务提供科学的决策基础。国内区域教育大数据研究主要聚焦在建设与应用两个方面。

(一)区域教育大数据建设研究

基于教育大数据的理论研究为区域教育大数据的发展提供了前提条件，对区域教育大数据模型架构以及服务平台建设进行研究，是开展区域教育大数据应用研究的基础。区域教育大数据建设是一项系统性工程，国内学者已对区域教育大数据的整体架构与框架设计以及区域教育大数据平台建设展开了积极探索。

清晰合理的架构与框架设计是建设高水平区域教育大数据的基础保障。刘邦奇等提出区域教育大数据参考框架，认为区域教育大数据离不开“大数据应用体系(简称‘应用体系’)建设”“大数据专家团队(简称‘专家团队’)建设”和“大数据保障制度(简称‘保障制度’)建设”三个关键要素的协同配合，每个要素又由多项关键内容组成[②]。杨现民等构建了区域教育大数据分析服务平台的五层技术架构(数据采集层、数据处理层、数据分析层、数据展示层、数据应用层)，并提出区域教育大数据平台的“三层三类数据分析架构模型”。该模型涉及两个数据分析维度：一是从数据分析的深度来界定三层数据分析服务(描

① 杨现民、王榴卉、唐斯斯：《教育大数据的应用模式与政策建议》，《电化教育研究》，2015年第9期，第56—61页。

② 刘邦奇、张振超、王亚飞：《区域教育大数据发展参考框架》，《现代教育技术》，2018年第4期，第5—12页。

述性分析、诊断性分析、预测性分析)，二是从数据分析的业务类型来界定三类数据分析服务(基础性信息统计分析、信息化应用数据分析、教育业务专题数据分析)，以及对典型专题大数据进行了初步分析设计。余胜泉等剖析了区域教育大数据的总体架构，包括教育过程多模态数据收集、学习者个性化认识模型构建、学科知识图谱构建、数据挖掘分析、资源语义标记与汇聚、个性化智能推荐引擎、区域教育决策分析等关键模块①。

网络建设层面，区域教育大数据的建设应以构建立体化的区域教育数据网络为基础，形成全区教育数据动态实时采集、交换、共享、更新与创新应用的完备机制，为区域教育的全方位变革与创新发展提供强大动力来源和科学力量支撑。杨现民等构建了区县层面教育数据网络的架构，以教育数据中心为核心纽带进行整体架构，遵循“四步走”建设策略：“定标准，搭平台”“聚数据，抓管理”“聚数据，抓教学”“用数据，促变革”。并指出建设过程中涉及五大关键问题，分别是教育数据的采集机制、教育数据的融通共享、教育数据的开放运营、教育数据的安全保护以及教育数据的质量管理。②

平台建设层面，区域教育大数据平台是推进区域性应用的核心关键，大数据平台不仅仅是计算资源虚拟化、云化，更重要的是利用人工智能领域的深度学习、自然语言处理、知识图谱、知识推理、语义搜索、智能推荐等关键技术建立面向教育业务的大数据收集、处理、分析及应用模型。余胜泉教授等指出区域教育大数据平台应具备情境感知、自然交互数据全记录、学习资源语义化汇聚、内容自动转码与格式自适应等特性，利用平台中建立的学科知识本体库、认知模型库以及推理引擎等核心基础模块，对采集的学习过程交互数据进行自动化分析，实现学习资源与学习服务个性化、适应性推送。③ 同时，区域教育大数据应用，只有平台和技术是不行的，关键要构建教育数据无缝流转的生态系统，数据要在不同用户角色、不同参与者、不同技术系统之间，在业务流程中无缝流转，在开展业务的过程中，既生成数据又使用数据，才能形成真正的大数据。徐超超等设计了区域教育大数据平台的技术架构、主题数据库与核心功能，并对平台建设与运营中存在的教育数据

---

① 余胜泉、李晓庆：《区域性教育大数据总体架构与应用模型》，《中国电化教育》，2019 年第 1 期，第 18—27 页。

② 杨现民、陈世超、唐斯斯：《大数据时代区域教育数据网络建设及关键问题探讨》，《电化教育研究》，2017 年第 1 期，第 37—46 页。

③ 余胜泉、李晓庆：《基于大数据的区域教育质量分析与改进研究》，《电化教育研究》，2017 年第 7 期，第 5—12 页。

开放、治理以及创新应用问题进行了探讨[①]。李振等从学习行为大数据采集、教育大数据存储与计算以及教育大数据分析挖掘三个方面探讨了平台的关键实现技术。[②] 张邵丽等构建了教育大数据平台的运行机制，涉及开放获取、分类存储、整合共享、技术支撑和管理协同五个方面。此外，还有学者对教育大数据平台信息共享的影响因素、区域教研中教育数据应用协同创新共同体模式以及智慧协同策略进行了研究。

(二)区域教育大数据的应用研究

当前，区域教育大数据应用研究聚焦在区域教育质量提升上。

理论研究层面，刘雍潜等指出，海量教育数据的汇聚为区域教育均衡发展提供了新思路，通过对教育大数据的深入分析和挖掘，有望从教育环境均衡、教育资源均衡、教育机会均等、教育质量均衡四个方面推动区域教育的均衡发展[③]；黄涛等通过对国内外教育质量评价项目的研究进展、理论模型、分析方法等多方面的整合分析，构建多元数据驱动的区域教育质量分析模型，并提出要重视构建区域数据闭环，建立数据应用反馈机制，实现基于大数据的区域教学生态的重构[④]。

实践研究层面，教育深化综合改革的核心方向是促进学生的全面发展与个性化成长，发现个性、培养个性，提高教育质量。余胜泉领衔的大数据促进区域教育质量分析与改进研究团队，构建了集学生个性服务、教师精准教学、家长育人协同、学校质量改进为一体的区域教育质量改进服务模型。目前，该项目已在北京通州、房山等地区开展了大规模的实践探索，取得了良好的效果。此外，重庆、苏州、温州等地在教育部基础教育质量监测中心专家团队的指导下，纷纷成立了地方教育评估院和教育质量监测中心，在利用大数据支撑区域基础教育质量监测与评估方面进行了卓有成效的探索。黄涛等分析了大数据环境下区域教育质量评价面临的机遇和挑战，通过对国内外教育质量评价项目的研究进展、理论模型、分析方法等方面的整合分析，提

---

① 徐超超、陈世超、赵鑫硕等：《区域教育大数据中心平台建设探讨》，《现代教育技术》，2016年第11期，第5—12页。

② 李振、周东岱、刘娜等：《教育大数据的平台构建与关键实现技术》，《现代教育技术》，2018年第1期，第100—106页。

③ 刘雍潜、杨现民：《大数据时代区域教育均衡发展新思路》，《电化教育研究》，2014年第5期，第11—14页。

④ 黄涛、王一岩、张浩等：《数据驱动的区域教育质量分析模型与实现路径》，《中国电化教育》，2019年第8期，第30—36页。

出我国教育质量评价的关键在于参照核心素养的要求，制定区域教育质量评价指标体系；构建多元分析模型，揭示区域教育发展规律；着眼于国家教育发展长远规划，探索区域教育质量评价实现路径。

教育大数据的兴起催生了越来越多的智慧化教育服务。积极推进大数据技术与教育教学的深度融合，是实现新时代教育治理现代化发展的必经之路。当前，区域教育治理现代化的研究正朝着“数据平台支撑，应用场景驱动”的方向前进。范炀等针对当下教育治理大数据平台建设的瓶颈，构建了互联网感知大数据驱动的、面向区域教育治理的智能化大数据平台，并展示了该平台在区域教育治理领域的三个应用方向。[①] 郑旭东等根据区块链赋能区域教育治理的基本逻辑，构建了相应的区域教育治理实践框架，自下而上为区域教育数据源层、区块链服务平台层、区域教育组织结构层、区域教育治理场景层，能够在动态汇聚区域教育场景大数据的基础上，以数据流驱动多元主体协同处理各类教育公共事务。[②] 薛耀锋等从区域学生发展质量视角出发，提出了区域教育治理现代化、区域学生发展质量与区域义务教育发展质量的逻辑关联，并以区域学生发展质量评价为依据，设计了面向区域教育治理的学生画像，为区域教育治理现代化提供工具支持，以区域教育治理现代化促进区域义务教育发展质量。[③]

第二节　相关概念

一、大数据

大数据是数据概念的延伸和扩展，是数据量巨大的数据、海量数据，它区别于传统数据的特征主要是其规模。对于大数据，研究者较多地使用其若干个基本特征进行界定。传统的大数据“3V”特征定义，即大数据具有体量大（volume）、种类多（variety）、速度快（velocity）三类特征[④]；国际数据公司

① 范炀、茆瀚月、李超等：《面向区域教育治理的智能化大数据平台研究》，《现代教育技术》，2021年第9期，第63—70页。

② 郑旭东、狄璇、岳婷燕：《区块链赋能区域教育治理：逻辑、框架与路径》，《现代远程教育研究》，2022年第1期，第31—39页。

③ 薛耀锋、曾志通、王亚飞等：《面向区域教育治理的学生画像研究》，《中国电化教育》，2020年第3期，第62—68页。

④ DRINGUS L P，“Learning analytics considered harmful”，*Journal of Asynchronous Learning Networks*，vol. 3(2012)，pp. 87—100.

(IDC)认为，大数据是符合4V特征的数据集，即在"3V"基础上增加价值性(value)。而IBM认为大数据必然具有真实性(veracity)。目前相关领域比较认可的是"4V"定义，即体量大(volume)、种类多(variety)、速度快(velocity)和价值性(value)。国际电信联盟(International Telecommunication Union, ITU)定义大数据为：一种允许可能在实时性约束条件下收集、存储、管理、分析和可视化，具有异构特征的大量数据集的模式。[①]

二、教育大数据

由于教育以及大数据的复杂性，目前对于教育大数据的概念仍没有统一的界定。有学者从教育的范畴出发，认为教育大数据具有广义和狭义之分。从广义上看，教育大数据是面向所有不同教育阶段中无处不在的教育过程所产生的各种数据；而从狭义上看，教育大数据主要指学校教育过程中产生的各种数据。杜婧敏等认为教育大数据是面向教育全过程时空的多种类型的全样本的数据集合。[②] 孙洪涛等把教育大数据定义为服务教育主体和教育过程、具有强周期性和巨大教育价值的高复杂性数据集合[③]。徐鹏等认为"广义的教育大数据泛指来源于日常教育活动中人类的行为数据"，而狭义的教育大数据指的是"学习者的行为数据，主要来源于学生管理系统、在线学习平台和课程管理平台等"[④]。方海光认为教育大数据是指教育中的大数据，可以翻译为"Education Big Data, EBD"，教育大数据是大数据的一个重要子集，是大数据在教育领域的延伸，是整个教育活动过程中所产生的以及根据教育需求收集到的、一切用于教育发展并可创造巨大潜在价值的数据集合[⑤]。

教育大数据是在教育活动运行过程中的数据，它反映教育系统运行过程中实时、真实的运行状况，蕴含着教育系统运行的内在规律。与用传统方法收集的教育数据相比，教育大数据有更强的实时性、连续性、综合性和自然

---

① ITU-T Recommendations. Big data-cloud computing based requirements and capabilities. https://www.itu.int/ITU-T/recommendations/rec.aspx?rec=12584&lang=en.

② 杜婧敏、方海光、李维杨等：《教育大数据研究综述》，《中国教育信息化》，2016年第19期，第1—4页。

③ 孙洪涛、郑勤华：《教育大数据的核心技术、应用现状与发展趋势》，《远程教育杂志》，2016年第5期，第41—49页。

④ 徐鹏、王以宁、刘艳华等：《大数据视角分析学习变革——美国〈通过教育数据挖掘和学习分析促进教与学〉报告解读及启示》，《远程教育杂志》，2013年第6期，第11—17页。

⑤ 方海光：《教育大数据：迈向共建、共享、开放、个性的未来教育》，北京：机械工业出版社，2016年，第17—18页。

性，并使用不同的应用程序来分析和处理不同复杂度和深度的数据。与其他领域的大数据相比，例如商务、交通、医疗、金融等领域，其呈现出不同的特征，即教育大数据采集的高度复杂性、教育大数据应用的高度创造性，以及教育大数据不仅注重相关关系，更强调因果关系。

三、区域教育大数据

智慧教育正在引领新一轮区域教育数字化发展与改革的浪潮，在定位区域教育中心平台价值的基础上，构建教育大数据中心平台，并对平台建设与运营中存在的教育数据适度开放、全面治理以及创新应用三方面进行了初步探讨。区域教育大数据发展层面强调的是教育大数据对资源要素跨区域流动、产业跨区域发展、人才结构和劳动力跨区域调整、跨区域创新能力体系构建等的推动作用。

区域教育大数据主要来自区域层面的教育数据，主要包括该区域的各个学校，以及社会培训、在线教育机构等产生的教育数据，如国家标准规定的教育行政管理数据、区域教育云平台产生的各种行为与结果数据、区域教研等所需的各种教育资源、各种区域层面开展的教学教研与学生竞争活动数据以及各种社会培训与在线教育活动数据①。

大数据是推进区域教育质量监测与管理的最佳手段，教育大数据在日常教育业务中产生，全样本覆盖，实时收集、实时分析、实时反馈、实时改进，数据不仅仅服务于区域教育行政部门，更可以服务于每一位老师、每一位学生、每一位家长，让服务主体有获得感，是推进区域教育质量改进与提升最有效的手段。不同区域有自己不同的教育现状，在教育大数据的背景下不仅可以缩小区域间的教育差距，而且有助于不同区域根据自身环境条件、经济状况以及发展需要形成各具特色的区域发展路径。

第三节　理论基础

一、系统与系统论

关于系统，经典的定义是系统理论之父冯·贝塔朗菲给出的："系统是相

① 杨现民、王榴卉、唐斯斯：《教育大数据的应用模式与政策建议》，《电化教育研究》，2015年第9期，第56—61页。

互联系、相互作用着的诸多元素的集合统一体，是处于一定相互关系中，并与环境发生关系的各组成部分(要素)的总体。”[1]。该定义强调了系统的基本特征就是内部和外部各种复杂、紧密的联系。一般系统论则试图给出一个能够描述各种系统共同特征的一般的系统定义，即系统是具有特定功能的、相互间有机联系的许多要素所构成的一个具有某种功能的有机整体。[2] 该定义包含了系统、要素、结构和功能四个概念，表明要素与要素、要素与系统、系统与环境三个方面的关系。

系统论是研究客观现实系统共同的特征、本质、原理和规律的科学。它所概括的思想、理论、方法和工具，普遍地适用于物理、生物和社会系统。系统论首先具有科学思想和方法论的特征。它主张从整体出发，研究系统与系统、系统与组成部分以及系统与环境之间的普遍联系。它从揭示系统的整体规律上，为解决现代科学技术、社会和经济等方面的复杂系统问题，提供了新的理论武器。[3] 系统论是以系统为研究对象，探索和揭示系统发生发展的基本规律的一门学科，系统论认为，整个世界是一个以系统形式普遍存在的物质世界。

二、系统论的原理

整体性、层次性、开放性、目的性、突变性、稳定性、自组织性和相似性，是系统的8个基本特性，每个特性也就是系统的一个基本方面，将其视为一个相互作用的整体，就形成了系统论的8条基本原理[4]。

(一)系统整体性原理

整体性是系统的最为鲜明、最为基本的特性之一，系统之所以称为系统，首先在于其具有整体性。系统整体性原理指的是，系统是由若干要素组成的具有一定新功能的有机整体，各种作为系统子单元的要素一旦组成系统整体，就具有独立要素所不具有的性质和功能，形成了新的系统的质的规定性，从而表现出整体的性质和功能不等于各个要素的性质和功能的简单加和。

---

① 冯·贝塔朗菲著，林康义、魏宏森等译：《一般系统论：基础、发展和应用》，北京：清华大学出版社，1987年，第51—52页。

② 霍绍周：《系统论》，北京：科学技术文献出版社，1988年，第24—25页。

③ 曾广容、易可君、欧阳绪清等：《系统论 控制论》，《信息论概要》，长沙：中南大学出版社，1986年，第3页。

④ 魏宏森、曾国屏：《系统论：系统科学哲学》，北京：清华大学出版社，1995年，第201—286页。

(二)系统层次性原理

系统具有层次性，层次性是系统的一种基本特性。系统的层次性原理指的是，由于组成系统的诸要素的种种差异，包括结合方式上的差异，使得系统组织在地位与作用、结构与功能上表现出等级秩序性，形成了具有质的差异的系统等级，即形成了统一系统中的等级差异性，层次概念就反映这种有质的差异的不同的系统等级或系统中的等级差异性。

(三)系统开放性原理

人们生活的世界是一个系统的世界，现实的系统都是开放的系统。系统的开放性原理指的是，系统具有不断地与外界环境进行物质、能量、信息交换的性质和功能，系统向环境开放是系统得以向上发展的前提，也是系统得以稳定存在的条件。

(四)系统目的性原理

目的性原理是组织系统发展变化时表现出来的一个鲜明的特点。系统目的性原理指的是，组织系统在与环境的相互作用中，在一定范围内其发展变化不受或少受条件变化或途径经历的影响，坚持表现出某种趋向预先确定的状态的特性。

(五)系统突变性原理

经过突变而发展变化是系统发展变化的一种基本形式。系统通过失稳从一种状态到另一种状态，是一种突变过程，它是系统质变的一种基本形式。突变方式多种多样，同时系统发展还存在着分叉，从而有了质变的多样性，带来系统发展的丰富多彩。

(六)系统稳定性原理

系统的存在就意味着系统有一定的稳定性；系统的发展变化也是在稳定基础上的发展变化。系统的稳定性原理指的是，在外界作用下，开放系统具有一定的自我稳定能力，能够在一定范围内自我调节，从而保持和恢复原来的有序状态，保持和恢复原有的结构和功能。

(七)系统自组织性原理

现实的系统都是处于自我运动、自发形成组织结构、自我演化之中的。系统的自组织原理指的是，开放系统在系统内外两个方面因素的复杂非线性的相互作用下，内部要素的某些偏离系统稳定状态的涨落可能得以放大，从而在系统中产生更大范围的更强烈的演化相关，自发组织起来，使系统从无序到有序，从低级有序到高级有序。

（八）系统相似性原理

系统的相似性原理是系统的一个基本特性。相似性原理指的是，系统具有同构和同态的性质，体现在系统的结构和功能、存在方式和演化过程具有共同性，这是一种有差异的共性，是系统统一性的一种表现。系统相似性原理阐述了系统论原理存在的基础，即指出了一切客观世界的系统都具有一定程度的相似，也就是说它们都存在一定的共性。

三、系统思维

所谓系统思维方式，就是从系统观点出发，着重从整体与部分、部分与部分、结构与功能、优化与建构、信息与组织、控制与反馈、系统与环境之间的相互联系和相互作用中综合地研究和精确地考察对象，以求达到最佳认识客体和正确进行实践活动的思维方式。系统思维是一种科学的思维方式，是对人类思维要素的优化，是整合心理、知识与运筹要素构建的大脑立体思维模式[①]。

（一）整体思维

"整体性思维就是从整体出发，对系统、要素、结构、层次（部分）、功能、组织、信息、联系方式、外部环境等进行全面总体思维，从它们的关系中揭示和把握系统的整体特征和总体规律。""它是以系统整体性原理为指导，从整体上来把握事物，打破事物之间的各种人为的界限，进行泛化思维，将各种事物有机联系起来，全方位、大尺度地看待和解决问题的一种思维方式。"整体性思维是系统思维方式的核心内容，它决定着系统思维方式的其他内容和原则。整体性思维是人们反映、认识客观对象的新型的思维方式，其主要思想即是对事物及其关系从总体上进行把握，通过系统、要素、结构、功能以及外部环境等整体思维，揭示系统的特征及总体规律。

（二）运筹思维

运筹思维是一种解决构建和模拟复杂心智模型中所遇到困难的巧妙方法，在实践中，单纯依赖数学表示来处理复杂的现象是不够的，需要通过运筹建模以及运用相应工具，为处理相关的复杂现象提供处理的可行性。运筹思维研究的是关系映射。它捕捉各种活动间的交互、互选、活动的顺序和流程以及规则等。它是研究系统怎么达成其行为，或者利用词条结构的元素产生所需功能的动态过程。

① 祝华勇：《系统思维与科学发展观的践行》，延安：延安大学，2010年。

基于此，格哈拉杰达基提出应用运筹思维的原则：①通过理解部分行为来预测整体的行为比通过理解整体的行为来预测部分的行为更容易；②对运筹思维真髓的了解，源于意识到时间并不应该被认作单向的箭头，而是更像节奏，同时也认识到复杂现象的迭代本质；③掌握一组预定活动的周期性重复，本质上就是把握闭环系统，并且发现重复制造混乱行为模式的隐藏秩序；④人需要通过心智模型来进行思考，但是心智模型只是现实的抽象，并且是过度简化的，需要使它们更加明晰化；⑤个人无法控制一个复杂的社会系统，但是可以重新设计它，或者与之共舞。

(三)系统性设计思维

设计思维译自英文术语“Design Thinking”，也有台湾学者译为“设计思考”。对于设计思维，目前并没有对其做出精确的定义，总结不同学者对设计思维的理解可以发现主要有三种观点：第一种观点是方法观，认为设计思维是一套关于创新式解决问题的方法论体系；第二种观点是过程观，认为设计思维是一个分析、创造的过程，它包括对问题的探索，对解决方案的构思、制作、评价等环节；第三种观点是能力观，认为设计思维就是设计者区别于他人的一种复杂的思维能力。综上所述，设计思维即指人们在面临复杂的现实问题时，能够综合运用自己的知识经验，通过设计与思维不断生成新的问题解决策略，进而创造性地形成解决问题的思路与方案。

第四节　典型的区域教育大数据应用

大数据时代的到来将教育数据的应用发展推向了高潮。云计算、物联网、大数据、移动通信等各种新型信息技术开始在教育领域得到广泛应用。教育数据出现“爆炸式”增长，教育数据的采集更加实时、连贯、全面和自然，教育数据的分析处理更加复杂和多样，应用更加多元、深入，并且正在被广泛应用到教学、管理、科研、评价、服务等教育的各个业务领域。

一、个性化教育

国家以招生考试制度改革为龙头的教育深化综合改革的核心方向是促进学生的全面发展与个性化成长，发现个性、培养个性，提高教育质量。教育大数据可以发现真正的学生个体特征，为学生个性化成长提供支持，为破解规模化覆盖和个性化发展的难题提供了新的思路。

北京师范大学未来教育高精尖创新中心研究了一套全面表征学习者特征的数据模型以及区域教育数据挖掘与分析模型，开发了一个促进学生个性发展的教育公共服务平台，形成了一套用大数据改进区域教育质量的解决方案，并在北京市通州区成功开展了实践，取得了良好的效果。

通过大数据进行学习分析，可以辅助教师更好地调整和改进教学策略，重构教学计划，完善课程的设计与开发；向学生推荐个性化的学习资源、学习任务、学习活动和学习路径；帮助家长更加全面、真实地认识孩子，与学校一起促进孩子的个性化成长；帮助教育管理者进行更科学的管理决策；帮助社会公众把握教育的发展现状，享受更具针对性、更适合自己的终身学习服务。

二、精准教学

近年来，随着人工智能、大数据和移动网络技术的快速发展，基于信息技术的学校教育教学改革不断深化，有关"精准教学"的研究又成为教育研究者青睐的热点之一。同时，精准教学的内涵不断丰富，信息时代的特征也更加明显。

目前，国内对精准教学研究较为深入的有华东师范大学祝智庭教授团队和江苏师范大学杨现民教授团队，他们对传统精准教学的内涵进行了拓展，将信息技术要素引入精准教学，提出了信息技术支持下精准教学的新定义。祝智庭教授团队认为，精准教学的开展需要做到目标、问题和干预三个方面的精准①。教师通过采集和分析学生的学业数据，制定符合学习者个性化特征的精准目标，并在学生解决真实问题的过程中实施精准的干预。他们利用课堂教学数据的记录、分析和决策三个要素总结了精准教学过程中进行教学决策的方法，并指出精准教学的价值和意义在于支持每一位学习者对所有知识点或技能的掌握。杨现民教授团队研究了基于数据驱动的精准教学，构建了大数据时代学校教学的新范式②。

精准教学是在大数据技术的支持下，以学生学习为中心，通过对学生学习状况的精准分析，进而精准确定教学目标、精准开发教学资源、精准设计

① 雷云鹤、祝智庭：《基于预学习数据分析的精准教学决策》，《中国电化教育》，2016年第6期，第27—35页。

② 杨现民、骆娇娇、刘雅馨等：《数据驱动教学：大数据时代教学范式的新走向》，《电化教育研究》，2017年第12期，第13—26页。

教学活动、精准实施教学干预、精准进行教学评价，最终帮助教师精准做出教学决策的教学方法。

三、区域教育治理

2019年中共中央、国务院发布的《中国教育现代化2035》提出要加快信息化时代教育变革，推进教育治理方式变革，推进管理精准化和决策科学化①。在信息技术时代，大数据正在成为提升区域教育治理能力的重要手段，有助于提高教育监测的科学性、增强教育预测预警的精准性，而大数据与区域教育治理的有效结合对于变革教育方式、促进教育公平、提升教育质量、加快推进教育现代化、建设教育强国具有重要的意义。

首先，大数据能够更新区域教育治理的采集手段，丰富教育统计数据的来源，将阶段性、静态化的调查转变为全过程、动态化的监测，有助于科学评价区域教育的进展，是实施质量监测的重要手段。

其次，大数据沉淀丰富的信息，通过数据挖掘可以将隐含的教育规律及其演化趋势展现出来，使教育决策部门了解并提前预测区域内教育发展的需求趋势，由事后补救转向事前预警。

此外，大数据还有助于政府统筹规划，提高区域内及区域间教育资源配置的合理性，促进区域教育优质均衡发展。通过建立"用数据说话、用数据决策、用数据管理、用数据创新"的机制，提高教育决策的针对性与科学性，推动政府管理理念和教育治理模式发展。

第五节　区域教育大数据研究热点与发展趋势

一、区域教育大数据研究热点

为了更好地探讨区域教育大数据研究热点问题，笔者利用CiteSpace知识图谱可视化工具进行分析，基于区域教育大数据文献关键词进行词频、聚类以及热点分析，探测区域教育大数据的相关研究热点与发展趋势。

首先选取中国知网CNKI以及科学网Web of Science（WOS）作为数据源，对区域教育大数据的相关文献进行计量分析，检索时间为2012年1月1日至

① 中共中央、国务院：《中国教育现代化2035》，http：//www.gov.cn/xinwen/2019-02/23/content_5367987.htm.

2022年1月1日，在CNKI中选择“高级检索”类型，选择“主题”检索，检索条件为“区域&教育&大数据”“区域&智慧教育&大数据”“区域&教学资源&大数据”“区域&教育管理&大数据”“区域&学校&大数据”“区域&教学&大数据”“区域&学习&大数据”“区域&教育应用&大数据”，共检索出121篇相关记录，剔除论文、报道、会议通知、文件、征稿启事、卷首语等，共得到92篇相关文献，再对不是教育相关专业的文献进行提炼，最终得到72篇有效文献。同理，在科学网Web of Science（WOS）以“Regional Education Data”“Regional Educational Data”为关键词进行检索，最终得到19篇文献，由于数据较少，并未对其进行关键词聚类研究。

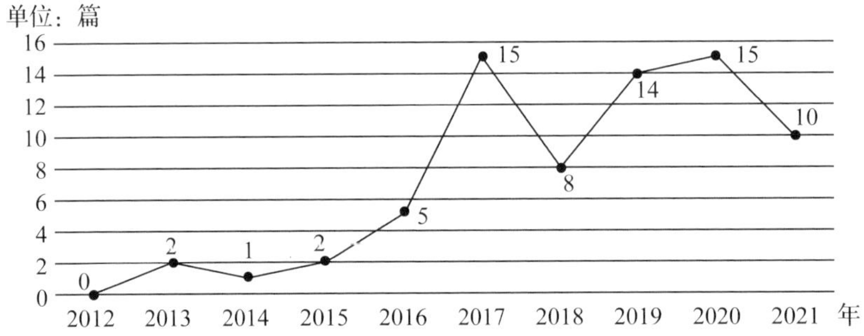

图1-2　国内区域教育大数据文献统计（2012年1月1日至2022年1月1日）

数据来源：中国知网（CNKI）

CiteSpace的关键词聚类功能可以明确某研究领域的热点和发展趋势[①]。图谱中，关键词字号越大说明其出现的频次越高，可通过关键词聚类功能将其进行聚类。将CNKI下载的文献数据进行转化，并进行参数设置，选择时间跨度为2012—2022年，切分年代为1年，聚类词来源选择标题、摘要、关键词等，进而得到区域教育大数据文献聚类图谱。聚类结果显示，“大数据”出现频次最高，其次是“区域教育”“服务平台”“区域资源分析”“个体分析”“政策分析”“体系架构”“应用模型”等，再次是“精准教学”“教育决策”“区域协同”“终身教育”等（见图1-3）。通过聚类，将关键词聚类为“#大数据”“#区域教育”“#服务平台”“#教育发展”“#互联网”“#区域”六个类别，说明区域教育大数据的聚焦领域。

依据CiteSpace软件的关键词分析与聚类分析结果，可以得出结论：区域

① 段春雨、蔡建东：《国际泛在学习领域知识图谱研究》，《现代远程教育研究》，2016年第1期，第85—95页。

教育大数据相关研究领域聚焦于“大数据”“区域教育”“服务平台”以及“教育发展”等；而其研究领域的热点是“大数据”“区域教育”“服务平台”“体系架构”“应用模型”“精准教学”以及“教育决策”等。关键词共现网络相对结构松散、密度不高，未来需要研究者保持研究主题、内容以及方向上的纵深研究，提高关注，发挥其作用。

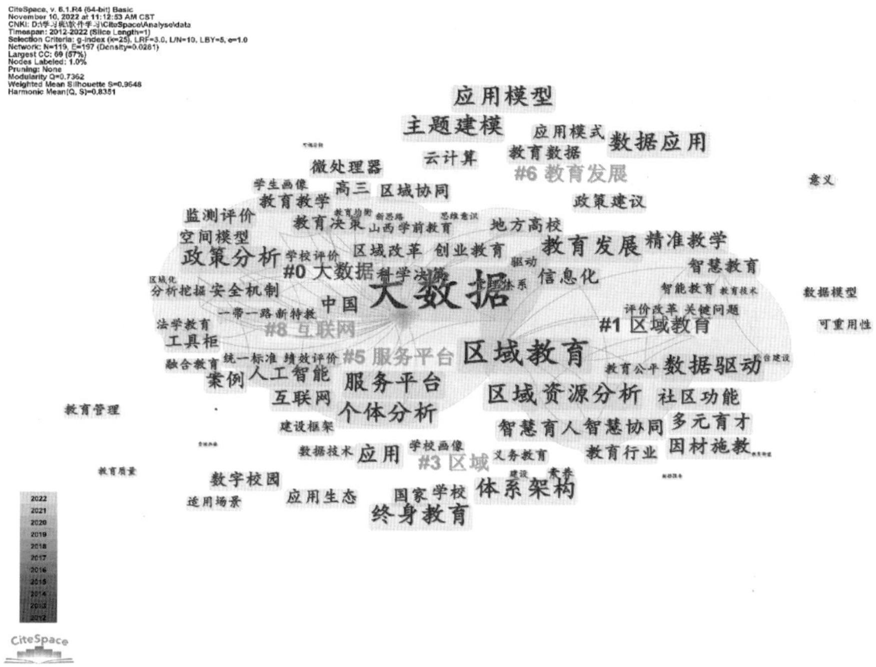

图 1-3　区域教育大数据关键词共现频次聚类图谱

二、区域教育大数据研究发展趋势

新时代的中国教育现代化和教育数字化建设发展呈现出一些新的发展趋势，逐渐从以平台为中心的服务模式转换为以数据为中心的服务模式。这种转换是一种新型应用策略和思维的转变过程，有学者认为现在已经进入教育大数据价值挖掘的新时代。目前，教育大数据主要研究和应用趋势包括以下五个方向。

第一个方向是数据画像。数据画像包括学生数据画像，即通过构造能力属性标签、行为属性标签和兴趣属性标签建立学生画像；教师数据画像，即基于五类教研数据构建教师特征模型、教研心理模型、社会交互模型、教研行为模型和教研成果模型；学校数据画像，即基于学校信息、教师信息、学生信息、学校资产、学校财务、学校教学、学校招生和学校科研八个维度，具体刻画画像标签；以及基于区域教育大数据、面向区域教育治理的区域数据画像。数据画像更多的是为了让主体能够更好地认识自己和发挥更大的自身价值。

第二个方向是精准教学。教育大数据突破了传统教学环境的诸多制约，有利于推动教师在思维理念上接受并认可精准教学，故利用大数据构建可供教师借鉴的精准教学模式，对推动精准教学的发展、促进精准教学的应用具有重要意义。在此背景下，以学生为主体、多元参与的精准教学成为可能。教育大数据为精准教学带来了彻底和落地的改变，一方面为精准教学提供了教学目标的细分和跟踪，另一方面为精准教学提供了学情和教育过程干预的支持。

第三个方向是数据大脑。数据大脑更多地存在于集团学校和区域应用，通过提供更高位的数据汇聚和决策支持，为教育均衡以及师资等资源配置提供大力帮助。区域教育数据大脑研究和建设的发展趋势包括：①优化算法和开发智能技术。算法与智能技术是数据大脑挖掘海量数据之间的关系与其背后价值的前提，不断优化算法与开发智能技术为教育教学现状评估、教育发展预测以及教育教学决策提供支持。②构建教育数据模型。教育数据模型是联系理论与实践的桥梁，远比教育数据关键得多，不断优化迭代教育数据模型可以更好地为教育服务。③创新人机协同模式。区域教育数据大脑和用户之间的使用是一种人机协同的模式，人机各自发挥优势，创新人机协同模式，提供更好的教育教学服务[①]。

第四个方向是数据标准。教育大数据标准是大数据驱动教育数字化建设和发展的实施准则和有效保障，是教育数字化建设的重要环节。制定教育大数据标准是解决诸多当前问题的重要途径，相关技术标准和规范的研究是国际教育大数据研究的重要领域。基于国家和国际教育数据标准建立具有区域特征和特色的应用标准，可以实现普适教育和特色教育的整合，也可以实现数据融通和汇聚，从而达到大范围的共建共享。

第五个方向是数据可视化。一方面，数据可视化通过数据驾驶舱等应用为项目提供监控、状态跟踪、事务预警、事件提醒，从而有利于各项业务的

① 方海光、孔新梅、杜斌等：《区域教育数据大脑：内涵、功能与实施路径》，《电化教育研究》，2022年第6期，第46—52页。

顺利开展；另一方面，让数据表达和呈现更直观，让学习者更好地掌握学习进度，也可以与思维导图及知识图谱结合应用，这些都是数据可视化很好的应用场景，也具有很大的教育变革价值和意义。面向不同的服务对象，教育大数据可视化具备不同的价值。对于教育管理者而言，数据可视化可以为教育决策提供支持。对于教学者而言，数据可视化可以建立学生能力与教学目标间的联系，完善课程体系。对于学习者而言，数据可视化可以降低学习的认知负荷，促进学生元认知发展。

第二章　区域基础教育大数据生命周期

大数据时代下，数据呈指数级增长，而如何对海量数据进行科学管理和大数据环境下如何提升数据质量已经成为人们关注的热点。借鉴日常生活中各种事物的生命周期，相关专家学者提出了数据生命周期的概念，即指从数据产生，经数据加工和发布，最终实现数据再利用的一个循环过程，其实质是依据科研过程来管理数据。如今，基于数据生命周期的理论与模型在提升数据质量以及数据的科学管理中起到重要作用，科研人员通过数据生命周期不断循环利用，为延长数据生命，实现数据创新提供理论与实践依据。

【本章内容结构】

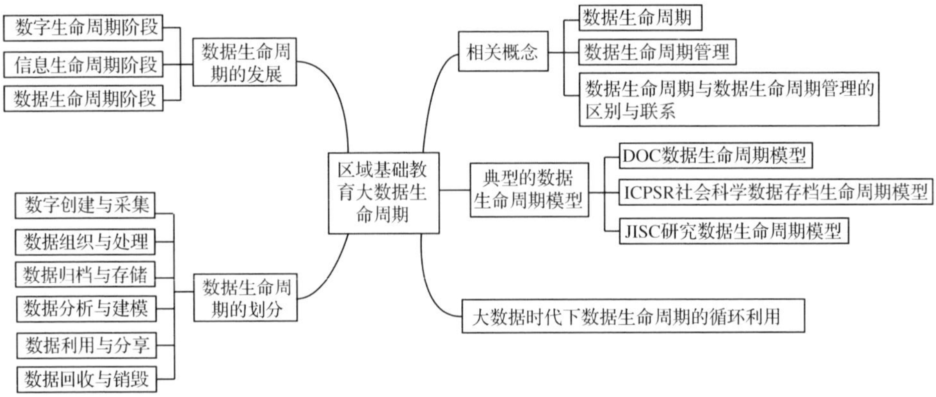

图 2-1　思维导图

第一节　数据生命周期的发展

一、数字生命周期阶段

生命周期的概念源于生物领域，科学家描述了寄生物扁虱从一个宿主转换到另一宿主的生命周期过程，宿主为扁虱的整个生命周期提供支撑生存的环境。生命周期是指一个个体从出生到死亡所经历的各个时期。作为一种比喻，数字对象也可以看作扁虱，从一个数字加工环境到另一个环境，最终生成数字产品供用户使用，也是一个数字生命周期过程[①]。

数字生命周期最早是以生命周期概念的认识为基础的，而生物学概念则是生命周期的基础。数字生命周期的提法在 IASSIST(International Association for Social Science Information Services & Technology) 2006 中多次出现，Ann Green 总结了各类数字生命周期理论，并讨论了数字化生命周期的内涵：首先，“生命周期(life cycle)”不同于“生命期”(life span)，生命期是对生物从出生到消亡的完整生命历程进行表示，而数字化生命周期意味着一种数据管理规律，经过数据管理和长期保存，实现资源发现和再利用。具体来说就是对数字化资源进行保存及长期保存、提供给用户获取，最终用于支持研究、政策制定等再利用活动[②]。简而言之，生命期就是一个生物个体或者组织的生老病死整个过程；而生命周期则是指生物在形态或功能上所经历的一连串阶段或改变的规律。[③] 而数字生命周期的内涵是依据科学研究过程发展而来的，数字生命周期的核心对象是数据本身，表示了数据由产生、发展到再利用的不同生命周期阶段。数字对象的“生命周期”不同于生物体的“生命周期”，不是从产生到消亡，而是实现数字资源的发现和再利用，在一定的加工环境下，对数字对象的加工与管理活动所形成的阶段组合，构成了数字对象的一个完整的生命周期。

---

① 师荣华、刘细文：《基于数据生命周期的图书馆科学数据服务研究》，《图书情报工作》，2011年第1期，第39—42页。

② Gold A. Conceptualizing the digital life cycle. http://www.iassistdata.org/blog/conceptualizing-digital-life-cycle.

③ 朱晓峰：《生命周期方法论》，《科学学研究》，2004年第6期，第566—571页。

二、信息生命周期阶段

马费成等认为生命周期理论的适用范围十分广泛，结合生物体的三个重要特征——新陈代谢、遗传和突变性可以得出生命周期方法适用的对象应该具备三个重要的属性——“连续性、不可逆转性和迭代性”。[①] 根据这一理论，生命周期概念被广泛应用于各个学科，并逐渐演变为重要的研究理论。生命周期理论应用于信息领域，把信息作为生命周期的主体，以协助探索信息本身发展变化的规律，从而产生信息生命周期。

信息生命周期是指信息从出现到完全消失的整个时间阶段。下一轮即繁殖下一代生命。研究者对信息生命周期有两种看法：基于价值视角的信息生命周期和基于管理视角的信息生命周期。基于价值视角的信息生命周期，信息随着时间的推移，价值不断下降，信息在此时具有生命，随着时间不断老化，大致分为成长期、发展期、衰退期等阶段。基于管理视角的信息生命周期，体现为按照信息产品的加工业务流程，将信息的生命周期划分为若干阶段。两个视角下的信息生命周期阶段划分方法不一样，价值视角侧重于运用定量的方法客观地描述和模拟信息的生命演化进程。而管理视角下的信息生命周期更多的是从管理角度出发，跟踪信息产品实际加工的具体流程，与产生信息的业务流程紧密相关[②]。由于信息价值在很多情况下难以以定量的方式去度量，导致基于管理视角的信息生命周期研究更能满足信息行业管理者们的需求，受到更多的青睐，大多数信息生命周期管理正是以“管理视角”的信息生命周期为基础的。

三、数据生命周期阶段

科学数据生命周期一词的诞生与信息生命周期概念的产生有紧密联系。信息学科引入生物学中的生命周期学说，将信息视为有机体，研究其价值衰变的规律[③]，科学数据无论是以何种格式、载体存在，都可以映射到一定规律的循环过程。以此依据判断，科学数据也应符合生命周期理论。但科学数据

① 马费成、望俊成：《信息生命周期研究述评（Ⅰ）》，《情报学报》，2010年第5期，第939—947页。

② 马费成、望俊成：《信息生命周期研究述评（Ⅱ）》，《情报学报》，2010年第6期，第1080—1086页。

③ 丁宁、马浩琴：《国外高校科学数据生命周期管理模型比较研究及借鉴》，《图书情报工作》，2013年第6期，第18—22页。

不同于信息资源“价值老化”的生命周期衰变规律，其生命周期与科学研究工作联系紧密，会受到研究方法、工具、手段的影响。数据生命周期是数据从形成、收集、加工、存储、传播、检索、应用，到数据消失或不再被利用的过程[①]。数据生命周期的概念起源于科学数据生命周期，是科学数据管理、共享、服务和实践等过程中的核心基本理论，为数据从产生、组织、共享到再利用的过程提供了指导[②]。

比较大数据生命周期与小数据时代的信息生命周期，从特征上来说只是在数据信息资源的“再利用”阶段出现了质变的突破，而其他部分，在价值变化上基本类似[③]。随着科技的发展和时代的快速进步，有些数据永久地休眠，再也得不到利用；而很大一部分数据却只是进入了暂时的休眠状态，它们将来可能会根据人类的需要再次被激活和更新，进入下一个“生命周期”，周而复始，生生不息。

第二节　数据生命周期的划分

就目前研究来看，通过对比分析典型的数据生命周期模型，可将数据生命周期主要划分为六个阶段：①数据创建与采集；②数据组织与处理；③数据存储与归档；④数据分析与建模；⑤数据利用与共享；⑥数据回收与销毁。

一、数据创建与采集

数据创建与采集阶段是数据生命周期中最初始的阶段。数据创建与采集阶段主要根据创建的数据需求清单去收集数据，将所有能采集到的数据进行初步的整合。数据收集应遵循全面性、时效性和准确性[④]。全面性是指面对不同角度的科学数据和成果，要尽可能多渠道多方式收集，避免收集到的数据单一化、片面化，不利于科学活动的开展。时效性是指任何数据的价值会随着时间、空间的变化而变化，要保证收集到的数据仍处于生命周期内，具有

① 胡卉、吴鸣：《嵌入科研工作流与数据生命周期的数据素养能力研究》，《图书与情报》，2016年第4期，第125－137页。

② 张贵香、刘桂锋、梁炜：《我国科研数据管理理论与服务研究进展述评》，《情报理论与实践》，2020年第6期，第187－193页。

③ 苏今：《大数据时代信息集合上的财产性权利之赋权基础——以数据和信息在大数据生命周期中的“关系化”为出发点》，《清华知识产权评论》，2017年第1期，第262－291页。

④ 林焱、周志峰：《基于数据生命周期模型的数据资源管理剖析》，《图书馆学研究》，2016年第14期，第52－88页。

可利用的价值。衡量数据的时效性要同时考虑收集的时间及其所反映的物质状态。准确性要求收集数据时要从质量和数量上考虑，同时结合学科属性，使收集工作高效完成。

二、数据组织与处理

数据组织与处理阶段是对已收集到的数据进行标准化处理，创建数据库，通过良好的数据组织、结构化、命名和数据标注，将各个部门的分散的数据统一纳入新的数据库。数据组织旨在将无序的数据流经过加工整理形成有序数据流，从而为之后的阶段提供服务。数据处理主要指利用软、硬件资源，针对用户的需求，对有关数据进行转换、重组、增删等，包括内容上、载体上和描述方式上的转换①。并将得到的数据处理产品和分析结果以合适的方式提供给用户服务，旨在挖掘和提升数据的价值，使数据具有可发现性(或可查找性)、可访问性、增值性、互操作性等。

三、数据存储与归档

数据保存的目的是将处理完的数据以某种形式存放在一定的物质载体上，以便以后需要时查找利用。数据存储与归档阶段是将已处理好的数据存储并进行归档，增强数据的安全性防护。数据存储对存储系统有技术上的要求，对存储内容本身也有要求，包括存储格式与数据内容的机密性、完整性和可利用性等②。经过此处理后，数据可进行重复使用，一方面可以降低数据处理成本，另一方面也可以使数据的处理更加便捷。

四、数据分析与建模

数据分析不同于数据处理，但与数据处理的目的相同，都是为了提高数据利用的效率。数据分析侧重于对数据的应用层次和应用环境进行划分，从全局性角度为不同科学研究匹配合适的数据，以避免利用过程中的混乱和误差。通过使用定性和定量分析方法，对不同类型的数据进行多维价值分析，有助于提高科学数据利用的质量。

---

① 储节旺、夏莉：《嵌入生命周期理论的科学数据管理体系构建研究——以牛津大学为例》，《现代情报》，2020 年第 10 期，第 34—42 页。

② 夏义堃、管茜：《基于生命周期的生命科学数据质量控制体系研究》，《图书与情报》，2021 年第 3 期，第 23—34 页。

数据建模阶段是将经过系统分析后的各类数据抽象组织，确定数据库需管辖的范围、数据抽象组织形式等直到转化成现实的数据库。数据建模是用于定义和分析数据的需求和其需要的相应支持的信息系统的过程，一般大致分为三个阶段：概念建模阶段、逻辑建模阶段和物理建模阶段。

五、数据利用与共享

数据利用阶段是发挥数据价值的阶段，通过对已处理好的数据进行开放共享，提高数据的利用率，促进数据的价值增值。数据利用是数据生命周期中至关重要的一个过程，数据利用可以让数据产生巨大的价值。

数据共享的积极意义在于向不同需求的用户开放数据，以供其他科研活动利用并产生新价值，推动学术交流进步。数据共享是整个科学数据生命周期的核心，也是科学数据管理的直接目的。通过数据共享能够降低科学活动收集数据、处理数据和验证数据的成本，有利于减少科研过程中的成本投入。但数据共享的本质不在于开放获取，而是数据利用，只有被用户有效获取并产生价值的共享才是具有现实意义的[①]。从系统性观点来看，数据再利用同时意味着新的数据生命周期的开始，以此循环往复。再利用的过程实际上就是科学数据增值的过程。科学数据本身是已经实现一次服务的数据，数据的共享开放，能够同时被不同对象使用。通过再利用，可以最大限度地提高科学数据的利用效率。

六、数据回收与销毁

数据回收与销毁是将没有必要保留的数据根据法律法规要求进行清理，从而防止各种风险的产生。如今，数据存储量过大，不仅造成存储空间负担过大，而且增加成本，用户对 Web 服务的依赖性越来越大，如果其存储在云端或云平台的数据删除不彻底，极有可能使其敏感数据被违规恢复，从而导致用户数据或隐私信息面临泄露的风险。所以有必要对数据进行销毁。数据销毁必须慎重，必须满足两个前提条件：一是数据达到保存期限，二是数据不再具有保存价值。生命周期已经结束的数据必须采用数据销毁技术进行处理，

① 黄静、周锐：《基于信息生命周期管理理论的政府数据治理框架构建研究》，《电子政务》，2019 年第 9 期，第 85—95 页。

处理后的存储空间可以被回收，继续使用[①]。

第三节　相关概念

生命周期(Life Cycle)原本是生物科学术语，指生物会经历诞生、发育、成熟、衰老、死亡五个生命阶段，是包括人类在内的一切动物由出生到死亡经历的生命全程[②]，现泛指自然界与人类社会各种客观事物的阶段性变化及规律，并强化为全生命周期(Full Life Cycle)的概念。信息资源管理专家霍顿(F. W. Horton)认为，数据是有生命的。数据具有符合其特点的生命周期。

一、数据生命周期

目前对于数据生命周期的定义，研究者并没有得出统一的界定。国外学者认为数据生命周期指从数据产生，经数据加工和发布，最终实现数据再利用的一个循环过程，其实质是依据科研过程来管理数据。国内学者研究发现，数据生命周期的实质是以科研过程为基础，管理数据。数据生命周期就是对数字化资源进行加工处理和长期保存，并在科研项目、决策制定中实现再利用的过程。详细来说，数据生命周期是指一个科研项目从立项到完成的全过程中，研究人员在科研工作流程中对数据的获取、存储、利用和共享等行为的本质以及规律 。始于数据收集、数据发现，经过数据分析、处理，再到衍生新数据和原始数据存档，周而复始，构成科学数据的生命周期。大数据时代，很大一部分数据只是暂时处于休眠状态，根据人类的需要，这些数据将会再次被激活和利用，进入下一个“生命周期”。

二、数据生命周期管理

数据生命周期管理(Data Life Cycle Management，DLM)是一种对数据信息进行有效化管理的方法，是在信息系统中的数据从产生、使用到消亡这样一个生命周期的过程中，对数据进行有效管理、发挥数据最大效用的活动[③]。

---

① 庞帅：《基于数据生命周期理论的科技档案数据监管体系探析》，《兰台世界》，2022年第8期，第30－35页。

② 罗伯特·费尔德曼著，苏彦捷、邹丹等译：《发展心理学——人的毕生发展》(第6版)，北京：世界图书出版公司北京公司，2013年，第5－9页。

③ 蔡志余：《数据生命周期视角下的开放政府数据隐私风险控制策略研究》，郑州：郑州大学，2019年。

数据生命周期管理由数据管理策略、过程、实践和工具等一系列事物组成。

三、数据生命周期与数据生命周期管理的区别与联系

数据生命周期与数据生命周期管理是两个概念，两者存在着根本差异：①研究对象不同。数据生命周期基于数据本身，考察数据在整个生命周期中的阶段、状态和规律；数据生命周期管理是从数据管理的视角，研究如何在数据生命周期各个阶段通过操作和策略对其进行主动管理，具体的研究对象既包括数据本身，也包括数据产生、数据机构、数据使用对象、数据内外部环境等。②研究目的不同。数据生命周期理论的研究目的在于探讨数据在整个生命周期内活动的本质以及规律；而数据生命周期管理的目的是在整个数据生命周期中，最小化承载数据的环境与社会经济负担。③研究性质不同。数据生命周期的研究内容是整个生命周期阶段中数据活动的特征与规律，属于理论研究范畴；而数据生命周期管理的研究内容是基于数据在整个生命周期中管理绩效的最大化而采取的相应阶段性管理措施，属于应用研究范畴[①]。同时数据生命周期与数据生命周期管理也有紧密联系。数据生命周期是数据生命周期管理的理论基础，而数据生命周期管理则是在数据生命周期的基础上采取的管理措施。从科学数据生命周期的内涵来看，科学数据生命周期管理的本质是依据科研过程管理数据。

第四节　典型的数据生命周期模型

目前国外数据生命周期理论研究与实践进展迅速，已形成四十多个不同类型的数据生命周期模型[②]。从研究主体来看，主要分为高校、数据管理机构、研究机构、政府部门等，学术界和业界普遍认为数据、科学数据、政府信息资源、政府开放数据等都有其自身的生命周期，并进行了较多研究与探讨，不同组织机构提出了很多数据生命周期模型。本章选取了国际上较典型的数据生命周期模型进行汇总（见表 2-1）。

① 索传军：《试论信息生命周期的概念及研究内容》，《图书情报工作》，2010 年第 13 期，第 5—9 页。

② CEOS . Data lifecycle models and concepts. http：//wgiss. Ceos. org/dsig/whitepapers.

表 2-1　国际典型数据生命周期模型总结

模型名称	提出机构	阶段划分	模型特点
DCC 数据生命周期模型①	英国数据管理中心	内四层： 数据描述、保存计划、活动参与、数据管理和存储 外层活动： 数据获取，数据评价和选择、传输、存储、再利用、转换	以数据为核心自内向外的五层环状层级，层次分明，描述全面
DataONE 科学数据生命周期管理模型②	美国国家自然科学基金会科学数据生命周期管理小组	数据规划→数据收集→数据控制→数据描述→数据保存→数据发现与获取→数据整合分析	将生态信息学实践纳入研究和教育，开发数据管理模块，注重数据整合
DDI 联合生命周期模型③	国际标准协会数据文档倡议联盟	数据研究→数据收集→数据处理→数据归档→数据分配→数据发现→数据分析→数据再利用	社会科学数据管理生命周期模型，最简单，最基本
ICPSR 社会科学数据存档生命周期模型④	美国校际社会科学数据共享联盟	数据管理计划→数据收集→数据创建→数据分析→数据共享利用→数据存档	数据管理机构面向科研过程数据的生命周期模型，简洁、直观
JISC 研究数据生命周期模型⑤	英国联合信息系统委员会	数据规划→数据创建→数据利用→数据评估→数据出版→数据发现→数据再利用	将数据生命周期嵌入科研生命周期的研究过程，并将科研生命周期从研究思路的产生开始探索数据策管活动
UKDA 数据生命周期管理模型⑥	英国埃塞克斯大学	制订管理计划→数据归档→数据格式化→数据存储→伦理与认可	层次简洁，呈现直观，环状结构

为了解数据生命周期模型及其具体历程，下面选取 3 个典型的数据生命

① Higgins S. "The DCC Curation Lifecycle Model," *International Journal of Digital Curation*, vol. 1(2008), pp. 134-140.

② DataONE . Data Life Cycle . https: //www. dataone. org /data-life-cycle, 2019-12-25.

③ Ball A. Review of Data Management Lifecycle Models . https: //purehost. bath. ac. uk /ws/portalfiles/portal /206543 / redm1rep120110ab10. pdf.

④ Guide to Social Science Data Preparation and Archiving: Introduction. https: //www. icpsr. umich. edu /icpsrweb /, 2019-12-25.

⑤ JISC. http: //www. webarchive. org. uk /ukwa / alpha /J/page /6, 2020-01-03.

⑥ UK Data Archive. http: //www. data-archive. ac. uk /.

周期模型进行进一步的介绍与分析。

一、DCC 数据生命周期模型

DCC 是自数据策划管理概念提出后成立的全球第一个国家级数据策管中心，该中心于 2008 年制定并发布了其数据策管生命周期模型①，该模型用图形高度概述了成功进行数据策管和保存数据的活动内容、实施步骤和行动路线，具体见图 2-2。

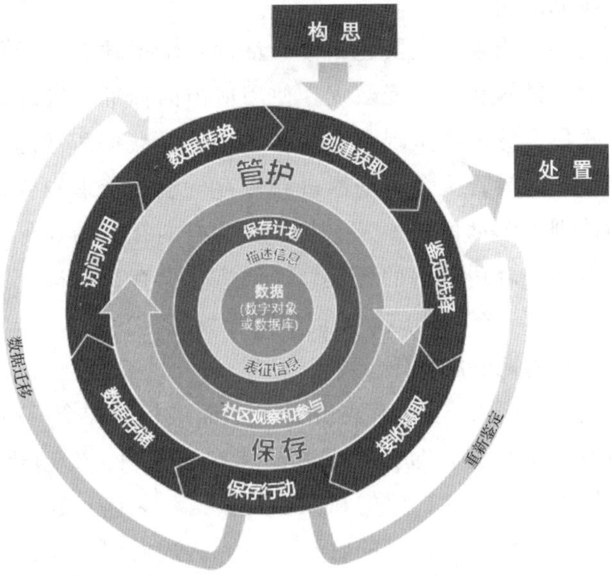

图 2-2　DCC 数据生命周期模型

DCC 数据生命周期模型提供了成功策管和保存初始概念化或接收数据所需的各个阶段的图形化高级概述。该模型可用于计划组织或联盟内的活动，以确保所有必要的阶段都进行，每个阶段都按正确的顺序进行。它可以帮助使用者确定可能需要的附加步骤，或某些情况、规程不需要的行动，并确保过程和政策得到充分的记录。

该模型分为 7 层，中心层为数据层，第 2 层到第 5 层为全生命周期活动层，第 6 层为数据生命周期顺序步骤层，第 7 层为特别处理层。即 DCC 数据生命周期模型可以解析为 4 个模块：数据(数字对象或数据库)、全生命周期

① Digital Curation Centre. DCC Curation Lifecycle. http：//www. dcc. ac. uk/sites/default/files/documents/publications/DCCLifecycle. pdf.

活动、数据生命周期顺序操作以及特别处理。

（一）数据（数字对象或数据库）

数据可以是任何二进制数字形式的信息，是策管生命周期的中心。它包括数字对象或者数据库。数字对象包含简单的离散的数字项目以及它们的相关标识符和元数据，例如文本文件、图像或声音文件；也包含由许多其他数字对象组合而成的复杂数字对象，例如网站。数据库则是存储在计算机系统中的记录或数据的结构化集合。

（二）全生命周期活动

数据的整个生命周期，主要包括 4 个活动：①描述和表示信息。分配管理、描述、技术、结构和保存元数据，使用适当的标准，以确保长期的充分描述和控制。收集、分配、呈现数据材料和相关元数据所需的表示信息，计划在整个数字材料的策管生命周期内进行保存。包括管理和管理所有策管生命周期行动的计划。③社区监察及参与。对适当的社区活动保持关注，并参与共享标准、工具和合适软件的开发。④创造与保存。在整个策管生命周期中，了解并实施管理和行政措施，以促进策管和保存。

（三）数据生命周期顺序操作

数据生命周期顺序操作是围绕数据的处理而进行的 8 个活动：①概念化。即构思和计划数据的创建，包括捕获方法和存储选项。②创建和接收数据。创建数据，包括管理、描述、建构和保存元数据，保存元数据也可以在创建时添加；接收数据，即根据记录的收集策略，从数据创建者、其他存档、存储库或数据中心接收数据，并在需要时分配适当的元数据。③评估和选择。评估数据并选择长期保存。坚持文件化的指导方针、政策或法律要求。④摄取。将数据传输到存档、存储库、数据中心或其他托管机构。坚持文件化的指导方针、政策或法律要求。⑤保存活动。保存操作应确保数据保持真实、可靠和可用，同时保持其完整性。操作包括数据清理、验证、分配保存元数据、分配表示信息以及确保可接受的数据结构或文件格式。⑥存储。指以符合相关标准的安全方式存储数据。⑦访问、使用和再利用。确保指定用户和再利用用户每天都可以访问数据，可以通过公开发布数据或身份验证来控制访问。⑧转换。即由原始数据创建新数据，例如通过迁移到不同的格式、创建一个子集、选择或查询，创建新的派生结果以及公开发布等。

（四）特别处理

特别处理是在某些情况下或某些学科可能需要进行的额外活动，包括处理、重新评估和迁移3种活动。处理是指处理未按照成文的政策、指导或法律要求进行长期管理和保存的数据。通常情况下，数据可能被转移到另一个存档、存储库、数据中心或其他管理者。在某些情况下，由于法律原因，数据可能需要安全销毁。重新评估指返回未通过验证程序的数据以进行进一步的评估和重新选择。迁移则是将数据迁移到不同的格式。这样做可能是为了符合存储环境或确保数据不受硬件或软件过时的影响。

二、ICPSR社会科学数据存档生命周期模型

ICPSR是美国校际社会科学数据共享联盟，其数据生命周期阶段见图2-3，共分为6个阶段①。

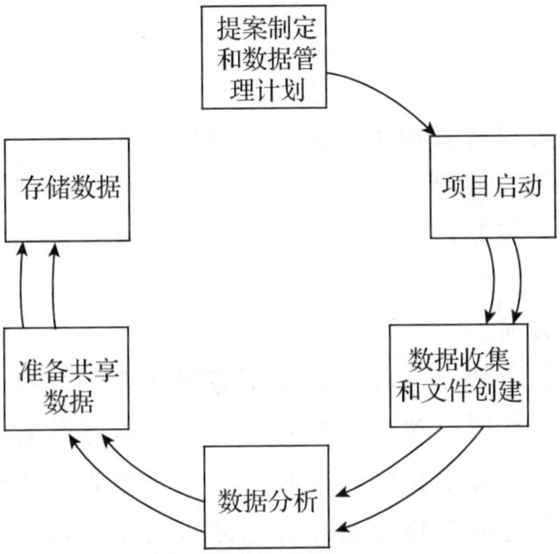

图2-3 ICPSR社会科学数据存档生命周期模型

(一)提案制定与数据管理计划

这个阶段需要制订数据管理计划，同时获取数据存档相关建议，以使科学数据能够长期可利用。模型在该阶段还为研究人员提供了提案制定与数据管理计划的推荐元素、可选元素以及案例等，让研究人员从一开始就考虑到重要的问题。

(二)项目启动

在此阶段研究人员需要决定文档的形式和内容，并进行材料和方法的预

① ICPSR. Guide to Social Science Data Preparation and Archiving. http://www.icpsr.umich.edu/icpsrweb/content/deposit/guide/.

测试和试点测试，可以通过抽样的方法对科研数据和科研方法进行测试。其中应该注意需要考虑的初始问题，包括数据与文件结构、数据完整性、准备数据集文档、变量设置和项目文档。通过使用单一的计算机程序或一组集成的程序，例如计算机辅助面试，使用集成软件、电子表格和数据库或者其他类型的软件来执行这些任务可以简化数据管理，降低成本，并且更加可靠。同时需要注意将数据输入和记录作为预测试和试点测试的一部分。

(三)数据收集和文件创建

此阶段研究人员要遵循最佳的实践，考虑数据集的完整性，对数据进行编码、分组、建立标签以及确定变量名等；对于文档，对所有相关的文件要素和文档构造的变量探索使用 DDI 标准进行处理。模型对基于定量数据、定性数据以及其他数据的处理进行了分析解释，并提供了创建元数据的最佳实践方法。

(四)数据分析

该阶段研究人员需要管理主数据集，建立工作文件，设置适当的文件结构并备份数据和文档。模型基于分析阶段需要解决的重要问题提供了方案，包括数据和文档版本控制、原始数据与统计系统文件的转换、文件结构以及数据备份。

(五)准备共享数据

此阶段研究人员的活动主要是解决披露风险限制问题、确定要存入的文件格式以及联系存档获取建议。模型基于研究人员在准备归档或者传播数据时要采取的关键步骤，提供访问和分析归档机密数据的方法。为保护被调查者数据的机密性，调查者在提交数据存档之前可以采取以下措施：披露风险限制原则、个人信息保护、数据集受限使用以及确定数据包形式(包含虚拟数据包和物理数据包)。

(六)存储数据

在此阶段需要科研人员参照数据共享和传播的有关协议，将科研数据打包完整并进行存档。在准备将数据最终存入数据归档中时，一定要考虑以下详细的因素：文件格式、已有或二次数据分析文档存储。

三、JISC 研究数据生命周期模型

JISC 是英国联合信息系统委员会，该机构提出的数据策管生命周期模型

分为科研生命周期和数据生命周期[①]，科研生命周期包括研究想法(灵感)、组建研究团队、撰写项目申请书、研究过程和研究成果发表五个阶段；数据生命周期嵌入研究过程，包括数据产生、数据管理、数据分析和数据共享四个环节，参见图 2-4。

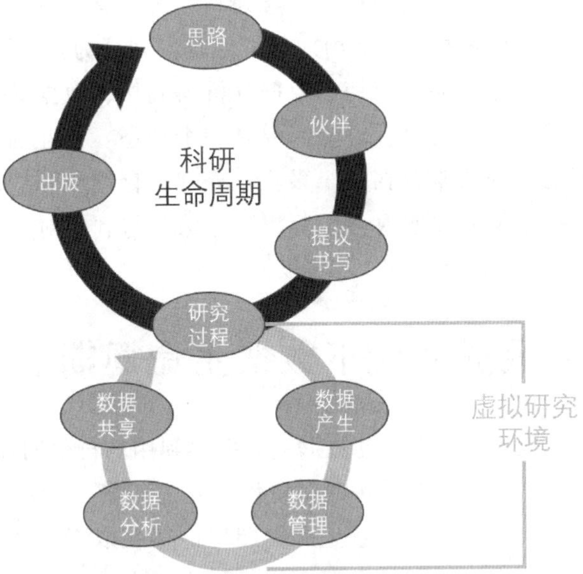

图 2-4　JISC 研究数据生命周期模型

第一阶段：思路/灵感，该阶段研究人员需要进行文献检索，查找文献资源和阅读背景材料，从中发现、产生新的研究思路以及灵感。

第二阶段：组建研究团队，研究人员可以采用线下方式进行合作，也可以利用社交网络(如 Facebook)以及 JISC 虚拟研究环境支持的其他工具。

第三阶段：撰写项目申请书，该阶段研究人员需要撰写项目申请书，同时进行数据管理计划。

第四阶段：研究过程，该阶段包含数据生命周期的 4 个环节，涉及科学数据的产生、管理、分析、共享，不同学科的研究过程差异比较大。科学数据的产生环节可能来源于观察、实验或者模拟等；数据管理环节主要依据数据管理计划进行；数据分析环节主要通过统计和计算进行；数据共享环节主要是对原始或者已经处理的数据进行管理并保存，以便其他人可以进行访问

① JISC. Implementing a Virtual Research Environment. https：//www. jisc. ac. uk/guides/implementing-avirtual-research-environment-vre.

和使用。

第五阶段：研究成果发表，其出版形式可以选择传统期刊，也可以选择出版在开放获取期刊或发布在开放获取仓储中。

通过对比分析典型的数据生命周期模型发现，虽然不同模型在阶段划分上存在一定的差异性，但都经历数据收集到利用的完整过程。基于上述的模型阶段划分分析，可以将数据生命周期的核心阶段划分为：数据创建与采集、数据组织与处理、数据存储与归档、数据分析与利用、数据共享与再利用以及数据销毁六个阶段。简言之，科学研究是一个动态、交互的过程，在此过程中，科学数据的管理通常存在一个采集、处理、存储、分析、再利用的生命周期。在整个数据生命周期内，科学数据的保存与利用对于后续及其他研究至关重要。

第五节　大数据时代下数据生命周期的循环利用

大数据时代，没有绝对无用的数据，数据再利用的价值明显提升，在“数据坟墓”“数据废气”中也能够发掘有用的数据并进行新一轮周期的转化。由此，大数据时代下，大数据与信息生命周期理论存在以下联系：①大数据技术是手机、存储、管理、处理、分析、共享和可视化技术的集合，与信息生命周期各阶段相关联，大数据的各项技术是信息生命周期推进的动力以及技术支撑；②信息生命周期常以数据采集作为开始，而采集的关键在于选取合适的信息源，在如今海量的数据中，基于传统的数据采集方式难以采集需要的数据信息，大数据技术则会实现对动态、异构、海量数据的存储管理，并从中提取出简约的数据集，从而为研究人员提供区别于传统数据采集的大数据时代数据源；③信息生命周期理论阐释了数据活动的特征与规律，大数据技术则是采取实时快速的处理技术，对数据进行分析与处理。由此，信息生命周期理论是大数据产生与发展的理论，大数据是信息生命周期理论的实践[①]。

大数据理论与技术促进了数据生命周期理论的发展，同时，大数据与数据生命周期理论的契合显示出了“信息消亡”观点的片面性。有的学者对于在大数据理念和技术下的信息生命的延续问题提出了“信息休眠”的概念。所以，

① 杜彦峰、相丽玲、李文龙：《大数据背景下信息生命周期理论的再思考》，《情报理论与实践》，2015年第5期，第25—29页。

在大数据时代，无论是数据还是信息，实际上是不存在“绝对消亡”情况的，只是在一轮周期满足其使用价值之后，被人们忽视或者储存起来(即休眠)，有可能在之后的某个时间节点上进入下一轮周期运行，产生新的使用价值。在大数据时代，基于大数据技术以及工具挖掘数据隐藏价值，可以将信息休眠的大量老化数据或信息再开发、再利用，这就使得数据生命周期不断循环利用，实现数据创新，使得数据生命得到延续。由于不存在数据和信息使用价值的绝对消亡，基于信息生命周期理论的、具有大数据时代特色的数据生命周期被人们逐渐认知[①]。

① 苏今：《大数据时代信息集合上的财产性权利之赋权基础——以数据和信息在大数据生命周期中的“关系化”为出发点》，《清华知识产权评论》，2017 年第 1 期，第 262—291 页。

第三章 区域基础教育大数据模型基础

教育数据具有规模大、来源广泛、类型多样、处理速度快、时效性高等特点，而教育数据模型是人工智能大数据时代捕捉和挖掘教育表征的高效方法。教育数据模型从复杂的教育现象提取出关键要素加以定量刻画，以独立数据维度组合形成，依据采集的教育数据，围绕特定模型需求组合排列起来，为教育数据平台提供科学、完整、全面的数据应用支撑，是数据应用科学化、精准化和干预的核心基础。大数据的“威力”强烈地冲击着教育系统，为区域智慧教育建设和教育均衡发展提供了新思路。

【本章内容结构】

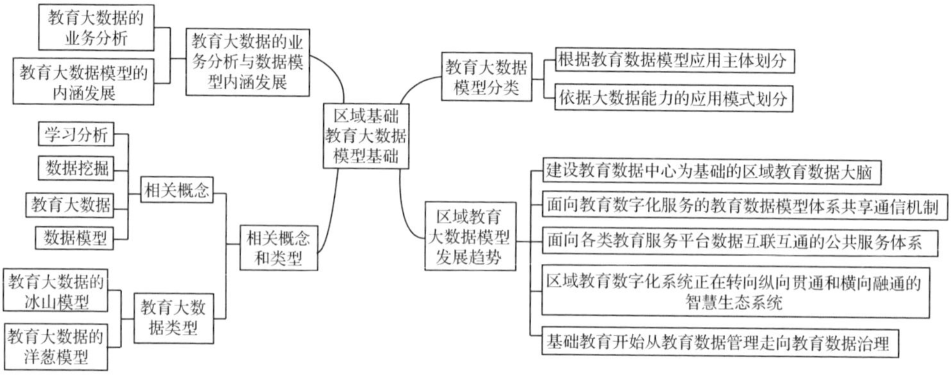

图 3-1 思维导图

第一节　教育大数据的业务分析与数据模型内涵发展

一、教育大数据的业务分析

(一)教育大数据对区域智慧教育发展的支持

智慧教育是目前教育数字化发展的大方向，同时也是区域教育数字化的愿景，想要在现实的教育中获得智能的支持，必定离不开大数据。近几年关于人工智能的研究实现了突破性进展，尤其是以深度学习为代表的人工智能。究其原因，一方面是得益于大规模并行计算能力的发展，另一方面则源于大数据的汇聚。具体原理是通过深度人工神经网络对大数据中蕴含的规律进行学习，从而获得智能，例如语言精准翻译、计算机视觉、语音自动识别等①。在教育领域中，若想全面地了解学生，就必须对学生的整个学习过程进行全面的数据采集，进而通过数据拟合形成模型。想要实现区域智慧教育发展，就需要以大数据为基础，逐步形成智能系统和智能装备。

(二)教育大数据对教育公共服务模式改进的支持

教育公共服务通常倾向于优先满足群体的共性需求，因为传统手段很难精准地了解每个个体的个性化需求，因此也就很难顾及个体的个性需求。试想一下，若要为每个个体都提供个性化服务，成本着实太高，基本无法实现。但是若基于教育大数据和互联网来提供教育公共服务，则可以很好地解决这个问题。通过对学生学习数据的深度挖掘与分析，可以让教师更准确地了解每位学生的学习特点与个性需求，为他们推送所需要的学习资源与服务，不需要大规模的人力投入就可以实现对个体的实时检测与及时反馈。互联网可以最大限度地汇聚社会上的教育服务资源，再应用大数据来提供精准的导向，提升个体获得感。通过对现有教育公共服务模式的改进，尚在构建一个融合共性需求和个性需求的公共服务体系，以创造更为全面和个性化的教育服务②。

---

① 余胜泉、李晓庆：《区域性教育大数据总体架构与应用模型》，《中国电化教育》，2019 年第 384 期，第 18 页。

② 余胜泉、李晓庆：《基于大数据的区域教育质量分析与改进研究》，《电化教育研究》，2017 年第 7 期，第 5—12 页。

（三）教育大数据对教育资源科学配置的支持

教育大数据是指教育活动运行过程中所产生的数据，它既可以反映教育系统运行中实时、真实的运行状况，同时也蕴含着教育系统运行的内在规律。这种内在规律及其演化趋势可以通过数据挖掘可视化地展现出来，以便于教育决策部门对于区域内教育发展的需求趋势进行更准确的预测，进而采取相应的教育决策，配置恰当的教育资源。这种事前预警的方式使得配置教育资源的过程更迅速，甚至可以达到实时。例如基于区域性的教育电子地图，通过对区域综合大数据的叠加，将动态变化趋势可视化地显示出来，帮助教育决策者获得超越个体与局部的宏观或中观的洞察力；通过对数据进行技术分析，可以快速发现其中蕴含的问题，进而发现背后的根源性问题。

（四）教育大数据对区域融合创新发展的支持

区域发展强调融合，要将不同区域的资源要素、产业、劳动力结构等相融合，教育大数据对跨区域融合、构建新体系等起到非常关键的推动作用。从我国区域发展现状来看，目前的主要问题是公共服务资源不均衡的问题，尤其是以教育为代表的公共服务资源。教育是知识创新的重要源头，也是受关注度很高的领域，它承担着提升全民素质素养、培养社会主义建设者和接班人、传承文化的使命。在区域融合创新发展中，要逐步发挥教育大数据对区域发展的引领作用，尤其是大数据在推动区域创新发展中的基础作用①。要以教育大数据为基石，加快推进教育体制改革，扩展教育大数据产业；以教育大数据为抓手，优化城市产业结构，推动区域融合创新发展。

（五）教育大数据对区域融合创新发展的支持

传统的管理往往基于经验和简单的统计结果，是被称为“拍脑袋”的决策，其管理是基于传统教育质量数据而言的，而传统教育数据是有限的、抽样性的、阶段性的、相对静态的数据，通常用来显示学生整体的发展情况，例如学生整体的学习成绩、心理健康素质、身体素质等。由于学生样本数量庞大，只能通过抽样的方式来确定参与评测的群体，并通过周期性、阶段性的检测评估来采集。而教育大数据是全样本、全过程的数据，学生的学习行为、学习时间、学习内容、在学习资源上的数据都可以被保留下来，这些数据是在日常的教育活动中产生的。②。大数据时代，管理更加依赖于数据和分析，对

---

① 唐斯斯、刘叶婷：《教育大数据推动区域融合发展》，《中国发展观察》，2017年第21期，第35页。

② 杜婧敏、方海光：《教育大数据研究综述》，《中国教育信息化》，2016年第19期，第1—4页。

大数据的实时记录、实时检测，有助于区域教育行政部门进行监管，同时也是推进区域教育质量检测与管理的最佳手段。

二、教育大数据模型的内涵发展

（一）初期阶段：以数据汇总为主

在初期阶段，各个区域的基础教育管理部门会对学生、教师、学校等基础教育相关数据进行汇总，并将其整合成统计报表，以便于对教育情况进行了解和评估。这个阶段的数据模型主要基于关系型数据库，并采用 ETL（Extract-Transform-Load）技术进行数据抽取、转换和加载。如有人通过建立四个固定效应的变截距面板数据模型，将经济发展对高等教育发展的影响进行了动态描述[①]；还有人采用四川省三个民族自治州 2002—2011 年统计数据，构建了教育投入与民族地区经济发展水平的实证关系模型，以研究教育投入与民族地区经济发展水平之间的关系[②]。

（二）中期阶段：以数据应用为主

随着数据挖掘、机器学习等技术的不断成熟，教育大数据开始向数据应用方向转变。数据模型开始采用数据仓库、数据集市等技术，以便于数据的存储、查询和分析。并探索利用数据挖掘等技术，以便于从教育大数据中挖掘出有用的信息，为教育决策提供支持。如有人基于微软的 SQL Server 2000 和 SQL Analysis Services 2000 构建一个通用的基于数据仓库的决策支持系统[③]。还有人通过对决策支持系统的教育应用进行综述研究，发现教育数据决策研究正日益受到包括教育研究、教育政策与管理、信息技术等领域的研究者从不同角度的关注[④]。

（三）当前阶段：以数据共享为主

当前，各个区域开始重视数据共享和协作。数据模型开始采用数据共享技术，以便于将数据在不同的系统和应用中进行共享和利用。我国通过推动

---

① 唐志丹、胡晓光：《基于面板数据模型的区域经济发展对高等教育影响的研究》，《辽宁科技大学学报》，2009 年第 5 期，第 488－493 页。

② 蔡莉、郑亚平：《教育投入与民族地区经济发展水平关系的实证研究——以四川省三个民族自治州为例》，《贵州民族研究》，2013 年第 3 期，第 114－118 页。

③ 张春阳、周继恩、刘贵全等：《基于数据仓库的决策支持系统的构建》，《计算机工程》，2002 年第 4 期，第 249－251 页。

④ 顾小清、黄景碧、朱元锟等：《让数据说话：决策支持系统在教育中的应用》，《开放教育研究》，2010 年第 5 期，第 99－106 页。

智慧教育示范区、国家智慧教育平台、教育新基建等基础建设，鼓励数据中心通过数据资源汇聚、教育治理支撑、教育融合创新等方面的发展创新智慧教育生态体系。如区域层面构建的教育数据大脑在提升区域层面教育资源供给服务能力、构建数据互联融通的个性化教学支持服务环境、基于过程数据对学生综合素养进行评价等方面具有重要价值。

第二节　相关概念和类型

一、相关概念

(一)学习分析

随着学习分析技术的发展和应用，人们可以获得更多关于学校领域的更精确的信息，从而为教学决策、优化过程、提高教师对学生的关注、提高教学效果等提供重要的参考。随着学习分析技术的发展和应用，人们可以获得更多关于学校领域的更精确的信息，从而为教学决策、优化过程、提高教师对学生的关注、提高教学效果等提供重要的参考。学习分析的定义源于美国高等教育信息化协会的“下一代的挑战”，其将学习分析定义为：使用数据和模型预测学生收获和行为具备处理这些信息的能力[①]。2011 年，首届学习分析与知识国际会议将学习分析定义为：测量、收集、分析和报告关于学习者及其学习情景的数据，以期了解和优化学习和学习发生的情境[②]。可以看出，学习分析在许多方面指的是应用于教育领域的“大数据”分析，学习分析的研究对象是学生及其学习情境，研究的基础是教育活动中产生的海量学习数据和学习分析过程中产生的中间数据，研究的目标是评估和预测学生活动，发现潜在问题，为教育活动相关者提供决策支持，以优化和设计学习过程和学习情境。

研究者经过多次实践研究论证，证明了学习分析技术的应用对学生、教师、技术开发人员、研究人员均具有重要的参考价值。在学生层面，学习分析技术能够深入地剖析学习者的学习过程，并根据学习资料的积累，为学生

① 吴永和等：《学习分析：教育信息化的新浪潮》，《远程教育杂志》，2013 年第 4 期，第 11—19 页。

② SIEMENS G，LONG P，“Penetrating the fog：Analytics in learning and education，”*Educause Review*，vol. 5(2011)，pp. 30—32.

制定学习方案，帮助学生进行自我引导和个性化学习；在教师层面，运用学习分析技术，可以对课程进行更精确的评估，对学生的学情进行深入的分析，从而为教师提供精准的教学干预；在技术开发人员层面，利用学习分析技术，可以对学习管理系统中各模块的使用路径和频率进行调查，实现对系统模块的优化；在研究人员层面上，可以利用学习分析技术来研究学生的学习和教师的教学，为进一步优化教学方案提供帮助。

(二)数据挖掘

数据挖掘(Data Mining，DM)是一种从海量数据中发现有价值的、新颖的、潜在的可利用的数据的方法。在教育方面，利用数据挖掘不仅可以改善学习过程、引导学生学习，而且可以帮助研究人员深入了解教育现象。将数据挖掘技术应用于教学环境中，也称为教育数据挖掘(Education Data Mining，EDM)。教育数据挖掘是一项将机器学习、统计、数据挖掘、教育心理学、信息检索、认知心理学、推荐系统等多项技术用于教育数据的处理的研究。信息化教育的不断发展，为教育数据挖掘的研究提供相当可观的数据，研究人员通过对这些数据进行挖掘和分析得到有用的信息，再将其反馈到教育过程之中。数据挖掘一般分为 3 个阶段：数据准备阶段、数据查找阶段和数据表达阶段。

常见的教育数据挖掘技术大体上包含 4 类：分类技术、聚类分析、关联规则和其他常用技术①。分类技术通过对数据进行扫描，并根据数据的不同特点对其进行分类，从而可提取出具有代表性的数据类型；聚类分析简称聚类，指把数据对象分成若干个子集的过程；关联规则是指从海量的资料中，找出项目集合中的关联关系；除此之外，人工神经网络、Web 挖掘技术和层次分析法等也是教育领域中常用的数据挖掘技术。

(三)教育大数据

教育大数据是大数据的一个子集，特指教育领域的大数据。目前普遍认同的教育大数据是指整个教育活动过程中所产生的，以及根据教育需要采集到的一切用于教育发展并可创造巨大潜在价值的数据集合。教育大数据技术通常包含教育数据挖掘（Education Data Mining）和学习分析技术（Learning Analysis)两个研究方向。教育大数据直接产生于各种教育活动(包括教学活

① 杨志禹、吴士雨、王增琦等：《近十年国内教育数据挖掘领域的应用技术分析》，《中国教育信息化》，2022 年第 4 期，第 62—69 页。

动、管理活动、科研活动、校园活动等)，每个教育利益相关者既是教育数据的生产者，也是教育数据的消费者。

按照数据的来源和范围不同，有研究者将教育大数据分为个体教育大数据、课程教育大数据、班级教育大数据、学校教育大数据、区域教育大数据、国家教育大数据六种，其中区域教育大数据主要来自各学校以及社会培训与在线教育机构，包括国家标准规定的教育行政管理数据、区域教育云平台产生的各种行为与结果数据、区域教研等所需的各种教育资源、各种区域层面开展的教学教研与学生竞赛活动数据以及各种社会培训与在线教育活动数据①。

区域教育均衡发展是我国教育事业面临的重大现实问题。应用大数据技术可以准确把握区域教育发展动态和影响其均衡发展的关键因素，从教育环境均衡、教育资源均衡、教育机会均等、教育质量均衡等方面全面推进区域教育的均衡发展。依托大数据背景，不仅有助于缩小区域间的教育差距，而且不同区域可以根据自身环境条件、经济状况以及发展需要，形成各具特色的区域教育发展路径。研究发现，全国多数省会城市和大量教育数字化基础良好的城市，已经明确规定了本区域发展教育大数据的任务与目标，并逐步开展区域教育大数据的发展工作②。可见，区域教育大数据规划研究已成为各地区筹划教育数字化深化发展、推进教育信息化2.0实践与研究的重点和热点。

(四)数据模型

数据模型是对数据及其关系的抽象描述。它描述了数据实体、属性、关系和约束条件，以及数据如何存储、处理和访问的规则。数据模型可以用于设计数据库、开发软件应用程序和支持业务流程等方面。一般来说，数据模型可以分为以下几种类型：①层次模型。数据以树形结构组织，每个节点只能有一个父节点，适用于大型应用程序。②网状模型。数据以网状结构组织，每个节点可以有多个父节点和子节点，适用于复杂的应用程序。③关系模型。数据以表格形式组织，每个表格包含行和列，适用于大多数商业应用程序。④对象模型。数据以对象形式组织，每个对象包含属性和方法，适用于面向

① 邢蓓蓓、杨现民、李勤生：《教育大数据的来源与采集技术》，《现代教育技术》，2016年第8期，第14—21页。

② 刘邦奇、张振超、王亚飞：《区域教育大数据发展参考框架》，《现代教育技术》，2018年第4期，第5—12页。

对象编程。⑤半结构化模型。数据没有固定的结构，可以是 XML 文档、JSON 对象或其他格式。每种数据模型都有其优缺点，可以根据具体情况选择最合适的数据模型来存储和处理教育大数据。

二、教育大数据类型

(一)教育大数据的冰山模型

“冰山一角”常用来比喻事件背后隐藏了更多的内容，因为在现实中海平面以上的冰山只是很小一部分，海平面下蕴含更多未知，这也是冰山模型的原理。如果将冰山模型套用在教育大数据的采集上，可构建如图 3-2 所示的教育大数据冰山模型，该模型将教育数据分为两大部分，分别是显露于海平面之上的数据和深藏于海平面之下的数据。可以发现，教育数据的研究和采集一般主要以管理类、结构化、结果性的数据为主，这些数据位于“海平面”以上，具有易测量、显性化等特点，比如学籍管理、招生信息、人事信息等，主要关注宏观层面教育发展整体状况。而随着教育大数据的发展，非结构化的、过程性的数据逐渐变得越来越重要，比如学习动机、情境状态、学习行

图 3-2　教育大数据的冰山模型

为、教学行为等。这些位于“海平面”以下，具有隐性化、难测量特点的数据，无论是数量上、增长速度上还是潜在的价值上，都将远远超越传统的教育数据，也成为当前教育数据采集、应用的研究重点和难点。

（二）教育大数据的洋葱模型

教育大数据洋葱模型也叫教育大数据结构模型，是学者杨现民等人为了更清晰地认识教育大数据的概貌，在教育大数据的分类与应用模式基础上所总结出来的，如图 3-3 所示，该模型将教育数据按照数据种类的不同分为从内而外的四层，分别是：基础层、状态层、资源层和行为层。其中，基础层主要存储各教育主体的基础性数据，包括学校管理信息、相关教育统计信息、教育行政管理信息等；状态层主要存储各种教育环境、教育设备等运行状态数据，包括教学进程、校园空气质量、设备运行状态等；资源层则主要存储经过设计、思考所形成的用于教育过程中的各种教学资源，包括 PPT 课件、教学视频、教案等；行为层则存储教育用户在教育过程中被记录下的行为数据，包括学生的学习行为数据、教师的教学行为数据、管理员的系统维护行为数据等[①]。

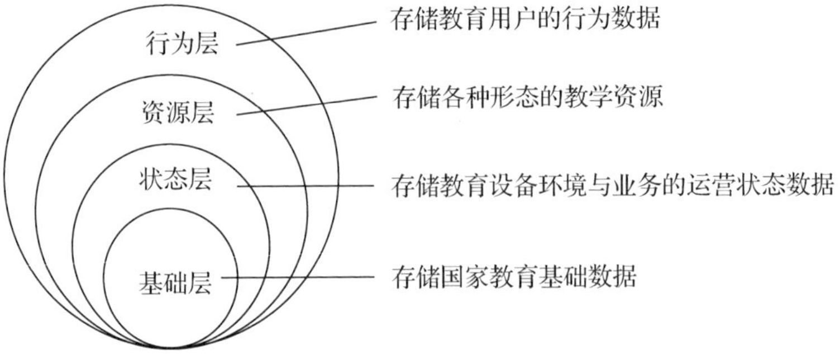

图 3-3　教育大数据的洋葱模型

① 杨现民、唐斯斯、李冀红：《发展教育大数据：内涵、价值和挑战》，《现代远程教育研究》，2016 年第 1 期，第 50—61 页。

第三节　教育大数据模型分类

一、根据教育数据模型应用主体划分

根据教育数据模型应用主体的相关研究，教育数据模型主要分为三种类型①。

第一类是面向源于学生主体数据的学生成长模型。有研究通过构造能力属性标签、行为属性标签和兴趣属性标签，提出了基于可视化学习分析的研究性学习学生画像；也有研究通过聚合学习行为数据构建了五维度综合评价参考理论模型；还有研究提出面向群体的协作学习者投入特征画像。

第二类是面向源于教师主体数据的教师发展模型。有研究提出数据驱动的教师网络研修社区数字画像，包括基础信息、研究资源、研修活动和研究成效四个维度；也有研究提出教师画像，基于五类教研数据构建了教师特征模型、教研心理模型、社会交互模型、教研行为模型和教研成果模型；还有研究以在线学习环境中产生的师训数据，基于 xAPI 行为标准，构建了“知识特征、行为特征、态度特征和资源偏好特征”的教师特征模型。

第三类是面向区域学校主题数据的区校治理模型。有研究提出基于学校信息、教师信息、学生信息、学校资产、学校财务、学校教学、学校招生和学校科研八个维度，具体刻画画像标签，建立学校画像概貌。

二、根据大数据能力的应用模式划分

根据大数据能力的应用模式，区域基础教育大数据模型可从专题应用和集成应用两个角度进行划分。

专题应用是指将大数据能力直接进行工具化形成的应用系统。根据应用目的不同，可分为数据统计类应用模型、数据分析类应用模型和数据挖掘类应用模型等。

数据统计类应用包括教育大数据统计分析平台、教学数据统计报表系统等，如传统的教育数据统计分析平台主要以关系型数据库来存储结构化的教育数据，扩展性与灵活性受到很大的限制，为了应对教育数据的爆炸式增长

① 方海光、孔新梅、洪心等：《面向教育数字化服务的教育数据模型体系研究》，《远程教育杂志》，2022 年第 4 期，第 45—54 页。

带来的存储和统计分析效率下降等问题，有研究提出了基于 Hadoop 的教育大数据统计分析平台[①]。

数据分析类应用包括教育大数据业务分析服务、学情分析系统等；教育数据分析是运用数据分析方法从来自教育系统的原始数据中提取出有意义信息的过程，这些信息可以为教育者、学习者、管理者、教育软件开发者和教育研究者等提供服务[②]。如有研究在结合江苏省 A 市的项目实践，在区域教育大数据分析服务平台技术架构的基础上，提出区域教育大数据三层三类数据分析模型[③]。该模型涉及两个数据分析维度，一是从数据分析的深度来界定三层数据分析服务，二是从数据分析的业务类型来界定三类数据分析服务。

数据挖掘类应用包括教育大数据专题预测模型、个性化学习推荐引擎等。下面将根据不同分类选取典型模型来说明其应用形式。运用不断发展的方法和技术，探索特定教育环境中的各类数据，挖掘出有价值的信息，可以帮助教师更好地理解学生，并改善他们学习的环境，为教育者、学习者、管理者等教育工作者提供服务[④]。例如有研究提出了面向班级、学校、行政区域、省市等层面的群体数据挖掘框架[⑤]。

第四节　区域教育大数据模型发展趋势

一、建设教育数据中心为基础的区域教育数据大脑

区域教育均衡发展以数据为基础可准确把握区域教育发展动态[⑥]。当前推进智慧教育示范区建设所面临的困境包括教育信息系统碎片化、统筹建设和分散建设两难、智能技术增大维护管理的复杂性、教育应用动态多变难开发

---

① 赵志：《教育大数据统计分析平台设计与研究》，西安：西安理工大学，2019 年。

② 胡祖辉、徐毅：《大数据背景下高校教育数据的分析与应用研究》，《现代教育科学》，2017 年第 1 期，第 109—114 页。

③ 杨现民、郭利明、邢蓓蓓：《区域教育大数据分析架构与展示设计研究——以江苏省 A 市为例》，《电化教育研究》，2020 年第 5 期，第 66—72 页。

④ 徐鹏、王以宁：《大数据视角分析学习变革——美国〈通过教育数据挖掘和学习分析促进教与学〉报告解读及启示》，《远程教育杂志》，2013 年第 6 期，第 11—17 页。

⑤ 余胜泉、李晓庆：《基于大数据的区域教育质量分析与改进研究》，《电化教育研究》，2017 年第 7 期，第 5—12 页。

⑥ 刘雍潜、杨现民：《大数据时代区域教育均衡发展新思路》，《电化教育研究》，2014 年第 5 期，第 11—14 页。

等问题[①]。可以看出，数据的高效利用和安全保障、智能技术和教育的有效融合、集中与分散相结合的混合管理模式是解决这一问题的有效方法。国家教育现代化推进教育新型基础设施建设，鼓励构建新型数据中心，支持省级教育行政部门建设教育云并规划整合“低小散旧”数据中心，以构建高质量教育支撑体系[②]。因此，区域教育数字化通过建设区域教育数据大脑平台，将存储、加工、管理等融为一体，构建新的教育生态系统。可以以人类大脑基本能力结构为基础，从满足用户需求、按照恰当的逻辑为教学创新和治理提供服务愿景出发，构建了区域教育数据大脑的功能建设框架，通过教育数据大脑提供监测评价、合理干预、预警预测功能服务路线，满足个性化学习、精准教学、智能管理与决策的应用总目标以及“师—生—校—区”干系人应用目标。

二、面向教育数字化服务的教育数据模型体系共享通信机制

大规模数据模型是国家教育数字化服务平台建设应用科学化和精准化的基础，也是解决当前“互联网＋教育”生态下的教育数据难以重用、互操作性差、重复建设、数据孤岛等问题的关键。如何将静态的、封闭的教育数据模型转变为动态的、开放的模型，如何组织和构建可重用的教育数字化服务平台的教育数据模型体系，从而提高教育数据模型的灵活性和可扩展性，减少教育数据模型重复建设，减少资源浪费和人力浪费，是接下来区域教育大数据模型研究的重点。

教育数据模型的动态演化发展和独立灵活调配复用，源于其之间按照某种协议和规则传送数据对象，为了实现教育数据模型之间的高度共享与互通，以及在不同教育数字化服务平台中重复使用和互操作，本章提出了面向教育数字化服务的教育数据模型共享通信机制[③]，如图 3-4 所示，用户端内嵌标准化的数据存储方法，让教育数字化服务平台理解和利用结构信息，基于相应的共享通信机制与外界交换，传递信息至服务器端，从而达到适应性学习。

---

① 余胜泉、陈璠：《智慧教育服务生态体系构建》，《电化教育研究》，2021 年第 6 期，第 5—13、19 页。

② 教育部、中央网信办、国家发展改革委、工业和信息化部、财政部、中国人民银行教育部等六部门：《关于推进教育新型基础设施建设构建高质量教育支撑体系的指导意见》，http：/www. gov. cn/zhengce/zhengceku/2021-07/22/content5626544. htm.

③ 方海光、孔新梅、洪心等：《面向教育数字化服务的教育数据模型体系研究》，《远程教育杂志》，2022 年第 4 期，第 45—54 页。

教育数据对象及模型与教育数字化服务平台的共享通信机制，整体流程如下：首先，服务器端向用户端发送请求，之后，教育数据对象通过对教育数据模型的聚合封装，实现教育数据对象在教育数字化服务平台的存储与传递的数据处理模式，传输过程的最后是关闭请求。教育数据对象可以是单维度的教育数据模型，也可以是多维度组合的教育数据模型。如何组合和拆分教育数据模型维度及属性特征，根据模型需求而定。这些数据模型、模型维度以及属性特征，都可按照相应规范和理论自由拆分、组合、扩展和复用。各教育数字化服务平台和其服务器既可以保持其教育数据模型的原状态，还可以根据各平台系统特有的采集数据，扩展成具有特色的区域教育数据模型。

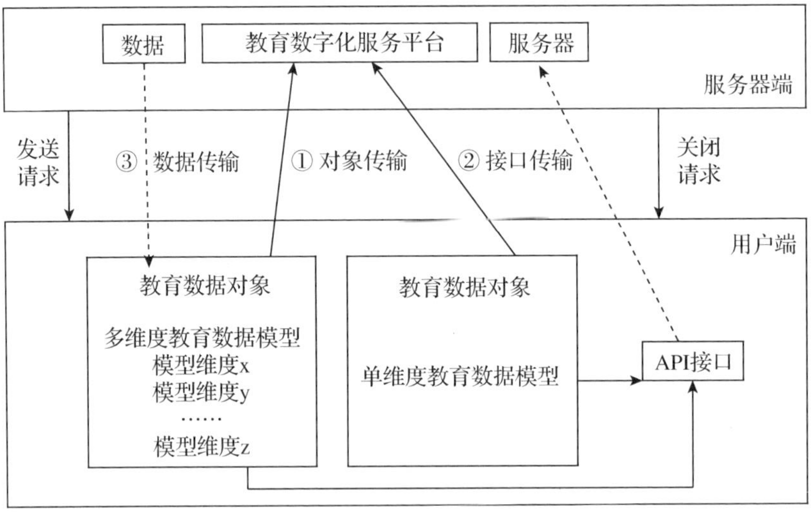

图 3-4　面向教育数字化服务的教育数据模型体系共享通信机制

三、面向各类教育服务平台数据互联互通的公共服务体系

目前，推动建立数据公共服务体系已经成为各国公共服务发展的趋势。澳大利亚在 2013 年发布了“澳大利亚公共服务大数据战略”（The Australian Public Service Big Data Strategy），推动了大数据在该国公共服务中的应用。在我国，各级政府相继建立了不同规模的数字教育资源公共服务平台。教育资源公共服务模式也逐渐从以上传下载资源为主的单一模式，走向以网络学习空间为主要载体的整合、交流、共享。由此可见，各种教育服务平台构建已趋向成熟，但为实现当下运行的各类教育服务平台的数据互联互通，平台间仍需要一个协调机制作为各级各类教育服务平台的沟通桥梁。如图 3-5 所

示，为了推动区域内教育大数据互联互通，提高教育数据服务质量，本研究提出了教育大数据公共服务模型①。其中，服务主体是大数据公共服务的主要部分，关涉提供服务的主体和服务的对象，包括政府部门、教育机构、其他组织和个人。数据服务是面向数据的一种服务模式，涵盖数据生命周期的全过程，根据教育数据的使用情况，可以延伸为数据采集服务、数据交换服务、数据处理服务、数据分析服务、数据存储服务、数据安全服务等数据服务类型。国家数据服务平台是教育大数据和教育支持服务的主要载体。

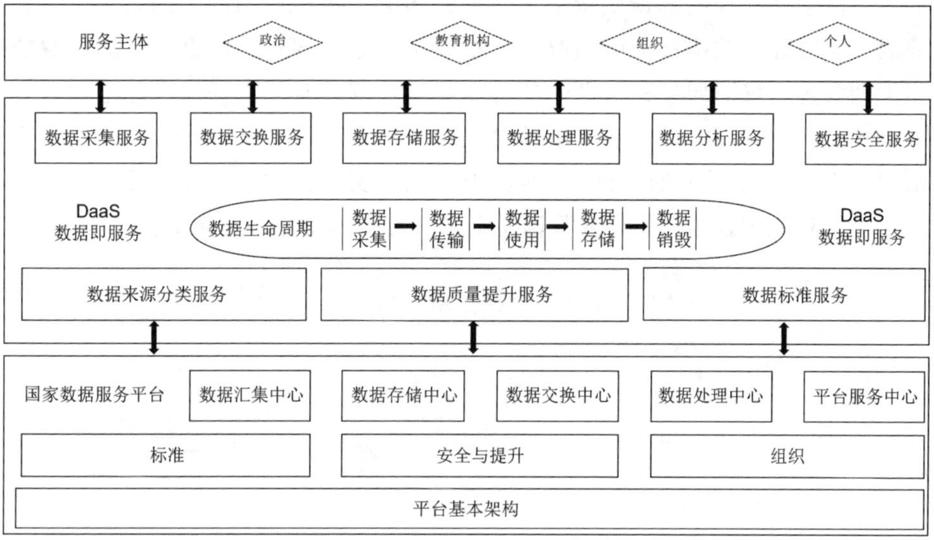

图 3-5　教育大数据公共服务模型

四、区域教育数字化系统正在转向纵向贯通和横向融通的智慧生态系统

进入智能时代，大数据、人工智能等新技术赋能教育创新发展，区域教育数字化服务平台正在从跨区域、层级、部门的整合业务和数据，转向纵向贯通和横向融通的智慧生态系统。但是，由于区域教育智慧生态系统理论创新滞后及其体系框架方案稀缺，区域智慧教育生态化转型呈现出数据壁垒、系统架构生态化特征不足和制度化环境不健全等问题，推动教育数字化系统

① 郑志宏、方海光、孔新梅等：《面向区域教育的大数据公共服务模型探究》，《中国教育信息化》，2022 年第 1 期，第 18—30 页。

向长效、可持续化发展受阻，因此，区域教育智慧生态系统的体系框架和发展策略智能化升级是接下来的研究重点。

五、基础教育开始从教育数据管理走向教育数据治理

作为信息化背后的重要支撑元素，过去数据管理以粗放式发展所累积的问题也开始逐渐显露出来[①]，使得在基础教育领域的数据管理实践中，信息孤岛、重复采集、多头收集、信息缺失、运维缺失、体验低下等现象屡见不鲜，而数据流动性和底层数据质量缺失，极大影响了数据应用的实践效果。究其原因，主要在于数据管理应用范围大都局限于组织内部，侧重于数据资源的组织和管理，仅面向各种信息化项目和数据流程，若要更好地推进基础教育的治理现代化，还需适时引入新的模式和方法论，从教育数据管理走向教育数据治理。因此，亟须设计一个兼具理论性和实践性的基础教育数据治理框架。设计过程中还需注意研究数据安全和个人隐私安全这一首要前提。

① Chen，Jinchuan，et al，"Big data challenge：a data management perspective"，*Frontiers of computer Science* 7，vol. 2(2013)：pp. 157－164.

第四章　区域基础教育大数据指数模型分析

反映某一问题或某一社会现象一般采用文字的形式呈现，而评价某一问题通常采用量化的方法客观呈现，直观易于理解。指数法是通过量化的指标或指数来对社会经济现象进行综合评价的统计方法，已有几百年的发展历史。相较于复杂的统计建模方法，指数的计算过程一般更简单、透明，容易被公众接受。而指数分析模型是指数结果的基础，已经广泛应用于综合国力、生活质量、物价变化、经济发展水平、教育发展水平等的评价中。

【本章内容结构】

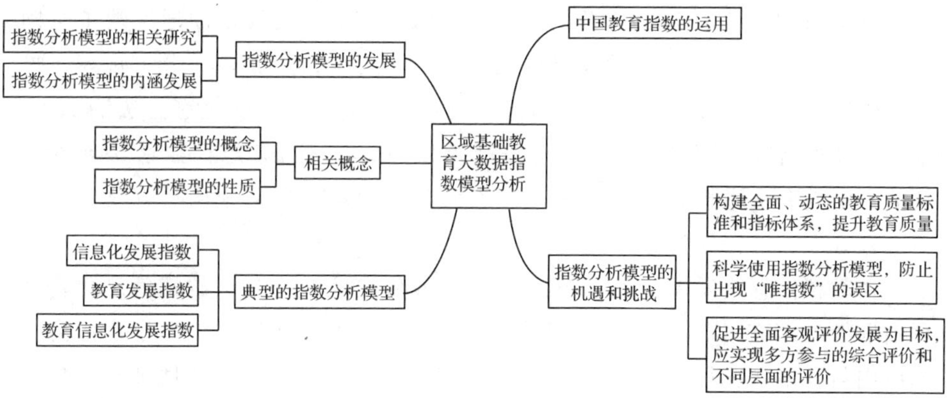

图 4-1　思维导图

第一节 指数分析模型的发展

一、指数分析模型的相关研究

1960年以来，社会发展领域的“指数”运动逐步兴起，至今已经历60多年的发展历程。指数是一种量化评估方法，最初，社会指数的研究主要用于审核或报告社会政策的完成及达标情况，对政策实施的过程和效果可以形成积极的影响①。随着社会的发展，指数已经被应用在社会生活、经济管理、自然环境监测、教育教学等多个领域中，如人类发展指数可以评价各个地区的人类社会发展状况，幸福指数可以对国民的幸福感开展评价，信息化发展指数可以对各个地区信息化发展水平开展评价等。下面主要针对教育教学领域的相关指数分析模型展开讨论。

在教育整体发展方面，长江教育论坛发布了《中国教育指数》(2022年版)(The Index of Education in China 2022，IEC 2022)，较为全面地反映了全国31省(自治区、市，不包括港澳台)2021年(部分指标为2020年)规模、投入、质量、信息、公平、贡献、创新、创业、创造、健康、生态、法治12个维度的基本情况。而中国现代教育发展指数，由《小康》杂志社独家发布2016年的中国教育小康指数演变而来，每年都会请公众对当下中国教育发展和改革的方方面面进行评价。

在教育信息化发展方面，英国教育通讯和技术署发布了学校信息化自我评估框架(SRF)②；美国的教育技术CEO论坛发布了针对全国中小学信息技术应用与发展状况评估的STAR量表③；韩国Aoki等人采用线性加权模型测算了中小学校的教育信息化的综合指数④；智利Solar构建了教育信息化评估模型以评估发展中国家公立学校的信息化发展情况⑤。国内的吴砥等人从应用

① 徐国祥：《统计指数理论及应用》，北京：中国统计出版社，2004年，第4页。

② British Educational Communications and Technology Agency. The Self-review framework. http：//becta. org. uk/schools/self review.

③ CEO Forum on Education & Technology，*The School Technology and Readiness Report：From Pillars to Progress*，America：CEO Forum on Education Technology，1997.

④ Aoki H，Kim J M & Lee W G，“Propagation & level：Factors influencing in the ICT composite index at the school level”，*Computers Education*，vol. 1(2013)，pp. 310－324.

⑤ Solar M，Sabattin J，Parada V，“A maturity model for assessing the use of ICT in school education”，*Joumal of Educational Technology Society*，vol. 1(2013)，pp. 206－218.

场景、应用主体和应用工具三个层面构建了我国基础教育信息化应用模型并选取信息化应用核心指标，采用综合指数计算全国各省基础教育信息化应用指数[①]；卢春等人采用综合指数法对教育信息化发展水平进行评估[②]；丁金龙采用逐层计算方法测算出教育信息化的总体指数[③]；徐显龙等人运用生产函数方法计算教育信息化就绪指数，对基础教育信息化发展水平进行评测[④]。

在课程学习方面，李晓文基于互动频数和价值导向构建了师生教学互动行为指数模型，互动行为指数是校本大数据与互联网云数据互融互通基础上的初级应用，帮助实时观测师生互动状态，也可成为课程教学分类评价和教学实时改进的依据，为师生教与学实时改进提供针对性反馈[⑤]。还有学者采取基于主成分分析的群体层次分析法为各指标赋权，建立模糊综合评价模型，为用户提供开放评测服务，以评估各类网络学习平台的生态特征[⑥]。还有对课堂教学满意度的评价[⑦]。

二、指数分析模型的内涵发展

指数分析模型的构建是为了反映某一类问题采用量化的方法分析出来的指数，从不同的角度可以对指数进行不同的分类。

(一)数据指标指数和质量指标指数

根据所反映指标性质的不同，可分为数量指标指数和质量指标指数。

数量指标指数是用于测定数量指标变动的相对数，反映现象总体在外延上的变动状况，体现的是现象的总规模、总水平或工作总量的变化。如根据产量、销售量等数量指标计算而来的产品产量指数、工业总产出指数、商品

① 尉小荣、李昊龙、邓柳等：《基础教育信息化应用指数及区域差异分析》，《电化教育研究》，2020年第3期，第114—121页。

② 卢春、吴砥、周文婷：《苏州教育信息化发展指数研究》，《中国教育信息化》，2014年第18期，第34—41页。

③ 丁金龙、谭春辉：《教育信息化水平测评方法研究》，《湖南学院学报(社会科学版)》，2005年第1期，第89—91页。

④ 徐显龙、孙妍妍、吴永和：《教育信息化就绪指数研究》，《开放教育研究》，2016年第5期，第86—94页。

⑤ 李晓文、叶伟剑、章秋红：《“互联网+教学”环境下师生互动行为指数模型研究》，《高等工程教育研究》，2020年第3期，第157—162页。

⑥ 王涛：《网络学习平台生态指数开放评价模型研究》，《开放教育研究》，2015年第3期，第81—89页。

⑦ 刘武、张金凤、陈玉芬等：《硕士研究生课堂教学满意度评价模型的实证分析》，《现代教育管理》，2009年第12期，第101—104页。

销售量指数等。需要注意的是，很有可能包含的指标在编制时使用的计量单位不一致，需要进行去量纲处理，再进行合并计算。

质量指标指数是用来反映品质指标变动程度的相对数。质量指标指数的编制原理同数量指标指数相同，只是同度量因素的固定时期不同。质量指标指数是反映社会经济现象相对水平或平均水平的统计指标的指数，如劳动生产率指数。

(二)个体指数和综合指数

根据所反映现象范围的不同，可分为个体指数和综合指数。

个体指数是包括在广义指数范围内，考察总体中个别现象或个别项目数量变动的相对数，个体指数用于说明单个事物或现象不同时期的变动程度。例如一种商品的价格指数、一种产品的产量指数和一种商品的成本指数等。个体指数的编制是综合指数编制的基础。

综合指数用于说明不同对象在同一时期或同一对象在不同时期关于某一主题的综合变动程度。综合指数具有高度的合并性，用于反映更多有效信息并综合反映事物的总体变化情况。综合指数更有助于人们了解事物的整体发展情况，并对复杂的对象做出有效的评估。如人类发展指数、教育发展指数、幸福指数、信息化发展指数等。

(三)静态指数和动态指数

根据所反映对象对比性质的不同，可分为静态指数和动态指数。

静态指数是指在同一个时间条件下，不同单位、不同地区之间的同类指标不同数值对比的相对数，或同一单位、同一地区的实际指标与计划指标对比的相对数。静态指数可以对同一时间、不同空间的同类现象水平进行综合比较，用于说明现象在空间上的差异程度，也可以将某种现象的实际水平与计划目标对比，以反映计划的执行情况或完成、未完成的程度。例如环境质量指数、物质生活质量指数等。

动态指数又称时间指数，是由不同时期的同类指标对比所形成的指数，用于反映不同时期某种现象变动程度的相对数。动态指数用于对同类现象水平在不同时间的情况进行比较，说明同类现象在时间上的变化过程和程度。例如零售物价指数、消费者价格指数、股票价格指数、工业生产指数等都属于动态指数。在编制上，动态指数可分别按周、月、季、年进行编制，形成一个连续的指数序列。

第二节　相关概念

一、指数分析模型的概念

(一)指数

指数又称为统计指数，是一种对比性的分析指标，通常用相对数形式表示。指数的编制与应用最早起源于物价指数。早在 1650 年，英国人 Rice Voughan 首创了物价指数，用于度量物价的变动状况，后来被广泛地应用于经济领域的各个方面，如对产量、成本、劳动生产率、股价等指数的计算。

(二)指数分析模型

从教育角度上讲，指数分析模型是评价国家或地区教育整体发展水平的模型，最终由多项指标构成综合指数。教育领域的指数研究可以明确教育发展过程中质和量的标准，监测发展状态，“预警”教育问题的产生，衡量不同区域的教育发展状况。通过指数分析模型得到的结论还可以反映国家教育治理和教育改革的现代化进程，预测教育的发展方向和趋势，为进一步完善教育治理体系、提升教育治理能力提供标准化的评价支持。指数分析模型在教育领域中主要有教育指数模型、教育发展指数模型、教育信息化发展指数模型等。

二、指数分析模型的性质

构建指数分析模型是为了客观反映某种社会现象，量化数值得出结论，目前较为普遍的观点认为，指数分析模型的计算过程具有综合性、相对性、平均性的特性。

(一)综合性

指数反映一组变量在不同场合的综合变动水平，也是指数理论和方法的核心。没有综合性，指数就不会发展成为一种独立的理论和方法论体系。比如教育机会指数、教育投入指数和教育公平指数构成的教育发展指数等多个维度，可反映和评价一个国家或地区教育发展的综合水平。

(二)相对性

指数是总体各变量在不同场合对比形成的相对数。如教育信息化指数使用的评估框架往往包含多个维度和多个指标，可以分析某个国家或地区教育信息化水平的整体变动情况，评估结果具备整体性和全面性。指数还可用于度量总体变量在不同时间上的变化，如幸福指数把主观幸福感作为一项指标，建立幸福指数时间序列，可以进行纵向分析，直观地了解研究群体的幸福情况在不同历史阶段的分布规律。指数还可以度量总体变量在不同空间的对比，等等。

（三）平均性

指数所表示的综合变动是多种现象的平均变动，是现象总体变动水平的一个代表性的数值。平均性体现为指数进行比较的综合数量是个别量的代表，两个综合量对比形成的指数反映了个别量的平均变动水平。如幸福指数不局限于某个个体，反映的是不同的群体的平均幸福度，通过幸福指数可以分析不同年龄、不同性别、不同文化背景、不同学历层次群体的幸福指数的特点，并从中发现规律，进而可以针对不同群体制定相关政策。

第三节　典型的指数分析模型

一、信息化发展指数

信息化发展指数最初由日本经济学家小松崎清介提出，1965 年他指出利用信息化指数法测度信息化水平，可以反映信息及其相关要素的作用和地位。我国在“十一五”“十二五”“十三五”“十四五”发展过程中均提出了适宜社会背景的信息化综合性规划指标：信息化发展指数（Information Development Index，IDI）能够量化地评价中国各地信息化发展水平，并开展信息化水平的国际比较。“十一五”到“十四五”的信息化发展指数模型如表 4-1 至表 4-4 所示。

目前，IDI 已经成为反映不同国家或地区信息化发展现状的重要工具之一，在推动信息化发展方面发挥了重要作用。一方面，IDI 可以全方位地追踪、了解社会信息化发展情况，综合性地测量和反映各个地区的信息化发展总体水平；另一方面，IDI 可以进行横向和纵向比较。从横向的角度来说，可以在一定程度上反映不同的国家或地区信息化发展的现状及差距；从纵向的角度来说，可以全面反映一个国家或地区信息化发展的进程、分类指标发展速度、分类指标发展特点等。

表 4-1　“十一五”信息化发展主要指标

总指数	类别	指标
信息化发展指数	基础设施指数	电视机拥有率(台/百人)
		固定电话拥有率(部/百人)
		移动电话拥有率(部/百人)
		计算机拥有率(台/百人)
	使用指数	每百人互联网用户数(户/百人)
	知识指数	教育指数
	环境与效果指数	信息产业增加值占国内生产总值(GDP)比重(%)
		信息产业研究与开发经费占国内生产总值(GDP)比重(%)
		人均国内生产总值(GDP)(美元/人)
	信息消费指数	信息消费系数(%)

表 4-2　“十二五”信息化发展主要指标

类别	指标
总体发展水平	信息化发展指数
信息技术与产业	集成电路芯片规模生产工艺(纳米)
	信息产业收入规模(万亿元)
信息基础设施	网民数量(亿)
	固定互联网宽带接入用户(亿户)
	光纤入户用户数(亿户)
	城市家庭宽带接入能力 (Mbps)
	农村家庭宽带接入能力 (Mbps)
	县级以上城市有线广播电视网络实现双向化率(%)
	互联网国际出口带宽(Tbps)
信息经济	制造业主要行业大中型企业关键工序数(自)控化率 (%)
	电子商务交易规模(万亿元)

续表

类别	指标
信息服务	中央部委和省级政务部门主要业务信息化覆盖率（%）
	地市级政务部门主要业务信息化覆盖率（%）
	县级政务部门主要业务信息化覆盖率(%)
	电子健康档案城乡居民覆盖率(%)
	社会保障卡持卡人数(亿)

表 4-3 “十三五”信息化发展主要指标

类别	指标
总体发展水平	信息化发展指数
信息技术与产业	信息产业收入规模(万亿元)
	国内信息技术发明专利授权数(万件)
	IT 项目投资占全社会固定资产投资总额的比例（%）
信息基础设施	光纤入户用户占总宽带用户的比例（%）
	固定宽带家庭普及率（%）
	移动宽带用户普及率（%）
	贫困村宽带网络覆盖率（%）
	互联网国际出口带宽（Tbps）
信息经济	信息消费规模(万亿元)
	电子商务交易规模(万亿元)
	网络零售额（万亿元）
信息服务	网民数量(亿)
	社会保障卡普及率（%）
	电子健康档案城乡居民覆盖率（%）
	基本公共服务事项网上办理率（%）
	电子诉讼占比（%）

表 4-4　“十四五”信息化发展主要指标

类别	指标
总体发展水平	数字中国发展指数
数字设施	网民规模(亿)
	5G 用户普及率(%)
	1000M 及以上速率的光纤接入用户(万户)
	IPv6 活跃用户数(亿)
创新能力	每万人口新一代信息技术产业发明专利拥有量(件)
	IT 项目投资占全社会固定资产投资总额的比例(%)
	计算机、通信和其他电子设备制造业研发经费投入强度(%)
	全国高新技术企业数量(万家)
产业转型	数字经济核心产业增加值占 GDP 比重 (%)
	关键业务环节全面数字化的企业比例 (%)
	企业工业设备上云率(%)
	网上零售额(万亿元)
	信息消费规模(万亿元)
政务服务	省级行政许可事项网上办理率(%)
	在线政务服务实名用户规模(亿)
	电子社保卡申领率(%)
	电子诉讼占比(%)

二、教育发展指数

教育发展指数(Education Development Index，EDI)是由多个单项教育指标构成的综合指数，它可以较全面、准确地反映各个国家或地区教育发展的现状，主要应用于监测一个国家或地区教育发展的状态，为政府制定相关政策提供参考依据，促进各地区教育水平的发展。EDI 最初在 2009 年由联合国教科文组织(UNESCO)提出，是由教育性别平等指数、初等教育净入学率、成人识字率、小学 5 年级保留率 4 个单项指标构成的综合指数，赋予上述每一个指标的权重相等，都为 1/4。因此，教育发展指数= 1/4(教育性别平等指数＋初等教育净入学率＋成人识字率＋小学 5 年级保留率）。指数的数值越大，表示教育发展水平越高。公式中的教育性别平等指数本身是一个综合指数，由小学毛入学率性别比、中学毛入学率性别比和成人识字率性别比 3 个指标构成，每个指标的权重为 1/3，即教育性别平等指数＝ 1/3（小学女性毛入学率/小学男性毛入学率＋中学女性毛入学率/中学男性毛入学率＋女性成人识字率/男性成人识字率）。而这一指标在构造过程中也存在问题，即只反映了初等教育情况，也就是全民教育普及情况，难以反映中、高等教育情况，而在当前的教育发展背景下，中、高等教育情况才能真正反映教育水平。

从我国现阶段教育事业发展目标出发，为全面、准确地衡量教育发展水平，为后续教育政策设计提供参考，以及考虑数据的可得性和实践中的可操作性，国内大多数研究采用的 EDI 包括教育公平指数和教育效率指数 2 个一级指标。教育公平指数包括性别平等指数、城乡平等指数、民族平等指数 3 个二级指标；教育效率指数包括教育贡献指数、人力资源指数、教育普及指数 3 个二级指标。

（一）计算方法

将性别平等指数记作 X_1，城乡平等指数记作 X_2，民族平等指数记作 X_3，对 X_1、X_2、X_3 进行算术平均，就得到教育公平指数 X。同理，将教育贡献指数记作 Y_1，人力资源指数记作 Y_2，教育普及指数记作 Y_3，对 Y_1、Y_2、Y_3 进行算术平均，就得到教育效率指数 Y。

特别需要指出的是，单纯使用各个基础指标的原始得分会存在因为指数量纲不同而不可比的问题，为了确保各个指数的一致性，同时易于理解并进行横向比较，应对以上各组基础指标进行标准化处理，即基础指数得分为实际值与最差值之差比上最优值与最差值之差，从而保证各项指数取值为 0～1。计算出各项指数的标准化得分后，采用算术平均的方法即可计算得到 EDI。

（二）教育发展指数 EDI 的优缺点

优点：可靠性强，由于指标的外延一致，在历时性和共时性对比上具有相当的可靠性。共时性对比的指标能够准确反映各国家或地区的差异及集中趋势；历时性对比的指标能够有效捕捉数据的变化特征，呈现长期发展趋势；反映视角多元。EDI 不仅可以反映教育自身发展，而且可以反映教育与经济社会系统的关联。

缺点：比较范围局限，教育发展存在较大的地区差异性，各个国家或地区 EDI 的编制方法和基础数据指标选取都不同，很难与其他国家开展较为全面的比较；数据采集困难，在教育发展的不同阶段，数据采集的延续性和可比性较差，不利于横向比较，也难以选择较早年份的数据作为基期，更难以借助历史经验数据科学地确定基准值。

三、教育信息化发展指数

在教育信息化 2.0 阶段，通过开展教育信息化评估准确了解区域教育信息化发展现状，是教育行政部门制定教育信息化政策、推动教育信息化发展的重要支撑。如表 4-5 的教育信息化指数指标体系是由我国吴砥教授团队研制构建的，从而构建了教育信息化指数。教育信息化指数是反映不同时间或空间条件下教育信息化变动方向和变动程度的相对数。

该指数模型由基础设施、数字教育资源、教学应用、管理信息化、机制保障五个维度指数构成，该指数用于反映区域层面教育信息化综合发展水平[①]。本研究采用综合指数法构建教育信息化指数，指数值越大，代表教育信息化的发展水平越高。

表 4-5　教育信息化指数指标模型

一级指标	权重	二级指标	权重
基础设施	0.16	1. 多媒体教室比例	0.0240
		2. 拥有创新实验室的学校比例	0.0208
		3. 平均每百名学生终端数	0.0288
		4. 每名教师教学用信息化终端数	0.0224
		5. 接入互联网的学校比例	0.0368
		6. 无线网络校内全覆盖的学校比例	0.0272
数字教育资源	0.13	7. 拥有与学科配套的数字资源的学校比例	0.0273
		8. 建有校本资源库的学校比例	0.0208
		9. 开通网络空间的学校比例	0.0221
		10. 开通学生网络学习空间的学生比例	0.0195
		11. 开通教师网络学习空间的教师比例	0.0182
		12. 接通省级教育资源公共服务平台的学校比例	0.0221

① 吴砥、邢单霞、阳小等：《教育信息化指数构建及应用研究》，《电化教育研究》，2020 年第 1 期，第 53—59 页。

续表

一级指标	权重	二级指标	权重
教学应用	0.21	13. 学校网络空间实现常态化应用的学校比例	0.0294
		14. 全部班级使用数字教育资源的学校比例	0.0399
		15. 实现信息技术辅助课堂教学常态化应用的学校比例	0.0315
		16. 经常使用多媒体教学资源(如 PPT 课件、视频、动画等)进行教学的教师比例	0.0252
		17. 多媒体教室的平均使用率	0.0462
		18. 最近一年教师人均晒课(地市级及其以上)节数	0.0378
管理信息化	0.29	19. 管理信息系统实现常态化应用的学校比例	0.0551
		20. 开展管理信息基础数据应用的学校比例	0.0638
		21. 拥有校级公共信息发布平台的学校比例	0.0406
		22. 拥有学校网络安全系统的学校比例	0.0493
		23. 安全监控系统实现校园全覆盖的学校比例	0.0435
		24. 拥有一卡通的学校比例	0.0377
机制保障	0.21	25. 信息化经费投入占学校同期教育经费比例	0.0420
		26. 校级领导主管信息化建设的学校比例	0.0252
		27. 最近一年参加信息化校本培训的教师比例	0.0336
		28. 校级领导参加省级以上信息化相关培训的学校比例	0.0273
		29. 信息技术课程专职教师比例	0.0252
		30. 拥有信息化专职人员的学校比例	0.0336
		31. 制定提升教师信息技术应用能力相关措施的学校比例	0.0231

第四节　中国教育指数的运用

2022 年版 IEC 指标体系沿用 2019—2021 年版中国教育指数(The Index of Education in China，IEC)指标体系，即由 3 个一级指标构成，分别为教育发展指数、教育创新指数和教育绿色指数，二级指标包括教育规模度、教育投入度、教育质量度、教育信息度、教育公平度、教育贡献度、教育创新度、教育创业度、教育创造度、教育健康度、教育生态度、教育法治度 12 个二级指数，见表 4-6。

表 4-6　中国教育发展指数：2021 年与“十三五”时期均值的一级指数比较

	发展指数		发展排行		创新指数		创新排行		绿色指数		绿色排行		综合指数		综合排行	
	2021	“十三五”	2021	“十三五”	2021	“十三五”	2021	“十三五”	2021	“十三五”	2021	“十三五”	2021	“十三五”	2021	“十三五”
全国平均（除香港、澳门、台湾）	5.421	5.190	—	—	3.650	3.490	—	—	8.610	8.420	—	—	5.670	5.466	—	—
北京	10	10	1	1	10	10	1	1	10	9.843	1	1	10	10	1	1
天津	5.623	5.625	11	7	3.450	3.241	14	14	8.914	8.664	6	8	5.792	5.696	10	9
河北	5.368	5.011	14	13	2.778	2.419	20	21	8.101	7.722	29	30	5.320	4.963	18	19
山西	4.538	4.408	23	23	2.481	2.127	23	24	8.386	8.282	19	18	4.852	4.678	23	24
内蒙古	4.403	4.299	26	26	2.207	1.880	24	28	8.246	8.094	24	23	4.682	4.520	26	27
辽宁	5.595	5.340	12	12	3.558	3.316	13	13	8.794	8.695	9	7	5.777	5.564	11	11
吉林	5.028	4.816	18	18	2.894	2.832	19	17	8.529	8.471	17	12	5.250	5.112	19	17
黑龙江	4.971	4.833	19	17	2.767	2.621	21	20	8.115	8.063	27	26	5.101	4.985	21	18
上海	7.550	7.221	2	2	7.729	6.946	2	2	9.859	9.778	2	2	8.077	7.701	2	2
江苏	7.258	6.692	3	3	7.319	6.651	3	3	9.321	9.147	3	3	7.705	7.206	3	3
浙江	6.079	5.751	7	6	6.266	5.695	4	4	9.040	8.953	5	5	6.745	6.417	5	5
安徽	5.225	4.945	15	16	4.117	3.940	9	9	8.607	8.339	15	15	5.657	5.422	13	13
福建	5.160	5.006	17	14	4.241	3.938	8	10	8.611	8.538	14	11	5.664	5.497	12	12
江西	4.936	4.591	20	21	3.234	2.753	17	19	8.759	8.338	10	16	5.329	4.942	17	20
山东	6.165	5.798	5	5	4.591	4.333	6	7	8.712	8.548	12	10	6.320	6.113	6	6
河南	5.724	5.424	9	11	3.294	3.076	16	16	8.168	8.001	26	27	5.653	5.407	14	14
湖北	5.913	5.495	8	9	4.328	4.440	7	6	8.837	8.837	7	6	6.145	5.950	7	7

续表

	发展指数		发展排行		创新指数		创新排行		绿色指数		绿色排行		综合指数		综合排行	
	2021	“十三五”	2021	“十三五”	2021	“十三五”	2021	“十三五”	2021	“十三五”	2021	“十三五”	2021	“十三五”	2021	“十三五”
湖南	5.404	4.987	13	15	3.769	3.568	11	12	8.104	7.847	28	29	5.578	5.252	15	15
广东	6.700	6.254	4	4	5.283	5.392	5	5	9.122	9.073	4	4	6.868	6.646	4	4
广西	4.795	4.626	21	20	3.122	2.825	18	18	8.238	8.107	25	22	5.116	4.931	20	21
海南	4.217	4.103	29	30	2.087	2.119	28	25	8.332	8.297	21	17	4.552	4.504	28	28
重庆	5.180	4.802	16	19	3.376	3.173	15	15	8.835	8.637	8	9	5.513	5.222	16	16
四川	5.652	5.431	10	10	3.718	3.819	12	11	8.732	8.464	11	13	5.834	5.687	9	10
贵州	4.526	4.489	24	22	2.005	2.053	29	26	8.298	8.259	22	20	4.712	4.700	24	23
云南	4.631	4.381	22	24	2.575	2.407	22	22	8.521	8.281	18	19	4.953	4.731	22	22
西藏	4.352	4.269	27	27	0.543	0.984	31	31	7.768	7.086	31	31	4.154	4.077	31	31
陕西	6.088	5.522	6	8	3.894	4.215	10	8	8.264	8.210	23	21	6.017	5.779	8	8
甘肃	4.462	4.340	25	25	2.034	2.051	27	27	8.381	8.069	20	25	4.701	4.578	25	26
青海	4.157	4.103	30	31	2.110	1.494	25	30	8.030	7.861	30	28	4.478	4.269	29	30
宁夏	4.093	4.180	31	29	1.585	1.838	30	29	8.570	8.076	16	24	4.430	4.441	30	29
新疆	4.242	4.255	28	28	2.054	2.184	26	23	8.643	8.442	13	14	4.640	4.642	27	25
东部地区#	6.412	6.137	—	—	5.367	5.060	—	—	9.001	8.856	—	—	6.704	6.456	—	—
中部地区#	5.290	4.975	—	—	3.529	3.316	—	—	8.477	8.273	—	—	5.536	5.276	—	—
西部地区#	4.715	4.558	—	—	2.435	2.411	—	—	8.377	8.163	—	—	4.936	4.802	—	—
东北三省#	5.198	4.997	—	—	3.073	2.924	—	—	8.479	8.410	—	—	5.376	5.221	—	—
京津冀#	6.997	6.847	—	—	5.410	5.186	—	—	9.005	8.743	—	—	7.037	6.854	—	—
长江经济带	5.668	5.345	—	—	4.399	4.130	—	—	3.810	8.625	—	—	6.023	5.748	—	—

本案例以中国教育指数指标体系(2022 年版)为分析模型，引用《从中国教育指数看中国教育发展“十四五”开局——基于 IEC 2022 年版与“十三五”时期均值的比较》论文的数据，得出 2021 年中国教育在各省市的发展情况①。

根据数据测算，表 4-6 是中国教育发展指数的 2021 年的与“十三五”时期均值的指数比较。

可以得出：相较于“十三五”时期均值，2021 年中部地区 IEC 教育发展指数均值增长了 0.315，IEC 教育创新指数均值增长了 0.213，IEC 教育绿色指数均值增长了 0.204，与东部相比教育创新发展略显不足。②

相较于“十三五”时期均值，2021 年西部地区 IEC 教育发展指数均值增长了 0.157，IEC 教育创新指数均值仅增长了 0.024，IEC 教育绿色指数均值增长了 0.214——其教育创新指数增长态势反映出西部地区教育发展缺乏创新动力。

相较于“十三五”时期均值，2021 年东北地区 IEC 教育发展指数增长了 0.201，IEC 教育创新指数均值增长了 0.149，IEC 教育绿色指数均值增长了 0.155，反映出该地区 2021 年教育发展状态介于西部与中部之间。

在国家战略区域中，相较于“十三五”时期均值，2021 年京津冀 IEC 总指数均值增长了 0.183，长江经济带 IEC 总指数均值增长了 0.275。从 IEC 一级指标三大维度来看，“十三五”期间，京津冀 IEC 教育发展指数均值增长了 0.150，IEC 教育创新指数均值增长了 0.224，IEC 教育绿色指数均值增长了 0.262，其中河北的发展快于天津。

相较于“十三五”时期均值，2021 年长江经济带 IEC 教育发展指数均值增长了 0.323，IEC 教育创新指数均值增长了 0.269，IEC 教育绿色指数均值增长了 0.185，其发展势头介于中部与东部之间。

从长江经济带内部来看，其中东三角地区的上海、江苏、浙江、安徽 3 省 1 市主要依靠教育创新，尤其是教育创造带动教育“投入—产出”发展，并着眼于改善教育生态，走教育可持续发展道路。中部和西部的其余 7 省则主要依靠教育投入、教育信息化、教育质量改进推动教育发展。

① 张炜、周洪宇：《从中国教育指数看中国教育发展“十四五”开局——基于 IEC 2022 年版与“十三五”时期均值的比较》，《宁波大学学报(教育科学版)》，2022 年第 5 期，第 124－132 页。

② 同上。

表 4-7　中国教育指数(2022 年版)指标体系及权重

一级指标	二级指标	三级指标
1—发展指数[55.00]	1—规模度[15.00]	1—在校生数[60.00]
		2—每十万人中在校生数[40.00]
	2—投入度[15.00]	3—地方教育财政投入[20.00]
		4—生均教育经费支出[40.00]
		5—生均教育公共财政经费支出[40.00]
	3—质量度[20.00]	6—生师比[20.00]
		7—专任教师学历达标率[30.00]
		8—地区教育竞争力得分[50.00]
	4—信息度[15.00]	9—信息化设备投入[49.34]
		10—信息化硬件结构比[31.08]
		11—信息化资产结构比[19.58]
	5—公平度 [15.00]	12—高等教育入学机会[62.50]
		13—城乡义务教育生均经费比[23.85]
		14—学前教育入学性别比[13.65]
	6—贡献度[20.00]	15—人才培养：毕业研究生情况[30.00]
		16—科学研究：专利转让的收入[20.00]
		17—社会服务：捐赠与校办产业[20.00]
		18—实验平台：重点实验室情况[30.00]
2—创新指数[24.02]	7—创新度[29.69]	19—全国青少年创新成果获奖[35.86]
		20—现代教育体系创新[51.71]
		21—职业教育培训机构发展[12.43]
	8—创业度[16.34]	22—国家级大学生创业项目立项[40.00]
		23—国家级大学生创业项目获奖[60.00]
	9—创造度[53.96]	24—发明专利情况[16.34]
		25—国家科技三大奖获奖情况[53.96]
		26—ESI 前 1%大学学科情况[29.69]

续表

一级指标	二级指标	三级指标
3—绿色指数[20.98]	10—健康度[55.00]	27—国民体质综合指数[55.00]
		28—校园绿地面积占比[24.02]
		29—校园运动面积占比[20.98]
	11—生态度[20.98]	30—教育工资的行业占比[24.02]
		31—义务教育班额情况[55.00]
		32—15 岁以上人口非文盲率[20.98]
	12—法治度[24.02]	33—教育规划公文的 NVivo 分析[16.34]
		34—教育行政审批网络公开情况[53.96]
		35—教育法治宣教的百度指数[29.70]

第五节　指数分析模型的机遇和挑战

教育指标或指数已经在国内外教育教学和治理中发挥了重要作用，具备容易理解、容易使用、客观可读、公开透明等优点。当前，也存在几个方面的问题有待改进：一是当前教育质量指标体系以及指数主要是基于影响因素较大的指标构建的，对于次要的指标容易删除，从某种程度来说，容易忽略一些具有特殊性质的评价；二是当前所构建的指数分析模型区域性或地方性针对性不强；三是缺乏反映教育过程质量的指标，不能全面地体现基础教育质量。

在提升教育质量成为现阶段重要目标的背景下，有必要构建科学的、符合时代要求的教育质量指数。区域基础教育大数据指数分析模型构建和发展的机遇和挑战如下。

一、构建全面、动态的教育质量标准和指标体系，提升教育质量

基础教育具有覆盖率高、时间跨度大、内涵复杂等特点，制定出权威的教育质量标准需要足够的理论基础与实证研究。过去单一的结果评价、静态评价不再满足时代的需求，研究者通过构建反映全面的、动态的、系统的、基于标准的教育质量指数分析模型来改进教育工作，提高教育质量，评价教育质量。为了及时跟踪、发现问题，指标体系和综合指数的构建应该充分利用人工智能时代的新技术，与大数据平台结合，建立动态的评价体系。

二、科学使用指数分析模型，防止出现“唯指数”的误区

构建科学的指标体系和综合指标是为了发挥指数评价指挥棒的正面导向作用，切忌走向“唯指数”的极端。如对教育质量进行评价时应把握教育的边界，要合理区分人的发展和教育结果；另外，基础教育指数不仅仅是一个分数，还包含整个指标体系以及对应的质量标准。指数结果的背后是指数分析模型体系，模型本身是主观的、不全面的。因此，要科学使用指数分析模型，防止出现“唯指数”的误区。

三、促进全面客观评价发展为目标，应实现多方参与的综合评价和不同层面的评价

长期以来，指数分析模型的构建主要以政府、区域等为主导，而如教育领域的学生、家长、社会等利益相关主体并未充分参与，这样的模式造成了评价的片面化。构建模型和量化指数需考虑包括教师、家长和学生的多方利益者诉求，并且赋予他们参与的权力。多方参与的协商评估能够提高利益相关者的归属感和认同感，更好地了解不同群体对某一问题或现象的认识和期望。

第五章　区域基础教育大数据监测模型分析

中国的基础教育质量究竟如何？目前已经达到什么样的水平或标准？我们应该追求什么样的教育质量？这就涉及基础教育监测的问题。因此，需要建立教育质量国家标准，进一步提高教育质量，为国家发展战略提供人才和智力支持，这是我国基础教育亟须解决的问题。目前，世界各国都越来越重视对基础教育的监测，并力图通过监测来推进基础教育的改革与发展。

【本章内容结构】

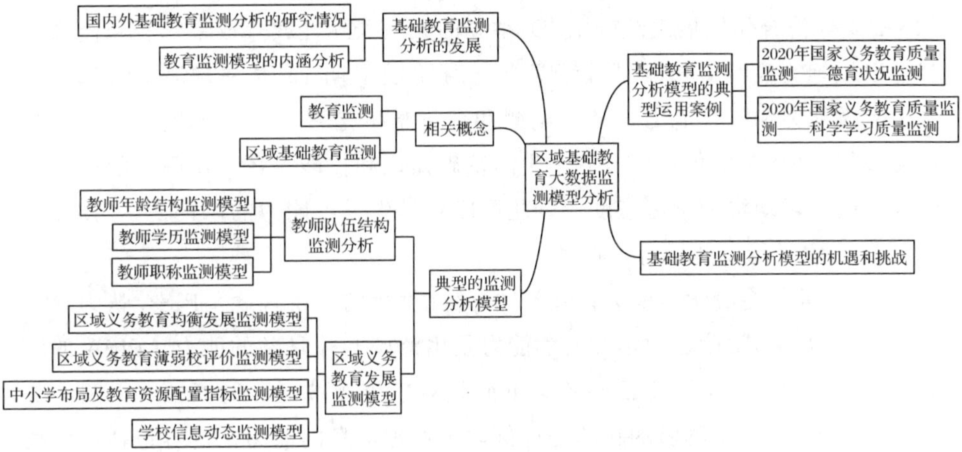

图 5-1　思维导图

第一节　基础教育监测分析的发展

近年来，随着教育评价技术日趋成熟，评估体系逐步完善，越来越多的国家已经开始注重从微观层面关注教育的内涵发展和质量提高，逐步构建基于标准的教育质量监测框架或体系，积极尝试从国内或国际的视野对本国教育质量进行监测，以评价教育质量和教育发展趋势。其中，以美国的教育进展评估（NAEP）、国际教育成就评价协会的国际数学与科学研究趋势（TIMSS）、经济合作发展组织的国际学生评估项目（PISA）为代表。

一、国内外基础教育监测分析的研究情况

（一）经济合作发展组织：国际学生评价项目

国际学生评价项目（Programme for International Student Assessment，PISA）是经济合作发展组织（OECD）举办的大型国际性教育成果比较和监测项目。以纸笔测验的形式测试处于义务教育阶段末期 15 岁左右学生的阅读能力、数学能力和科学能力，从而监测和评价学生是否具备未来生活所需的知识和技能。PISA 不仅可以监测学生的基础知识和技能，还会用问卷的形式测试学生的学习动机和学习态度，以此形成对学生学习能力的总评估，PISA 于 2000 年首次举行，此后每三年举行一次。

基于“评估终身学习能力以及问题解决能力”的评价理念，PISA 认为三个领域的能力，即阅读、数学和科学能力是生活中必须具备的能力。PISA 的题目很多取自学生的实际生活经验，下面是对三个领域测验的概括：①阅读能力测验，PISA 阅读测验的目的是评价学生处理信息的能力，内容包括短篇故事、网络信件、杂志报道、统计图表等材料，监测学生根据材料提供的线索和情境要求，获取信息、分析和理解信息，并结合新获得的信息与自己原有的知识和经验进行综合判断后重新表达信息的能力。②数学能力测验，PISA 从数学技能、数学概念、数学课程因素、数学情境四个领域来考查学生的数学能力。对数学能力的评价分为三个层次：基本事实再现以及基本运算与技巧的应用；建立不同领域知识之间的关联；从现实问题中提取数学模型以及对数学问题的本质进行思考。③科学能力测验，PISA 从三个角度考察科学能力：科学概念、科学方法、科学情境。PISA 科学能力测验的题目须达到两个标准，一是尽量反映现实生活的复杂性，二是尽可能在一个情境中提出几个

相关的问题，通过让学生解决与个人、家庭、社会生活相关的问题，监测学生获得的科学知识和应用科学知识的能力。

除测试以上三个领域的能力外，PISA 还利用“学生学习态度问卷”以及“校长问卷”，从学生个人学习兴趣、家庭背景、学校以及社会因素等方面全面监测学生的综合学习能力和态度。

(二)美国：国家教育进展评估项目

美国的国家教育进展评估(National Assessment of Educational Progress, NAEP)，也被称为国家成绩报告单(The Nation's Report Card)，是具有全国代表性的教育评价体系，在美国教育领域占据着重要的地位。自正式实施以来，NAEP 为美国各州提供了一个常规的学生学业质量标准，从 1969 年起，NAEP 对不同年级、类别的学生进行阅读、数学、科学、写作、历史、地理等不同学科的周期性的评价和监测，对成绩较低的地区和学校改进教学方式、提高学业成绩具有积极的作用。

NAEP 主要是对学生当前成就进行评价和监测，包括全国评价和州评价，旨在检测全国及各州学生在核心学科领域知道什么、能做什么。NAEP 每年实施一次，包括两个组成部分。一是特定学科的测试问题，内容包括阅读、数学、科学、写作、美国历史、经济学、公民学、地理和艺术 9 个科目。二是背景基本情况调查，涉及学生的性别、年龄、社会经济状况、父母背景等基本信息，以及相关教师、学校管理者的问卷调查、记录卡等。

(三) 中国课程教材发展中心：中小学生学业质量分析、反馈与指导系统

2003 年，教育部基础教育课程教材发展中心启动了“建立中小学生学业质量分析、反馈与指导系统”项目，以义务教育阶段三、八年级学生为评价对象，旨在通过连续的学科评价和问卷调查，形成学生学业质量分析框架并以此开发测评工具，同时建立中小学生学业质量动态信息采集、分析系统，建立学业质量数据库，以此监测学生学业，改进教育教学。

监测以课程标准为基础，以学生发展为宗旨，对小学三年级和初中八年级学生开展学科测试和问卷调查。学科测试着重考查影响学生未来发展的重要素养和能力，并分别对学生、教师和校长开展问卷调查。其中，学生问卷调查的内容，包括家庭环境、人际关系、学校环境、课业负担、学习策略、学习态度等；教师问卷调查的内容包括教师基本情况，如学历、任职经历、职称等，教师对新课程的看法，教师运用的教学策略和教学方法，教师对学校管理的看法，教师面临的困难，教师的教育观和教师专业发展等；校长问

卷调查的内容包括校长日常工作、学校硬件条件、校长办学理念和教育观、校长的学校管理方法等。

该监测项目旨在形成学生学业质量分析框架和内容结构，建立我国中小学生学业质量动态信息采集、分析系统，建立中小学生学业质量数据库，监测学生学业情况，为教育系统诊断和改进教学过程、提高教育质量提供依据。

二、教育监测模型的内涵分析

构建区域教育监测体系模型需要明确人与事物之间的关系。首先是谁来做的问题，这涉及机构的设置等问题；其次是做什么的问题，即要厘清教育监测什么，这是内容的构建；最后是怎么做的问题，即采取怎样的路径来构建监测模型。

(一)教育监测模型的主体

当前对教育质量监测的机构设置主要分为三类：第一类是由教育行政机构的相关职能部门负责实施，通过设立专门的监测部门开展，受教育行政部门的指导；第二类是委托高校或研究机构来开展教育质量监测，形式相对灵活；第三类是成立独立于教育行政部门的专职机构或专门委员会，主要职责是服务于教育评估监测的机构，这种类型多出现在发达国家。

根据教育监测目标和需求，选择相应的机构来组织专业力量设置教育监测模型，负责对本地基础教育质量进行监测，开展具体的监测实施、数据处理、报告撰写、结果发布、策略建议等工作，为监测的具体运作提供充分保障。

(二) 教育监测的内容

教育监测的内容是多元的，需要根据区、校等教育现代化的指标体系，构建动态的区域教育质量监测体系，以过程性监测内容为重点，结合基础性监测内容和结果性监测内容，注重发挥监测与评价的发展性功能，以监测引领教育的方方面面。

在监测方法上，问卷调查、课堂观察、客观测量、访谈、文献分析等都是监测的方法；在监测时间上，基础性监测内容具有一定的稳定性，可以两到三年进行一次监测，过程性监测内容和结果性监测内容相对更新速度快，建议每年进行一次，需保证监测结果的时效性；在监测学科上，可涵盖基础教育阶段的所有学科课程，核心课程则应该成为监测的重点学科；在监测安排上，在不增加师、生、校等负担的前提下开展相应需求的监测，确保监测数据的真实客观性；在监测内容上，既可以包括学业，也可以包括学习态度和能力、综合素质以及价值观等；在监测对象上，可以将区级或校级机构的师生和家长纳入监测范围，当然需要保证监测对象的隐私问题。在监测完成后，需用动态数据分析存在的问题和优势，并进行针对性反馈。

(三)教育监测的方式

区域教育监测的过程既要有清晰的实践思路，又要有一套完整、规范的具体操作过程。区域教育监测的具体操作过程，大致可分为建立标准、施测、反馈、问责、干预五个步骤。

1. 建立标准

根据国家标准等，运用或研发相关监测工具、指标体系和调查问卷，根据确定的监测年级、内容编制信效度较高的监测问题或指标，可逐步建立教育监测的数据库，如各项监测内容的常模，以反映常见现象。

2. 施测

可以通过机器设备采集数据或者采取分层抽样的方法来确定监测样本，根据确定的监测内容，使用监测工具进行施测。

3. 反馈

基于原始数据进行数据分析与处理后，撰写区域教育监测结果报告，形成监测结论材料并分析原因，向监测对象及其主管部门进行信息反馈。

4. 问责

问责是对未完成应尽义务而实施责任追究的一种机制。监测要让结果产生利害关联性，即根据监测结果采取激励措施，或者预警措施等等。

5. 干预

干预的目的在于更改原始的实施路径从而达成目标。这种干预在区域层面上可以借助于提供政策改进建议；在学校层面上可以借助于直接的专业帮助并提出调整建议来实现等。

第二节　相关概念

一、教育监测

监测(monitoring)在教育领域中的实施与运用源于“证据驱动下的教育治

理模式”的兴起①。基于循证的教育治理要求，决策者基于科学的、有效的且具有说服力的证据，制定出有助于从整体层面提升教育质量的政策、项目和产品。

从客体指向上看，教育决策者须熟知教育系统各个层面的发展程度、内部关系、影响因素和未来趋势。各国开始创立以教育系统为客体指向的监测制度。

从功能上看，监测结果的发布与共享有利于打破传统权威机构对教育信息的绝对垄断，消解治理主体间因信息不透明、不对称而产生的能力差和权力差，使多元治理主体平等地参与教育决策。

从指标体系上看，监测主要是解构于教育系统的运行样态。多维的指标体系使监测得以为教育治理者科学分析教育发展态势，做出兼具合法性、时效性和公正性的决策，提供强有力的证据支撑②。

二、区域基础教育监测

区域基础教育监测是专业监测人员对本区所管辖学校的教育教学进行检测、评估并给予反馈和指导，以促进本区域教育高水平均衡发展的过程。动态、真实的区域教育监测要坚持“依法监测、服务决策、科学评价、重在导向、准确诊断、探求规律”的原则，着眼于服务区域基础教育，通过诊断促进区域内教育的高质均衡发展，实现高水平的教育公平。

宏观上可以把握基础教育发展的动态和区域内差异、城乡差异、校际差异，为教育政策、教育经费、师资统筹等提供客观依据，能提高教育行政部门工作的针对性和实效性，进行科学的区域教育发展规划，进行教育资源的整合，促进教育均衡发展。

微观上通过监测能够明确学校办学特色和不足，规范办学行为和教师教学行为，澄清学生在具体的知识技能、过程方法等方面的优势与不足，找到影响学生学习质量的因素，提供关于教学改善和学习改进的指导性意见，为教学的改进和学生学习质量的提高提供专业支持。

① Motivans,“Albert. Using Educational Indicators for Policy: School Life Expectancy,” *Prospects Quarterly Review of Comparative Education*, vol. 1(2005), pp. 109—116.

② 高洁、方征：《评价、评估、考核、监测：教育评价若干同位概念辨析及启示》，《教育发展研究》，2022年第42期，第75—84页。

第三节　典型的监测分析模型

一、教师队伍结构监测分析

教师队伍建设是发展更加公平高质量教育的关键，科学了解和预测教师队伍结构，则是保证师资有效供给的基本前提。建设高素质、专业化、创新型教师队伍，向优质均衡和教师结构优化发展，推进教育现代化必须重视现实问题。本研究基于区域教育教师的年龄、学历和职称等大数据分析。

若某区不同学科不同学校教师年龄呈正态分布，故监测标准制定可采用统计中常用的 3σ 方法划分状态区间。以北京市东城区为例，若东城区教师年龄结构呈偏态分布可采用百分等级方法。其基本原则为：假设不同样本指标数据均值为 E，则若某一指标数值距离均值 E 越近，则表明越接近群体的平均状态；距离均值越远，则表明其越高于或低于群体平均状态，距离达到一定程度后，则因过于偏离均值，需要进行预警。在确定具体预警标准时，用表征与均值偏离程度的样本标准差 δ 来进行判断。指标值与平均数的差再除以标准差的值称为距离均值的相对标准距离，用 Z 分数表示，如表 5-1 和图 5-2 所示。基于教师年龄结构监测模型图，按照年龄结构教师分层，采用离群监测法建立各层级教师的学历监测预警模型、教师职称监测预警模型等，可避免不同社会环境下的教师培养、新入职教师和骨干教师之间等的不平衡对比。

表 5-1　教师学历、职称等预警标准设定(正态分布)

状态	区间范围	Z 分数	样本占比
0	$[E-\delta, E+\delta]$	$\lvert Z \rvert \leqslant 1$	约 69.4%
1	$[E-2\delta, E-\delta) \cup (E+\delta, E+2\delta]$	$1 < \lvert Z \rvert \leqslant 2$	约 26.6%
2	$[E-3\delta, E-2\delta) \cup (E+2\delta, E+3\delta]$	$2 < \lvert Z \rvert \leqslant 3$	约 3.4%
3	$(-\infty, E-3\delta) \cup (E+3\delta, +\infty)$	$\lvert Z \rvert > 3$	约 0.6%

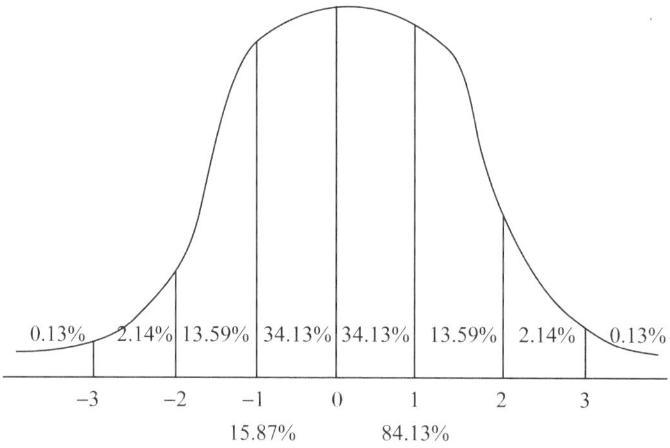

图 5-2　教师学历、职称等预警标准设定(偏态分布)

(一)教师年龄结构监测模型

基于东城区所有中小学教师年龄数据，以年龄为横坐标，当前年龄教师比例为纵坐标，构建东城区教师年龄结构现状分布图，用同样的方法构建东城区各学校教师年龄结构模型图，比较东城区教师年龄结构图和各学校模型图。

(二)教师学历监测模型

基于教师年龄结构模型的四个层次分类，构建四个不同层次的教师学历监测预警模型，则同一个等级视为相同水平，有效避免了不同等级教师之间的差异，每个层级的教师学历预警，分为无预警、轻度预警、中度预警和重度预警四类。

(三)教师职称监测模型

同理，基于教师年龄结构模型的四个层次分类，构建四个不同层次的教师职称监测预警模型，同一年龄层次教师横向比较监测预警。

按照上述方法，根据区域特色和相关采集的数据，可选择性地构建适合某区的关于教师队伍结构的模型。

二、区域义务教育发展监测模型

以下指标内容的介绍参照《基于 GIS 的区域义务教育发展监测与应用研究》论文的研究结果①。

① 倪晓丰、田晶、杨风杰等：《基于 GIS 的区域义务教育发展监测与应用研究》，《现代教育技术》，2019 年第 6 期，第 102—108 页。

(一) 区域义务教育均衡发展监测模型

区域义务教育均衡发展差异系数模型，包括生均教学及辅助用房面积、生均体育运动场馆面积、生均教学仪器设备值、每百名学生拥有计算机台数、生均图书册数、师生比、生均高于规定学历教师数、生均中级及以上专业技术职务教师 8 项评估指标。

$$S=\sum_{T}^{N}\left(\frac{P_t}{R_N}\right)\times(X_t-X)$$

其中，P_t 表示第 t 所学校的在校学生数，P_N 表示所选区域内 N 所学校的在校学生数之和，X_t 表示第 t 所学校的某一指标值。综合差异系数越大，说明县域均衡水平越低。

(二)区域义务教育薄弱校评价监测模型

该学者设计了涵盖资金投入、基础设施、教学设施、师资力量 4 个维度的评价指标体系，如表 5-2 所示。区域内学校薄弱情况测算综合得分越低，说明学校越薄弱。

表 5-2　区域义务教育薄弱校评价监测模型

一级指标	二级指标	三级指标	单位
义务教育薄弱校评价	资金投入(0.25)	生均固定资产总值(0.333)	%
		生均教学仪器设备值(0.333)	元/人
		生均网络多媒体(远程教育)设备值(0.333)	元/人
	基础设施(0.25)	生均校园占地面积(0.2)	平方米/人
		生均学校建筑用地面积(0.2)	平方米/人
		生均教学及辅助用房(0.2)	平方米
		生均生活用房(0.2)	平方米/人
		每班学生数(0.2)	人/班
	教学设施(0.25)	生均图书(0.5)	册/人
		每百名学生拥有计算机数(0.5)	台/百人
	师资力量(0.25)	生师比(0.333)	%
		本科及以上学历专任教师所占比例(0.333)	%
		高级专任教师所占比例(0.333)	%

(三)中小学布局及教育资源配置指标监测模型

本研究构建了“基于AHP的区域义务教育资源配置合理性模型”。该模型涵盖教育资源配置公平性、效率、绩效3个维度的指标体系和各指标权重，如表5-3所示。区域教育资源配置测算综合得分越低，说明配置越不合理。

表5-3 区域义务教育资源配置合理性指标监测模型

一级指标	二级指标	三级指标	单位
教育资源配置合理性	教育资源配置公平性(0.4599)	每万人口在校学生数(0.3)	人
		每校服务人口数(0.3)	万人/校
		生均固定资产总值(0.2)	万元/人
		生均占地面积(0.1)	平方米/人
		生均建筑面积(0.1)	平方米/人
	教育资源配置效率(0.3189)	平均每校学生数(0.3)	人/校
		平均每校班级数(0.2)	班/校
		平均每班学生数(0.2)	人/班
		专任教师学历合格率(0.15)	%
		生师比(0.15)	人
	教育资源配置绩效(0.2212)	万人拥有学校数(0.3)	所/万人
		班额达标率(0.4)	%
		学生密度(0.4)	人公顷

(四)学校信息动态监测模型

有研究构建了“基于AHP的学校办学水平评价模型”和“基于熵值法的学校教育质量评价模型”。这两个模型的设计包含学校资金投入、基础设施、师资力量等方面的指标体系，如表5-4所示，以对学校的办学水平进行测算与监测。

表 5-4　区域义务教育办学水平评价指标监测模型

一级指标	二级指标	三级指标	单位
学校办学水平	资金投入(0.333)	生均固定资产总值(0.333)	%
		生均教学仪器设备值(0.333)	元/人
		生均网络多媒体(远程教育)设备值(0.333)	元/人
	基础设施(0.333)	生均校园占地面积(0.2)	平方米/人
		生均学校建筑用地面积(0.2)	平方米/人
		学校绿化面积所占比例(0.2)	%
		每百名学生拥有计算机数(0.2)	台/百人
		生均图书(0.2)	册/人
	师资力量(0.333)	生师比(0.333)	无
		高级专任教师所占比例(0.333)	%
		本科及以上学历专任教师所占比例(0.333)	%

结合在校学生巩固率、体质健康优良学生比例、学生学业水平合格率、毕业生升学率、本科及以上学历专任教师所占比例、高级专任教师所占比例、生均图书和生均教学仪器设备值等指标，对学校教育质量进行测算与监测。

第四节　基础教育监测分析模型的典型运用案例①

案例一：2020 年国家义务教育质量监测——德育状况监测

为落实《国家义务教育质量监测方案》，在国务院教育督导委员会办公室的统筹协调下，2020 年 9 月，教育部基础教育质量监测中心组织开展了第二轮国家义务教育德育状况监测工作，重点测查学生的价值观状况、学生行为规范的日常表现状况、学生对国情常识和中华优秀传统文化的了解状况、学生的法律素养状况。此次监测在全国 31 个省、自治区、直辖市和新疆生产建设兵团 331 个样本县、市、区的 4012 所小学、2523 所初中开展，共对 116328 名五年级学生和 78856 名九年级学生进行了测查。全国学生总体抽样误差控制在 1%以内，此样本能代表全国五年级和九年级学生的情况。同时，此次监测还抽取了样本学校校长，参测学生在四年级、八年级时相应的德育

① 以下模型和数据均来自于 2020 年国家义务教育质量监测结果报告。

教师和班主任教师参加问卷调查，实际参测的四年级、八年级德育教师分别为 11097 名、5761 名，四年级、八年级班主任教师分别为 15943 名、19496 名，小学、初中校长分别为 4009 名、2522 名。德育状况监测指标与监测工具如表 5-5 所示。

表 5-5　德育状况监测指标与监测工具

监测指标		监测工具
学生品德发展状况	价值观、行为规范、国情常识、中华优秀传统文化、法律素养(仅八年级)	德育测试卷 学生问卷
道德与法治课程教学状况	课堂教学、教师队伍	学生问卷 道德与法治教师问卷 校长问卷
学校德育实践与育人状况	德育实践活动，家庭、学校、社会协同育人	学生问卷 班主任问卷 校长问卷

通过监测，教育部基础教育质量监测中心得出如下结论：

(1)学生普遍具有积极的人生价值观。

(2)85%以上学生行为规范表现较好，与 2017 年相比有所提升。

(3)学生对国情常识的了解得分与 2017 年大体相当。

(4)学生对中华优秀传统文化的了解得分与 2017 年大体相当；40%以上学生对中华优秀传统文化内涵与价值的理解处于中上等水平及以上。

(5)学生法律素养得分与 2017 年大体相当；85%以上学生运用规则的相关知识解决生活中实际问题的能力处于中等水平及以上。

(6)80%以上学生喜欢上道德与法治课；90%以上学生喜欢学校开展过的德育活动。

(7)道德与法治教师数量大体上能满足教学需求；50%以上道德与法治教师经常采用联系生活实际、讲故事、分析案例等方式开展教学。

(8)80%以上的班主任每周主动与家长进行沟通，学生学习成绩、学习习惯、心理健康是班主任与学生家长沟通的主要内容。

(9)家长最关注的是子女的学习情况，子女最希望家长关注的是身体健康、兴趣爱好或特长。

(10)七成以上学生对亲子关系满意；半数左右学生认为家长尊重自己。

(11)社区(村)活动场所、烈士陵园、革命纪念馆是学校使用较多的校外德育资源。

案例二：2020 年国家义务教育质量监测——科学学习质量监测

为落实《国家义务教育质量监测方案》，在国务院教育督导委员会办公室的统筹协调下，2020 年 9 月，教育部基础教育质量监测中心组织开展了第二轮国家义务教育科学学习质量监测工作，突出能力导向，重点测查了学生的科学理解能力、科学探究能力、科学思维能力，以及学生的科学学习态度与习惯。本次监测共对全国 31 个省(不包括港澳台)、自治区、直辖市和新疆生产建设兵团的 331 个样本县、市、区的 4012 所小学和 2523 所初中的 116328 名五年级学生、78856 名九年级学生进行了测查，全国学生总体抽样误差控制在 1%以内，此样本能代表全国五年级和九年级学生的情况。同时，监测还抽取了样本学校校长，参测学生在四年级、八年级时相应的科学教师参加问卷调查。实际参测的小学、初中校长分别为 4009 名、2522 名，四年级和八年级科学教师分别为 7735 名、725 名，八年级物理教师为 7540 名，八年级生物教师为 5156 名，八年级地理教师为 4902 名。科学学习质量监测的具体监测指标和工具见表 5-6。

表 5-6　科学学习质量监测指标与监测工具

监测指标		监测工具
科学学业表现	科学理解能力、科学探究能力、科学思维能力	科学测试卷
科学学习态度与习惯	科学学习兴趣、科学学习自信心、科学学习方法	学生问卷
科学教育教学状况	学生动手实验、教师对学生动手实验的讲解指导、科学教师探究教学水平、科学实验教学资源的配备与使用	学生问卷 教师问卷
学生从事科学职业的期望	学生长大以后从事科学职业(包括科学和工程专业人员、卫生专业人员、信息和通信技术专业人员、科学技术人员和助理专业人员)的意愿	学生问卷
疫情对教育教学秩序的影响	2020 年上半年实际的教学周数	校长问卷

通过监测，教育部基础教育质量监测中心得出如下结论：

(1)学生科学学业表现整体良好，约八成学生科学学业表现达到中等及以上水平。

(2)随迁子女与城市本地儿童科学学业表现基本相当。

(3)学生科学学习兴趣较高，但科学学习自信心有待提高，科学学习方法有待改进。

(4)近两成八年级学生期望长大后从事科学职业。

(5)学生在科学课上动手实验的比例较高，且有所提升。

(6)科学教师在学生动手实验时有讲解、有指导的学校比例较高。

(7)科学教师探究教学水平有较大提升，但仍有改进空间。

(8)学校科学实验教学资源配备状况较好，但部分资源使用状况不佳。

(9)虽然受疫情影响，但超过九成的中小学仍完成了常规教学任务。

第五节　基础教育监测分析模型的机遇和挑战

基础教育监测对教育发展过程中的诊断和追踪是一项长期的综合性任务，通过监测及时掌握不同地区、学校的教育状况，从而及时调整教育政策实施和教育资源配置等。一方面，在发挥教育监测的质量提升作用上，可测量的数据起到了非常重要的作用，但当前的监测数据开放和使用的力度不足，以监测数据为基础的深度挖掘和研究不足；另一方面，我国传统的政策研究仍存在研究范式单一、量化研究薄弱、实践导向不强等弊端。随着决策理性化和民主化的不断深入，教育政策研究要进一步加强监测数据分析，为政策制定服务。对于教育监测部门而言，在监测数据的开放上，要增强数据的可得性和开放性。监测部门协调教育行政部门，加大数据库建设和数据释放的力度，吸引和促进更多的专业研究者进入监测数据挖掘和使用领域。对教育政策研究者来说，政策研究要着眼于利用现有的监测数据描述和解释现实问题，并运用大样本追踪、干预实验等研究方法进行更为严密深入的研究。有关学者认为，需围绕监测进行扩展性研究设计，包括组合开展多种围绕单一主体的监测，以学生发展结果作为一个桥梁，对数据进行关联分析等。

基于未来人才与国力的竞争，世界各国不仅在国家层面大规模实施教育监测，同时积极参与到国际测评项目中。虽然各国采用的监测模型和方法各异，但纵观当前国内外基础教育监测的发展趋势，其主要呈现出以下特点：

(1)从监测目标上来看，加强教育监测分析是各国在追求教育公平和卓越的过程中采取的主要保障手段之一，也是建设人力资源强国、提高国家竞争力的迫切需要。各国纷纷出台了一些致力于加大投入、改革课程等的教育发展战略，并通过行政、财政等途径来保障教育的监测分析模型的可靠性和可行性。

(2)从监测内容上来看，根据监测到的学生学业成绩等数据，我们更加关注的是背后更为广泛和真实的含义，比如增值性评价，成绩、行为背后反应的能力等。

(3)从监测体系上来看，教育监测不仅是政策、行政层面上的问题，更是一个高度新型技术化的问题，监测体系需从制度设计、组织结构、运行程序、结果反馈等维度进行精心设计，密切联系本国教育改革的发展趋势与动态。

(4)从监测结果上来看，完善的教育质量监测体系以正确的理念为先导，进行监测制度设计，除了在监测标准、监测程序和方法上确保监测的科学性外，还通过多种制度确保监测的权威性，如对监测结果的运用和积极反馈，有效为后期的监测和改革夯实基础。

第六章　区域基础教育大数据预警模型分析

大数据时代促进了互联网与教育的跨界融合，教学活动从现场瞬间行为变为恒久的数据化行为，教育大数据逐渐成为驱动国家教育事业发展与创新的核心力量。实际上，基于教育大数据、数据挖掘、学习分析等技术，以教学理论、教学设计理论和学习系统中聚集的数据集等变量，及时监测学生学习情况，建立动态的预警决策机制，对“风险问题”做到事先预警警示、事时及时干预、事后跟踪管理，对促进教育的可持续发展、提高学习质量、洞悉人才成长规律、回归教育的本真形态具有重要研究意义。

【本章内容结构】

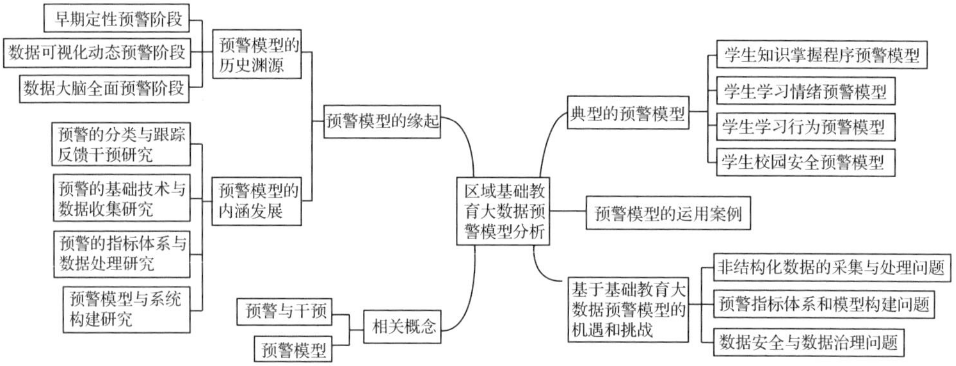

图 6-1　思维导图

第一节　预警模型的缘起

一、预警模型的历史渊源

学校预警机制不同于一般性的自然灾害与事故安全预警，也不等同于社会公共突发性事件的预警，它具有全面性、全员性、动态性、教育性等特性。下面从技术发展角度，以不同时期的预警方式为线索进行梳理探讨。

（一）早期定性预警阶段

定性预警主要是对预警对象的整体及性质进行分析，运用归纳演绎等方法，解决对象“有没有”或者“是不是”的问题。预警方式大多采用文字反馈方式，向教师和有风险的学生发送电子邮件，反馈的主要内容为学习者近期学习评分、测试成绩及其他可能预测学业成绩的各因素的统计结果，以此来帮助教师和学习者了解当前学习状态。学生或教师获得的相关数据大多是结果性、静态数据，这种在课程结束后构建学习者绩效评估的预测因子的预警方式具有一定的滞后性和主观性，预警方法易受教育者主观情感影响，产生随意性和片面性的主观结论，且忽略了“预警”系统在课程进行期间预测有风险的学生的实用价值。因为预警方式缺乏智能性，早期学校管理也主要是从加强学生管理预警工作的理论研究、加强规章制度建设等方面起到预防预警。

（二）数据可视化动态预警阶段

动态预警是指把预警对象置于总的发展过程中。随着数据可视化技术的发展，预警系统开始采用预警信号灯、可视化图形等方式来实现学习预警信息的呈现。国内外的相关预警方式均已从可视化呈现单一的成绩变化趋势，发展到提供融合行为、认知、情绪等多模态数据的学习仪表盘。仪表盘不仅能够借助雷达图、概念图、折线图等来个性化展示学习者的学习能力、学习进度、认知变化趋势等结果性数据，还可以利用路径图、文本分类、社会网络分析图等展示学习者过程性学习数据，对其做横向对比，有助于及时制定补救策略。

（三）数据大脑全面预警阶段

全面预警面向全场域、全过程的智能分析。随着智能感知、GIS 技术、人工智能等新大数据关键技术的不断成熟发展，国内某些先进区域逐渐建立起区域数据大脑，预警系统通过融合校园实景地图的校园安全“VR 一张图”、包含不同内容的教育管理驾驶舱建设等，构建包含驾驶舱类、智能画像类、实时监测类、诊断预测类、定制功能类等内容的区域教育分析模型，建设以教育数据中心为基础的区域教育数据大脑。全面预警的实施有利于实现区域、校园的常态化管理。并在全面预警的基础上着重对达到Ⅲ级和Ⅳ级的突发事件进行重点预警，通过对这些突发事件的预警及其分析可以揭示事件发生的内外因的相互联系及内在规律。

二、预警模型的内涵发展

国内外学者对学校预警模型的研究方向和角度是多样性的，通过文献检索分析发现，目前相关研究主要集中在以下四个方面。

(一)预警的分类与跟踪反馈干预研究

根据预警对象的不同，一般可以将预警分为四种类型：

第一种是针对教师提供的预警，教师是教育教学过程中的关键一环，系统为教师在师资结构、生源质量、课程结构、教学过程等方面提供完善建议，从而达到优化教师教育质量的目的。Riccardo Mazza 和 Vania Dimitrova 采用课程可视化系统来跟踪学生答题时间、答题次数、评价反馈等学习活动过程数据并生成图表，帮助教师快速了解学习者掌握情况，并发现需要特别关注的学习者，教师根据预警信息，进一步优化教学活动设计以进行有效干预[①]。付敏通过分析影响教师教育的外部和内部因素，在此基础上建立了教师教育质量预警机制指标体系，并设计了预警机制的运作流程，为保障教师教育质量预警机制做好了技术上的准备。

第二种是针对学生进行的预警，研究者们针对学习者的体质健康、心理健康、在线学习等提供在某一具体情境下的动态检测和预警反馈。例如：Sean P. Goggins 采用情境感知活动通知系统，将学习者的双向日志数据进行计算，获取并分析学习者课堂互动比、跟踪测评通过率等数据，对学习者进行同期横向对比差异，从而为学习者提供反馈警示；国内学者蔡丁通过剖析当前学生心理健康检测体系存在的问题，提出大数据时代下应建立一个采集主体多元化、监测内容全面化、预警指标标准化、反馈机制顺畅化的心理健康动态监测体系。

---

① Mazza R，Dimitrova V，"Course Vis：A Graphical Student Monitoring Tool for Supporting Instructors in Web-based Distance Courses"，*International Journal of Human-Computer Studies*，vol. 2 (2007)，pp. 125－139.

第三种是针对教师和学习者同时提供的双向预警，系统帮助教师制定针对个别学习者的培养方案，以有效提高学生的学习成绩。普渡大学提出的课程信号系统，通过预测学生成功算法对考试分数、排名、学习进度等数据进行分析计算，确定学生存在学习失败的可能性，分别向教师和学生发送不同的预警信息，教师根据预警信息，结合学生的学业表现，及时通过课外谈话、心理辅导等形式进行干预支持①。G. Siemens 的学习分析过程模型中包含收集数据、学习者前期分析、数据分析、干预及个性化定制五个部分②。基于收集学习者在使用学习管理系统时观看视频的频率、参加学习活动的种类、在测试上花费的时间等数据信息来构建学习者模型，进而推测该学习者是否存在辍学危险，并通过评估学生当前的知识水平，为学习者推荐个性化学习方案。

第四种是针对平安校园安防建设提供预警。在整合现有校园安防系统的基础上，实现有效的预警联动，为校园安全保驾护航。有研究提出“校园安防预警系统整合方案”由校园大门预警系统、报警远程求助系统、视频监控取证系统和防盗报警系统四个子系统组成，“校园技防解决方案”包括联网报警、视频监控、防盗报警三个子系统。这些系统不仅可根据具体的实际需要任意组合搭配，而且对学校原有的视频监控或报警系统也能兼容，避免了重复投资③。湖北宜昌的“城市大脑‘花朵护航’平台”，以“事前预防、事发预警、事中应急和事后处理”的安全闭环管理为设计理念，实现对校园安全的动态安全评估、风险预警预测、应急联动处置和专项治理规划，提升学校安全管理水平和应急处置能力，最大限度避免或减少安全事故发生，保障校园安全；通过风险管控和智能物联，实现泛在连接、全面感知、主动预警、应急联动，为教育局和学校打造一个基础安全管理、校园周边重点专项治理、风险防控预警和应急联动于一体的校园安防体系。

(二)预警的基础技术与数据收集研究

在预警技术方面，目前没有明确的主导技术来实现对区域基础教育大数据的精准预警，大多数采用机器学习和数据挖掘等预警技术。主要包括线性回归、logistic 回归、神经网络、决策树、随机森林、逻辑回归、反向神经网

---

① Arnold K E，Pistilli M D. Course Signals at Purdue：using Learning Analytics to icrease Student success//Dawson S，Haythornthwaite C，Shum S，Gaevic' D，Ferguson R. *Proceedings of the 2nd International Conference on Learning A nalytics and Knowledge*. New York，ACM，2012：267—270.

② 姜跃：《数据挖掘在网络教学平台中的应用》，《软件导刊》，2011 年第 10 期，第 151—152 页。

③ 何宁远：《平安校园安防预警系统整合方案出台》，《物联网技术》，2011 年第 8 期，第 93—94 页。

络、聚类、支持向量机、朴素贝叶斯等方法。其中，分类和聚类是预警研究中最典型的技术，贝叶斯定理、决策树、隐马尔科夫模型以及 Instance-Based Learning 是学习预警研究最常用的方法。由于不同技术都有各自的优缺点，所以研究者们往往选择使用多种技术组合的方式来对学习预警系统的设计进行探索。例如，Steven Lonn 研究团队和数据技术服务机构合作，对学习管理系统和学生信息系统的数据进行抽取、转换和加载，实现了对学习者课程历史信息的长期可持续性跟踪[①]；John Baker 等开发的学习管理平台 Desire2 Learn 包含灵活的预测模型引擎功能，该平台利用机器智能和统计技术来预先识别存在学习失败风险的学生，利用堆叠技术和多个预测模型来提高预测的准确性，并通过分解技术设计个性化的干预措施，以提高干预的可实现性[②]。国内学者孟玲玲、顾小清等从多个角度对学习分析进行分类，并从使用环境、数据支持格式、是否可视化等维度进行详细比较，分析讨论了 24 种学习分析工具的特点及其功能，并将其分成五类：学习网络分析工具、学习内容分析工具、学习能力分析工具、学习行为分析工具、其他综合分析工具[③]。

基础技术的日益成熟，使得收集的数据也日趋全面，当前，收集的数据可以包括以下内容：①发展目标达成情况数据；②教师专业发展状态数据；③学生发展情况数据；④师生员工情意状态；⑤课堂师生交互行为等过程性数据；⑥教育教学实施和质量数据；⑦学校人身安全、财产安全数据；⑧学校经济状况数据等。

(三)预警的指标体系与数据处理研究

在基于教育大数据的预警模型研究过程中，利用数据挖掘技术分析影响学习效果、教育质量、学校管理等重要指标是预警模型研究的重要方向之一。同时，数据挖掘算法分析结果也受到输入指标数据影响，因此如何做好预警指标数据处理至关重要。

根据对文献进行分析，衡量预警因素的数据指标主要分为学生网络学习行为、学生属性、教师属性、课程属性、学习环境、学校环境六类，其中前

---

① Lonn S, Aguilar S, Teasley S D. Issues, Challenges, and Lessons Learned When Scaling Up a Learning Analytics Intervention//Suthers D, Verbert K, Duval E, Ochoa X. *In Proceedings of the third international conference on learning analytics and knowledge*. New York, ACM, 2013: 235—239.

② Essa A, Ayad H, "Improving Student Success Using Predictive Models and Data Visualisations", *Research in Learning Technology*, vol. 20(2012), pp. 58—70.

③ 孟玲玲、顾小清、李泽：《学习分析工具比较研究》，《开放教育研究》，2014 年第 4 期，第 66—75 页。

五类指向学习领域的重点精准预警：学生网络学习行为主要包括章节测试成绩、课程平均学习时长、上课时间、论坛交流互动次数、观看视频次数等；学生属性主要包括性别、年龄、入学成绩、学生类别、个体状态、环境背景、人际交往等；教师属性主要包括性别、年龄、专业、职称、环境背景、好评度等；课程属性主要包括难易程度、历史平均得分、分数段人数等；学习环境主要包括虚实场景建设、技术支持、图书馆到馆情况等。学校环境面向平安校园建设的全面预警，主要包括人身安全、食品卫生安全、交通安全、网格管理与应急处置等指标维度。

确定预警的数据指标后，通常还需要对数据进行预处理。根据预警指标处理的维度，主要分为以下几个方面：缺失值、异常值处理；数据标准化处理；预警指标量化，如离散化、归一化等。对于不平衡数据常采用重复抽样或欠采用方法①。

(四)预警模型与系统构建研究

随着学习分析技术的发展与成熟，越来越多的研究者将目光转向预警模型设计。根据检测手段的不同，预警机制可分为规则预警和离群预警。规则预警由教师或管理预警模型人员制定配合教学过程实施的教学规则，并设定受众范围、干预时间、频率等，然后通过匹配或筛除算法实现自动干预，实施过程由系统完成，无须人员参与。离群预警根据学习行为数据动态判定，并需要教师或相关人员不同程度的主动参与，给予学生精准关注。赵慧琼等设计了在线学习干预模型，该模型运用学习分析技术对学习管理系统存储的数据进行分析，利用决策树算法进行危机诊断，一旦发现学习者存在危机，则及时采取电子邮件、资源推荐、弹出窗口等方式发送预警信息，并采取个性化教学、资源推荐等干预对策，以辅助学习者的学习活动顺利进行②。

预警模型为预警系统的实现提供了理论支撑，例如，根据预警功能的实现形式，现有的学习预警系统可划分为以下五类：①为了实现学习预警的相关功能而独立开发，这又包含两种情况，一是由学校自主开发，如普渡大学开发的课程信号系统；二是由企业机构开发，如 Desire2 Learn 机构开发的学生成功系统；②通过贝叶斯网络和预警信号灯来实现预警功能，如面向知识

① 杨丰玉、聂伟、郑巍等：《基于大数据的学习预警研究综述》，《现代计算机》，2021 年第 4 期，第 8—17 页。

② 赵慧琼、姜强、赵蔚等：《基于大数据学习分析的在线学习绩效预警因素及干预对策的实证研究》，《电化教育研究》，2017 年第 1 期，第 62—69 页。

点的学习预警系统；③学习管理系统与可视化工具相结合来实现预警功能，如可汗学院的学习仪表盘。④通过在学习系统中嵌入个性化工具来实现预警功能，如电子顾问；⑤学习预警系统作为在线学习平台中的一个模块而存在，如海星预警系统。从预警内容、预警系统呈现方式、采用的技术/算法/工具、成效等方面对这六个典型学习系统进行比较分析，如表 6-1 所示。

表 6-1　国内外典型学习预警系统比较

	课程信号系统	学生成功系统	面向知识点的学习预警系统	可汗学院的学习仪表盘	电子顾问	海星预警系统
预警内容	历史学业成绩、努力程度、学习者特征	学习风险、辍学	知识点综合掌握情况	知识点	学习路径	努力程度、学业成绩
预警系统呈现方式	电子邮件、短信	可视化图形、电子邮件	信号灯	学习仪表盘、电子邮件	在线学习系统中嵌入个性化工具	在线学习平台中的一个模块
技术/算法/工具	预测学生成功算法、数据挖掘和分析工具	学习分析、数据可视化	贝叶斯网络	信息跟踪技术、镜像技术、学习分析	eAdvisor™点播工具、学习分析	大数据、分布式计算、学习分析
成效	提高了学习成绩、辍学率降低	及时预测学业风险、降低辍学率、方便管理者管理	有效预测学习者知识点掌握情况	有助于知识点掌握、学习内容个性化推荐	自动化推荐课程和学习路径	提前了解学生、降低辍学率

第二节　相关概念

一、预警与干预

一般地，预警是一种为了应对突然袭击而采取的防范措施。在教育领域中引入预警，可以为学生的学习问题提供预警，也就是学习预警或学习警告。预警机制一般从预警对象、预警时期、预警指标和预警信息评估四个方面进行初步建构，利用云计算、学习分析等数据处理的智能技术，面向学校不同主体对象构建特征画像，对处于预警范围内的风险点进行及时提示或提前防御，从而规避危险事故的发生，确保学习者未来能够顺利毕业。

学习干预是学习预警的重要组成部分，它直接关系到学习预警的作用能否充分发挥。《人类简史》中关于混沌系统的分类，可根据预警的影响程度将预警和干预分为两种类型：一种是在发生危险事件前，根据过去事件的发展规律，对事件发生的概率进行预测，从而作出相应的防范，这类风险事件的起始点并不会随着预报的变化而变化，而干预则是为了尽量减少风险所造成的损害；另一种是对事件的结果有影响的预警和干预。在现实生活中，有人参与的系统就是二级混沌系统，教育也是如此。教师可根据预测提供个性化学业辅导，学习者可基于此弥补学习差距，管理者可将其作为制定教学决策的依据，三方的行为均会对学习者的学习效果产生影响。

二、预警模型

预警模型是一种数据分析模型，用于识别可能会发生的未来事件或行为。它是一种基于历史数据、模式识别和统计分析的方法，通过分析已知的风险和潜在风险的因素，来预测未来可能发生的风险事件。预警模型通常需要大量的历史数据和有效的数据分析技术来构建。预警模型不是预测未来的绝对真相，而是基于已有的数据和算法分析得出的一种概率预测。因此，预警模型的准确性取决于数据的质量和可靠性，以及算法和模型的设计和应用。

在教育领域，预警模型主要应用场景有学生早期预警、学科预警、毕业预警等，预警模型在教育中的应用可以帮助学生更好地理解和关注学生的学习进展与挑战，提供个性化的支持和指导，从而提高学生的学习效果。

第三节　典型的预警模型

由于预警模型视角的多样性，目前学术界对预警模型的研究已有上百余种不同的类型，根据预警功能划分，面向学生对象，可分为知识掌握程度预警模型、学习情绪预警模型、学习行为预警模型、校园安全预警模型等。

一、学生知识掌握程度预警模型

知识掌握程度预警模型是通过在线学习活动的各指标入手来预测学生的知识掌握情况。如图 6-2 所示，由诊断模块、预测模块和预警模块三部分组成，诊断模块主要是通过在线学习活动指标来判断学习者的知识掌握程度，

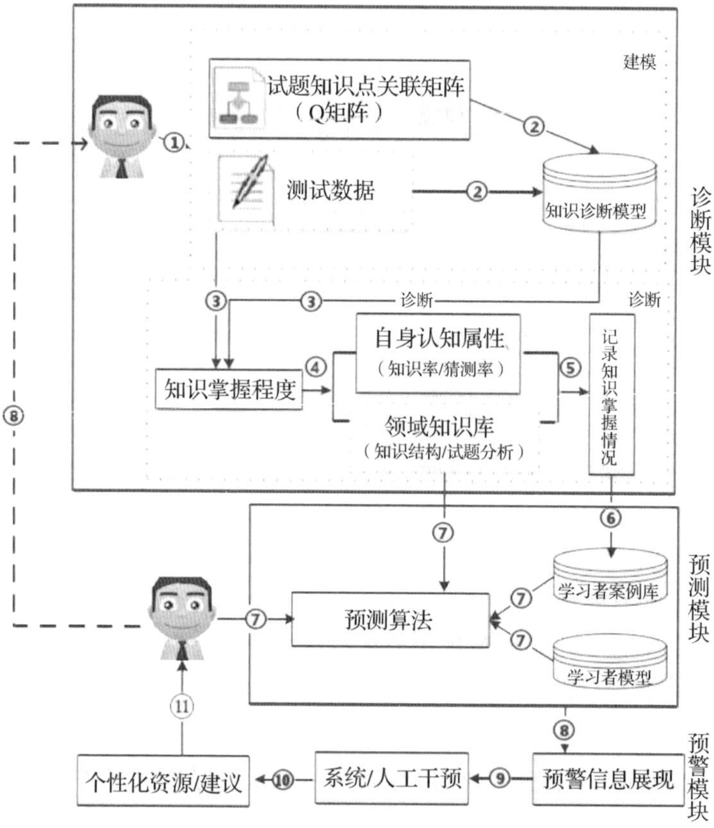

图 6-2　知识掌握程度预警模型

诊断模块中的学习者数据可以储存到学习者案例库中。预测模块中主要是根据学习者案例库、学习者模型、知识结构分析以及试题分析库，确定预测算法，当学习者数据经过预测算法时计算出是否需要预警。预警模块进行预警信息呈现以及将个性化建议和资源推送给学习者①。

算法 1：学习过程分析算法

第一步，构建属性集 $O=\{P_1, P_2, \cdots, P_m\}$ 和权重集 $W=\{W_1, W_2, \cdots, W_m\}$；

第二步，对学生 Sk，计算其属性 $Ok=\{Pk_1, Pk_2, \cdots, Pk_m\}$ 的加权值 $Wk=Pk_1w_1+Pk_2w_2+\cdots+Pk_mw_m$；

第三步，对计算结果进行排序，得到序列 $Q_i=\{S_i^1, S_i^2, \cdots, S_i^n,\}$，记录低于预警阈值 Tv_i 的学生集合 $WQ_i=\{S_i^1, S_i^2, \cdots, S_i^n,\}$ 作为本次预警监测集；

第四步，该检测在学习过程中重复执行，如果某一学生对象在预警监测集中出现多次，则对该学生实施预警。

基于学习过程分析算法，可根据教学目的和教学需求的不同在属性集的选择、权重集的设计、加权算法的变换、阈值的调节和离群基准方面进行动态调节。

算法 2：学习成绩分析算法

第一步，对于学生 Sk 的某一门课程 C_i 学习成绩 Sk_i 进行标准化。例如：有 n_i 名同学参与了课程 C_i 的学习，分数为 $g^{C_i}=\{g_1^{C_i}, g_2^{C_i}, \cdots, g_n^{C_i}\}$，则其均值为 $g_1^{C_i}=\frac{1}{n_i}\sum_{j=1}^{n_i}g_i^{c_i}$，方差为 $\Gamma^{C_i}=\sqrt{\frac{1}{n_i-1}\sum^{n_i}(g_j^{c_i}-g^{c_i})^2}$，假设成绩为百分制，令 $\mu=50$，计算以下值 $\sigma C_i=\min\left(\frac{(100-\mu)\Gamma^{C_i}}{g_{\min}^{c_i}-g^{c_i}}, \frac{\mu\Gamma^{C_i}}{g^{c_i}-g_{\min}^{c_i}}\right)$。令 $M^{C_i}=\frac{\sigma^{C_i}}{\Gamma^{C_i}}$，$E^{C_i}=\frac{\mu}{M^{C_i}}-g^{C_i}$，对原始分数进行标准化转换 $S_i^{C_i}=M^{C_i}(S_i^{C_i}+E^{C_i})$。

第二步，学生 Sk 选修了 m_k 门课程，重复执行第一步，标准化后得到分数集 $\{S_j^k \mid j=1, 2, \cdots, m^L\}$。

第三步，选定阈值 Tv'，筛选出低于阈值的学生集合作为预警监测集。

① 王林丽：《基于大数据的在线学习预警机制设计》，徐州：江苏师范大学，2017 年。

由于不同课程间的成绩无法单纯地直接比较数据，因此需要对数据进行标准化处理。标准化后的数据在 0～100，用于衡量学生在该门课程 C_i 中的表现①。

二、学生学习情绪预警模型

情绪是影响学生学习甚至身心健康的重要因素之一。研究表明，情绪渗透在学生学习生活的方方面面，具有动机与知觉作用、唤醒与信号功能的积极力量，对学生的学习能起到促进或者抑制作用。如图 6-3 所示，本研究设计的学生学习情绪预警模型主要涉及数据采集、数据分析诊断、预警结果诊断与反馈三个关键问题。利用数据采集技术，将学习者的静态数据(出生年月、性别等基本信息)和动态数据(语速、音调等语音信息，面部表情等表情姿态信息等)进行采集，之后通过数据预处理整理成统一的数据格式在个性化情绪库中存储。数据分析诊断阶段采用一种双重监控方法，该方法考虑了预警值和持续时间，结合数据挖掘与学习分析技术，按[0，1]区间计算相应的预警值，它在五级预警系统中可视化，生成情绪诊断报告，判断预测在连续时间序列中改变不同情绪或在未来时间改变情绪强度中可能存在的情绪风险，从而提前对可能产生不良情绪的学习者进行预警及相应的干预。

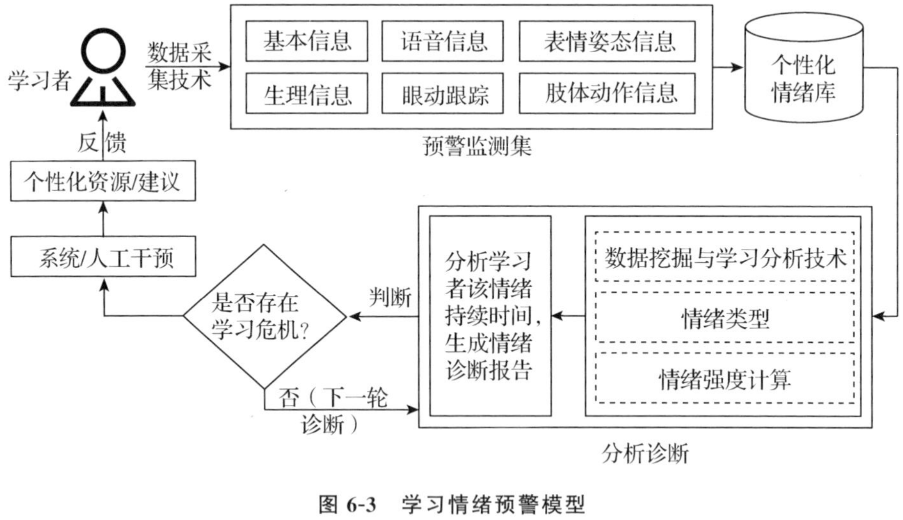

图 6-3　学习情绪预警模型

---

① 于繁华、姚亦飞、逯启荣：《教育大数据下基于离群检测的教学预警模型》，《吉林大学学报(信息科学版)》，2018 年第 4 期，第 459－464 页。

采集学习者学习情绪数据时需要采用显性视频监控设备，或者让学习者佩戴生理监测设备。而通过调查研究发现，教学环境中监控设备的应用会让大部分学生感到自身隐私权受到侵犯。因此，当前数据采集技术一定程度上会降低学习者的思维活跃度，产生不良情绪，从而对研究结果产生负面影响。对此，数据采集技术的选择还需要考虑到学习者的不同学习风格。

三、学生学习行为预警模型

通过早期预警可帮助教师识别有不及格风险的学生，从而及时开展个性化教学干预。有研究结合深度学习模型，在对学生微观行为模式进行分析的基础上，采用 LSTM-autoencoder 特征处理和注意力权重计算，提出了对存在不及格风险学生进行早期预警的模型。如图 6-4 所示，该方法采用 STM-autoencoder 对学生行为的时间序列数据进行特征提取和去噪，通过注意力机制计算出不同学期周次、不同行为对最终成绩的影响权重，并识别出 t-risk 学生和最早干预时间点①。该方法不仅可以提高 t-risk 学生的召回率，对低交互型和非持续型学生具有更好的识别效果，且能提前教学干预时间；通过识别影响成绩的关键周次和行为，可帮助教师进行精准的个性化教学干预和在线教学指导。

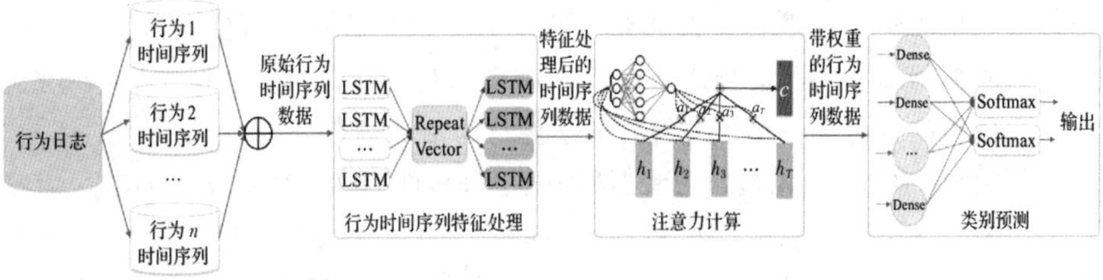

图 6-4　学习行为预警模型

四、学生校园安全预警模型

随着信息技术的不断发展，数字化校园的数据产生主要通过教学活动和教育管理过程两个渠道实现，并生成了巨量的结构化或非结构化的教育数据，根据学校的数据体系，通过大数据处理与分析技术来实施学生校园行为大数

① 张明焱、杜旭、李浩：《结合学生行为模式分析的成绩早期预警研究》，《计算机工程与应用》，2022 年第 1 期，第 99—105 页。

据分析，对挖掘教育数据在管理、教学、学习中的实际价值具有重要意义。

有研究基于当前主流的大数据框架 Hadoop，通过分析学生行为数据，设计了包含“1 个校园基础数据源、1 个大数据基础运行平台、四大平台、N 大应用”的学生校园安全预警模型，其中四大平台包括数据采集存储平台、综合分析挖掘平台、智能预警平台、安全运行管控平台；N 大应用包括：智能预警、数据挖掘、多维分析、关键指标、专题分析等[①]。

第四节　预警模型的运用案例

英国开放大学的学习风险预警实践为本研究提供了很好的参考案例。在实践中，开放大学通过远程教育的形式，对 1730 名学生进行了持续 17 周的数据监测，旨在帮助教师及时发现潜在的“风险学习者”(缺乏参与性、可能退出的学习者)，并进行教学干预。

在构建预测模型时采用了机器学习方法中开发的四种预测模型，即贝叶斯分类器、分类和回归树、静态数据、虚拟学习环境中数据的 k-NN(K Nearest Neighbor，K 近邻算法)，这四种模型依据数据的不同属性相互补充。构建预测模型的数据来源类型也很多样：起初是捕获学习者先前操作记录中的遗留数据，即结果性评价数据和学生操作过程中的过程性数据进行聚合，用于预测模型的建模；之后每天都要对这些数据进行收集，再使用每周聚合的算法形成数据集。预测模型成熟之后，应用信息理论标准，选择 4—6 种对下一次或最终的行为评估结果有影响的学生行为活动进行分析验证。

如图 6-5 所示，“风险学习者”预测模型分析图列出了所有学生的学习情况分析结果，在第四个总结性评估点之前共有 307 名学生“处于危险中”。该图的上半部分突出显示了学生在 VLE 中的平均参与度，其中虚线表示之前同一模块下该周的平均参与度，通过对比发现学生在第 15 周之前的参与度基本高于之前，但第四个评估的平均分数预计低于第三个评估的平均分数。分析图的下半部分给出了每名学生的学习行为概况，以及是否被认为“有风险”。例如，第二名学生的第一次评估是否能够通过呈现不稳定性，虽然在第二次和第三次评估时表现稍好，但仍然“有风险”通过整体评估，主要原因在于这名

① 邓逢光、张子石：《基于大数据的学生校园行为分析预警管理平台建构研究》，《中国电化教育》，2017 年第 11 期，第 60—64 页。

学生没有参与第 14—17 周的 VLE 学习活动，因此无法对其进行评估①。

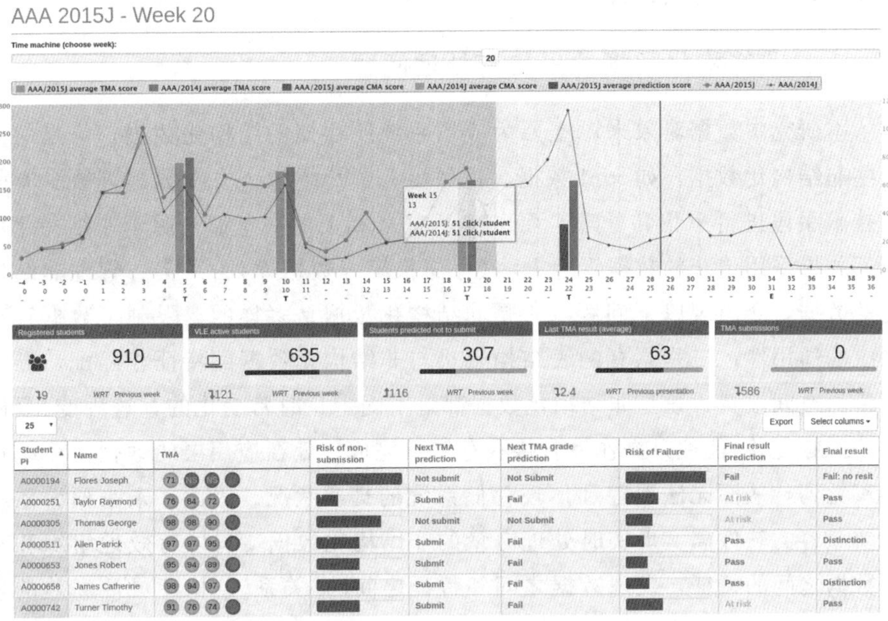

图 6-5　“风险学习者”预测模型分析图

该项目从学生活动(如登录次数、花费时间、测试成绩、模块点击率、访问资源类型及其数量、论坛讨论、个人作品等)、虚拟学习环境或其他应用系统中采集师生行为数据，形成数据集，采用学习分析技术对该数据集进行分析、评测等，从而挖掘学生学习现象“背后”隐藏的规律与信息。此学习分析技术，有助于教师及时调整教学计划和对可能存在“有危险”的学生制定有积极作用的干预措施，降低学生辍学率，为学习的个性化与自适应提供了支持。

第五节　基于基础教育大数据预警模型的机遇和挑战

基于基础教育大数据的预警模型的构建旨在用科学的管理模式取代传统的管理模式，对学生在学习生活中产生的知识、情绪、行为数据进行一个全面的采集分析诊断，提醒研究者应全方位评判诊断学生数据，在理论架构层

① 张佳钰、张海、杨絮：《英国开放大学的学习风险预警实践案例》，《中国信息技术教育》，2018 年第 22 期，第 99—101、109 页。

面一定程度上弥补了对情绪诊断及预警关注的不足，但在整个研究过程中仍存在以下三个方面的挑战。

一、非结构化数据的采集与处理问题

本研究中数据对象来源主要为应用系统所存储的结构化数据，但是对于一些非结构化数据，如 xml 数据、视频流、图片图像、文本数据等缺少有效的技术手段进行采集和处理，而事实上 80％相关的信息都来源于非结构化数据，如果采用传统的数据管理方法(存储系统＋数据库)去采集、管理非结构化的数据，会出现以下问题：一是非结构化数据是多样的，限制了数据管理系统的通用性；二是原有的表结构很难与非结构化数据的特征相匹配，导致大量的空间浪费；三是非结构化数据都是不固定且时常变化的，这种变化(修改/复制/迁移)往往是操作者直接在存储端完成，处在应用层的数据库系统很难察觉到，从而无法追踪和体现存储系统的真实状况。因此，未来预警系统所要兼容的软件需实现实时处理海量的非结构化数据，可以有效地组织和利用数据之间的特征，发现数据之间和特征之间的“关系”，构建灵活高效的索引，从而有效管理企业级海量的非结构化数据。

二、预警指标体系和模型构建问题

预警指标体系与相关技术算法的选取与组合方式，决定着精准预警研究的质量与水平，因此科学合理的评估模型对精准预警与干预的精准性和有效性具有十分重要的意义。目前研究者通常根据数据的可获取性挑选一些主要指标进行分析，缺少对学习者的脑电波、心率等生理数据及人格心理数据的采集，预警指标不够全面，并且不同研究中的课程性质、学习者特征及构建的指标体系具有一定的差异性，使得在不同研究中其评估效果是不一样的，无法确定某一研究成果在其他不同教学设计的课程或其他学科中具有可扩展性，预警模型的重复建设为其应用发展带来了限制，应加强对预警模型可迁移性和可用性的评估，以提高预警模型的通用性。

三、数据安全与数据治理问题

全面、自然、动态、持续采集大量外显和内隐数据是精准预警与干预的基础性和先导性工作。学习者学习过程中记录的数据包含了大量实名制的隐私数据，如学生的基本信息数据、学业数据等，对这些数据进行采集分析有助于教师及时了解掌握学生的学习状态，以实现个性化教育。但同时，由于教育相对于其他领域具有更高的复杂性和变化性，倘若这些数据发生泄漏并无限制扩散，不但会招致网络诈骗、电话骚扰等不正当行为，学生的学习、生活都会受到很大影响。区块链技术的不断成熟与发展，为协调数据安全保护、数据治理、实现教育数据共享提供了技术保障[①]，可探究将其应用于预警系统建设，保护学习者数据隐私的同时，实现基础教育数据的价值最大化。

① 李新、杨现民：《应用区块链技术构建开放教育资源新生态》，《中国远程教育》，2018 年第 6 期，第 58—67、80 页。

第七章　区域基础教育大数据关联模型分析

“数据驱动学校发展，分析变革教育方式”的大数据时代已经看到了初步效果，利用教育数据挖掘技术和学习分析技术构建教育领域相关模型，探索教育变量之间的相关关系，逐渐成为未来教育的发展趋势。关联分析是数据挖掘中常用的一种分析技术，旨在发现大量复杂数据中隐含的信息模式以及存在于信息中的潜在关联性或相关性，量化、科学的关联分析，为学校教学改革和管理决策提供了科学依据。

【本章内容结构】

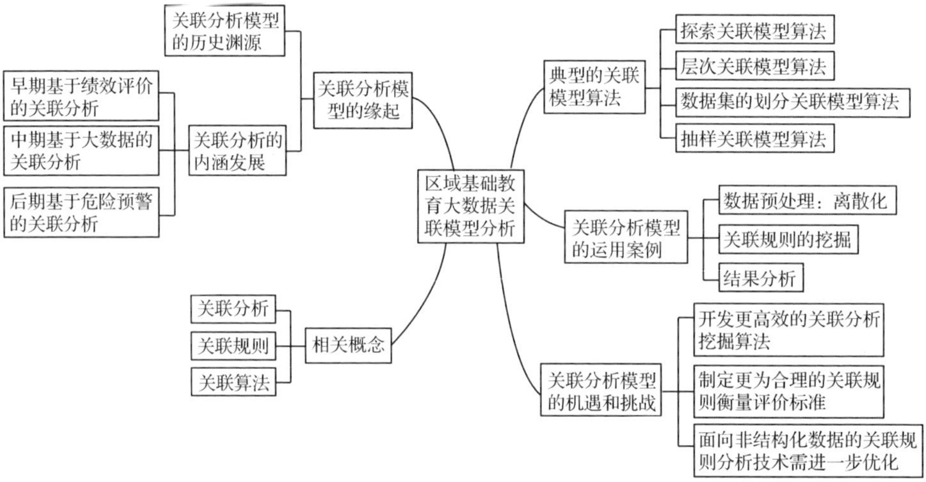

图 7-1　思维导图

第一节　关联分析模型的缘起

一、关联分析模型的历史渊源

关联分析是数据挖掘中常用的一种分析技术，旨在发现大量复杂数据中隐含的信息模式以及存在于信息中的潜在关联性或相关性。挖掘出来的模式通常是项与项之间的关联，这些关联有助于研究者分析当前的情况及不同事件之间的内在联系。其中最经典的就是商场购物篮案例，通过挖掘{尿布}⇒{啤酒}之间的联系，得出规律：把两种商品放在一起销售，可以提高两者的销售量。关联分析在金融领域、教育领域、医学领域等各方面有着越来越重要的作用。

在金融方面最经典的例子就是“尿布与啤酒”，美国零售超市巨头沃尔玛，曾经针对自己的超市客户进行了行为分析，发现男性客户购买尿不湿时，订单上经常还会出现“啤酒”这个商品，后来经过调查发现，年轻的父亲因为要照顾小孩无法出门吃饭喝酒，因此，在买尿布时都会买些啤酒，来缓解不能出去聚会的苦恼。正常情况下，如果没有对购物篮数据进行关联分析，依据人们传统经验判断事物之间的联系，很难将这两个看似毫无关联的商品联系在一起。如此看来，在这个数据爆炸的时代，“大数据”经验才是学者更加需要的，使用关联分析可以发现人们用平常思维无法发现的联系。

在医疗领域，医疗信息化平台积累了大量的医学数据，就这些医疗数据进行挖掘分析构建数据模型，对医疗数据进行挖掘，对病人疾病资料库的信息进行分析，找出不同疾病之间的关联规则，以及相同疾病中各种指标的联系，从而起到预防疾病、预测疾病发展趋势的作用。例如有研究利用居民就医相关的数据（主要是疾病诊断类信息），进行“居民所患疾病之间的关联分析”，发现胃炎与十二指肠球部溃疡、胃息肉、食管炎之间的关联规则，形成初步的知识库，为后续医生的治疗过程提供了诊断相关性的参考依据①。

随着很多新型技术(如眼动追踪技术、语音交互技术、体感技术等)的逐步成熟，教育领域中具有重要潜在价值的位于“海平面”以下的非结构化、隐形化的教育数据逐渐被采集与挖掘出来，利于系统分析教学开展情况，挖掘

① 周洪：《医疗大数据的疾病关联分析》，《电子技术与软件工程》，2017年第18期，第187—188页。

教学薄弱环节，为提升教育质量、促进个性化教育提供必要的支持。而关联分析的主要用途是寻找各个因素之间有趣的联系，通过对教育大数据的分析，可以发现学科与学科、教学资源与学科、教师与学科、学生学习影响因素等之间的关联，而且随着互联网的发展，互联网教育平台产生的学生在线时间、教学视频及PPT、在线交流行为等过程性数据亦蕴藏着巨大的挖掘价值，它能帮助教师了解当下学生的学习方式及趋势，使得教育工作者根据这些信息可以制定更适合当前学习方式的课程及教学方式。有学者基于FP-Growth的关联规则算法分析课内成绩与课外活动成果成绩的内在联系，来探寻哪门学科与动手能力有着重要联系①。还有学者针对成绩数据离散化和关联规则挖掘这两个目标，借助聚类算法和关联规则挖掘算法，从课程维度和学生维度探讨影响学生成绩的因素②。

综上所述，关联分析致力于找出数据项之间的关系，且随着智能技术的快速发展，关联分析在各行各业发挥着越来越重要的作用。

二、关联分析的内涵发展

关联分析模型的行为划分是相对的，划分标准不一，根据应用关联分析技术应用的目的不同，可将关联分析分为以下三个方向的研究内容。

（一）早期基于绩效评价的关联分析

灰色关联分析主要是对态势发展变化的分析，也就是对系统动态发展过程的量化分析。灰色关联分析利用各序列曲线几何形状的相似程度来判断其联系是否紧密，它根据因素之间发展态势的相似或相异程度，来衡量各评价对象的样本序列与最优样本序列之间的关联度，并将其作为对各评价对象进行优劣排序的依据。周春光等人运用灰色关联分析方法构建了高职院校“双师型”教师绩效评价体系，并结合改进的AHP与CRITIC法确定各指标的综合权重③。黄淑兰等通过采用层次分析法计算指标权重、灰色关联分析法构建多层综合评价模型，以对专任教师进行科学绩效评价④。

---

① 杜梦欣：《基于FP-Growth的关联规则算法研究及其在高校教育大数据中的应用》，长春：吉林大学，2019年。

② 张甜：《基于数据挖掘的高校学生成绩关联分析研究》，北京：北京邮电大学，2018年。

③ 周春光、党耀国、叶莉等：《基于改进灰色关联分析模型的高职院校“双师型”教师绩效评价——以江苏旅游职业学院为例》，《职业技术教育》，2020年第3期，第18—24页。

④ 黄淑兰、郑承志：《基于多层灰关联的高职院校专任教师绩效评价》，《桂林航天工业学院学报》，2014年第1期，第35—39页。

(二)中期基于大数据的关联分析

目前已经进入了大数据时代。人类的生产生活每天都在产生大量的数据，并且产生的速度越来越快。而教育领域同样如此。其实大数据早就存在，只是一直没有足够的基础架构和数据挖掘技术来对这些数据进行有价值的挖掘。随着科技的不断进步，对大数据的处理分析能力也越来越强。赵纪涛等基于关联规则基础理论和技术，对考试答卷进行分析，以反映出各知识点掌握程度之间的联系，弥补现有试卷分析报告的不足[①]。彭菊香等采用改进的Apriori算法对成绩数据库进行分析，得出课程相关性规则，并在此基础上建立了试卷质量综合包含评价指标体系[②]。王娟提出了基于适应性系统的学习行为与学习水平关联模型，确定了基于适应性系统学习行为的三个主要影响因素。[③]

(三)后期基于危险预警的关联分析

基于危险预警数据的关联分析，是为教学改革和学生的学习策略提供科学依据的重要手段，它可以大大提升对学生未来可能不及格科目进行预测的准确度，并及时采取干预措施。何楚等利用Apriori和FPgrowth算法对不同学期的课程进行关联分析和效果比较，以对学生未来存在成绩不及格的情况进行提前预警[④]。崔薛腾以数据挖掘理论和高校成绩预警现状为基础，提出了一种基于关联分析技术的预警机制[⑤]。

第二节 相关概念

关联反映的是事件之间相互依赖或关联的知识。在英文文献中，有两个英文词可以形容关联的含义。第一个是相关性relevance，第二个是关联性association，两者都可以用来描述事件之间的关联程度。

---

① 赵纪涛、王婷：《教育大数据环境下基于关联规则的答卷分析模型研究》，《现代计算机(专业版)》，2017年第29期，第44—47页。

② 彭菊香、何许腾、刘向红：《数据关联规则挖掘在高校试卷质量评价中的应用研究》，《湖南工程学院学报(社会科学版)》，2010年第2期，第110—112页。

③ 王娟：《自适应学习环境中学习行为与学习水平关联模型的研究》，长春：东北师范大学，2011年。

④ 何楚、宋健、卓桐：《基于频繁模式谱聚类的课程关联分类模型和学生成绩预测算法研究》，《计算机应用研究》，2015年第10期，第2930—2933页。

⑤ 崔薛腾：《大数据环境下的高校成绩预警算法研究》，《通化师范学院学报》，2016年第12期，第75—78页。

一、关联分析

关联分析，也称关联挖掘，它是从大量数据中发现事件之间的相关性和关联性，从而描述若干事件中某些属性同时出现的规则和模式，通常这些规则和模式以关联规则或频繁项集的形式表示。简单来说，关联分析就是发现数据集中不同项之间的联系。在数据技术中，关联分析是一种简单而实用的分析技术，通过数据集中挖掘频繁项集，形成一系列规则，这些规则都可以由 X 得出结论 Y，其中前项发生的事件用符号 X 表示，得到的 Y 用来表示预警事件①。

接下来本章对关联分析基本理论进行简单说明。假设所有项目集合是 $I=\{i_1, i_2, \cdots, i_m\}$，称为项集(Itemset)。事务数据库是 D，其中每个事务 T 是 I 中一些项目的集合且 $T\subset I$。如果对于 I 中的一个子集 A，有 $A\subset T$，那么称事务 T 包含 A。项集所包含元素的个数称为项集长度，长度为 k 的项集称为 k 阶项集（$k\_itemset$）。其中项集支持度用 $support()$表示，置信度用 $confidence()$表示(详细解释请看关联规则基本概念部分)，根据项集支持度变化情况，当其超过设定值的时候，则说明该项集属性是大项集、频繁项。如果置信度、支持度能够对用户设定的阈值做到满足时，则表示关联规则建构成功。

二、关联规则

关联分析生成的规则称为关联规则，它的最终目标是要找出强关联规则。关联规则是数据挖掘的一种主要形式，挖掘基于序列属性的各种数据之间的关系，想要得到强关联规则，须同时满足最小支持度阈值（min-sup）和最小置信度阈值（min-conf），挖掘强关联规则的目标就是要找到数据集的关联性，首先算出数据集中满足最小支持度的所有频繁项集，然后利用第一步产生的频繁项集，生成满足最小可信度的所有关联规则。其中第一步是关联规则挖掘的关键部分。

根据国外参考文献中提出的关联规则的相关内容，国内研究者进一步研究并总结出关联规则的定义，在此基础上发现关联规则的性质。

① 鲁鑫、施宏远、李印：《基于教育大数据的高校成绩预警问题研究》，《电子技术与软件工程》，2021 年第 19 期，第 168—169 页。

(一)相关概念

①关联规则是描述事务数据库中数据项之间联系的规则，它的形式是 $X \Rightarrow Y$，其中 $X \subset I$，$Y \subset I$，并且 $X \cap Y = \varnothing$，X 称为规则前件(antecedent)，Y 称为规则后件 (consequent)。该关联规则的含义为：如果项目 X 出现，那么 Y 同时出现的可能性比较高[①]。

②事务：每一条交易称为一个事务。

③项：事件的每一个属性称为一个项。项集：包含零个或多个项的集合叫作项集。

④支持度计数：一个项集出现在几个事件当中，它的支持度计数就是几。支持度 $support()$：支持度是个百分比，它指的是某个属性组合出现的次数与总次数之间的比例。支持度越高，代表这个组合出现的频率越大。用支持度计数除以总的事务数并乘以 100%来计算。

⑤频繁项集：支持度大于或等于某个阈值的项集就叫作频繁项集。例如：阈值设为 50%时，某个项集的支持度是 75%，那么它就是频繁项集。

⑥置信度 $confidence()$：置信度是个条件概念，即 X 发生的情况下，Y 发生的概率是多少。用公式表示则为：$\text{confidence}(X \Rightarrow Y) = \sup(X \cup Y)/\sup(X)$或用 $\text{confidence} = P(X \mid Y) = P(XY)/P(X)$表示。

⑦强关联规则：大于或等于最小支持度阈值和最小置信度阈值的规则叫作强关联规则。

(二)相关性质

性质 1[②]：设 $U = \{u_1, u_2, \cdots, u_k\}$为项目集，且 $U \subseteq I$，$U \neq \varnothing$，$\Omega \subseteq U$，对于给定的数据 D 和最小支持度 ms，如果 U 为频繁项目集，那么 Ω 同样是频繁项集，即如果一个项目集是频繁的，那么它的子集也是频繁的。

证明：∵项集 U 为频繁项集，则 $\sup(U) \geqslant ms$，设定包含项集 U 的事务集为 D_0 又∵$\Omega \subseteq U$，则包含 U 的 D_0 一定含有 Ω。∴ $\sup(\Omega) \geqslant sup(U) \geqslant ms$，∴$\Omega$ 必为频繁项集。

性质 2：设 $U = \{u_1, u_2, \cdots, u_k\}$为项集，且 $U \subseteq H \subseteq I$，$U \neq \varnothing$，对于给定的数据 D 和 ms，如果 U 为非频繁项集，则 H 也一定是非频繁项集。该性质的含义是：如果一个项目集是非频繁的，则它的超集也是非频繁的。

---

① 赵纪涛、王婷：《教育大数据环境下基于关联规则的答卷分析模型研究》，《现代计算机(专业版)》，2017 年第 29 期，第 44—47 页。

② 同上。

证明：假设 H 是频繁项集，$\because U \subseteq H \subseteq I$，$U \neq \varnothing$。

$\therefore$ 由性质 1 可以推出项集 U 为频繁项集，二者产生矛盾。$\therefore H$ 是非频繁项集。

性质 3：现有关联规则 $X \Rightarrow Y$，满足 $X \subseteq I$，$Y \subseteq I$ 且 $X \neq \varnothing$，$Y \neq \varnothing$，$X \cap Y \neq \varnothing$，给定的最小支持度 ms 和最小置信度 mc，$X \Rightarrow Y$ 为强关联规则；如果 $Y' \subseteq Y$，那么 $X \Rightarrow Y'$ 也为强关联规则。

性质 4：设关联规则 $X \Rightarrow Y$，满足 $I = X \cup Y$ 且 $X \neq \varnothing$，$Y \neq \varnothing$，$X \cap Y = \varnothing$，对于给定的最小支持度 ms 和最小置信度 mc 的强关联规则；如果 $X \subseteq X'$，满足 $I = X' \cup Y'$ 且 $X' \neq \varnothing$，$Y' \neq \varnothing$，$X' \cap Y' = \varnothing$，那么 $X' \Rightarrow Y'$ 也为满足给定条件的强关联规则。

三、关联算法

用于发现数据集中的关联规则所使用的算法叫作关联算法，关联算法是数据挖掘中的一种。关联算法可以分为两种类型：Apriori 算法和 FP-growth 算法。Apriori 算法是最早的关联算法之一，其核心思想是基于频繁项集的性质。该算法从单个项开始，逐步增加项数，发现满足支持度和置信度阈值的频繁项集，然后由频繁项集生成关联规则。FP-growth 算法是一种基于 FP 树的关联算法。该算法通过构建 FP 树来发现频繁项集，然后由频繁项集生成关联规则。相比于 Apriori 算法，FP-growth 算法的效率更高，尤其是在大规模数据集上表现更加优异。

第三节　典型的关联模型算法

现有的各种关联规则算法大致可分为搜索关联模型算法、层次关联模型算法、数据集的划分关联模型算法和抽样关联模型算法四大类。

一、搜索关联模型算法

搜索关联模型算法（即搜索算法）在读入数据集中的每条事务时，对该事务中包含的所有项目集进行整体规划处理，因此搜索算法需计算数据集 D 中所有项目集的支持数。只需通过对数据集的一次扫描，就可以找出所有的频繁项目集，这样每一条包含 n 个项目的事务就会产生 $2n-1$ 个项目集。当数据集 D 中包含的项目数很大时，所需计算和存储的候选项目集的数量变得非常庞大，而庞大的候选项目集数量就会导致计算效率明显下降。因此，该类算法只适合于项目集数量相对较小的数据集中的关联规则挖掘。比较有代表性的算法有 AIS 算法、SETM 算法[①]等。

以 SETM 算法为例，算法表述如表 7-1 所示，其中 C 为候选项目集的集合，L 为频繁项目集的集合，TID 为候选集编码库。SETM 算法中将事务数据库中与支持度有关的频度信息单独提取出来，构成了一个 TID 库，以后的处理都以 TID 库为对象，从而大大减少了数据读写。

表 7-1　SETM 算法模型描述

	算法描述
输入	数据集合 D，最小支持度 min _ support，最小置信度 min _ confidence；
输出	所有强规则集合
过程	(1)对 D(即 C_1)按 ITEM 进行升序排序； (2)对 C_1 按 ITEM 进行分组求聚集，得到支持度计数满足最小支持度计数的频繁 1 项目集的集合 L_1； (3)对 L_1 按 TID 进行升序排序； (4)$For(k=2;\ L_{k-1}\neq 0;\ k++)\{$ 对 L_{k-1} 进行自连接，得到 C_k； 对 C_k 按 ITEM 进行分组求聚集，得到支持度计数满足最小支持度计数的频繁 k 项目集的集合 L_k； 对 L_k 按 TID 进行升序排序； $L=L\cup L_k$； } (5)R=generate _ rule(L)； (6)Return(R)。

二、层次关联模型算法

Apriori 算法是层次关联模型算法(即层次算法)的经典算法之一，层次算法的主要思想是按含项目数自小而大的顺序寻找频繁项目集(数据集中含项目数最大的频繁项目集，称为最大频繁项目集)。其中典型的算法模型有：

① 何丽君、董蕊、袁克杰：《常见关联规则算法分析与比较》，《大连民族学院学》，2005 年第 5 期，第 39—42 页。

Apriori 算法[①]。它是一种针对挖掘布尔型数据频繁项集的算法，其基本原理是逐层搜索的迭代：频繁$(K-1)$项集 L_{k-1} 用于搜索频繁 K 项集 L_k，如此下去，直到不能找到维度更高的频繁项集为止；AprioriTid 算法是 Apriori 算法的改进算法，旨在减少用于未来扫描的事务集的大小，其最大的特点是在每步(除第一步外)计算候选的支持度时，不需要浏览整个事务集 D；AprioHybrid 算法是 Apriori 算法和 AprioriTid 算法的融合，该算法开始采用 Apriori 算法，然后在每次扫描完数据集之后计算修剪后的数据集的大小，若修剪后的数据集可在内存中进行处理，则切换至 AprioriTid 算法，直到找出所有的频繁项目集；DHA 算法[②]采用了一种哈希技术来对数据集和候选项目集进行修剪，尤其有效减少了项目集中所包含的候补项集的数量。

以 Apriori 算法为例，其算法过程包含发现频繁项集和发现关联规则两部分。

第一部分：发现频繁项集，主要通过连接和剪枝来实现。Apriori 算法采用迭代的思想，生成 1 项项集并计算支持度，挑选出满足最小支持度的 1 项项集，即为 1 项频繁项集；对 1 项频繁项集进行连接生成 2 项项集，计算各项支持度，挑选出满足最小支持度的 2 项项集，即为 2 项频繁项集；以此类推，直到找不到 K+1 项频繁项集时，算法结束。算法流程如表 7-2 所示。

表 7-2　Apriori 算法发现频繁项集流程

	算法描述
输入	数据集合 D，最小支持度 min _ support；
输出	频繁项集
过程	(1)发现 1 项项集 C_1。遍历数据集合，每一个数据作为一个 1 项项集； (2)计算 k 项项集的各项的支持度，删除掉不满足最小支持度的项集，得到频繁 K 项项集 L_k； 如果 L 为空，返回前 $k-1$ 项频繁项集，流程结束。 如果 L_k 集合只有一项，返回前 k 项频繁项集，流程结束。 (3)将频繁 k 项集进行连接，生成 $k+1$ 项项集，$k=k+1$。执行步骤 2。

第二部分：发现关联规则。计算各个频繁项集的置信度，其中，1 项频繁项集不用计算，挑选出满足最小置信度的关联规则，算法流程如表 7-3 所示。

---

① 武森、高学东、M. 巴斯蒂安：《数据仓库与数据挖掘》，北京：冶金工业出版社，2003 年，第 93 页。

② 周涛、陆惠玲：《关联规则挖掘算法研究》，《齐齐哈尔大学学报》，2004 年第 9 期，第 58—62 页。

表 7-3　Apriori 算法生成关联规则流程

	算法描述
输入	前 K 项频繁项集，最小置信度 min _ confidence；
输出	关联规则
过程	对于每项频繁项集 L： (1)找出 L 的所有非空子集； (2)对于 L 的每一个子集 S：计算置信度 conf($S->L$)；如果置信度满足最小置信度，输出关联规则。

三、数据集的划分关联模型算法

数据集的划分关联模型算法(即数据集的划分算法)的主要思想是将整个数据集划分为多个可以存放在内存中进行处理的数据小块，以节省访问存储在外存的这些数据的 I/O 开销。数据集划分算法是各种并行关联规则挖掘算法和分布式关联规则挖掘算法的基础。典型的代表算法有 Partition 算法、DIC 算法、FP-growth 算法等。Partition 算法[①]把数据库从逻辑上分成几个互不相交的块，每次单独考虑一个分块并对它生成所有的频繁项集，然后把产生的频繁项集合并，用来生成全局频繁项集。这样只需要对整个数据集进行两次扫描，就可以找出所有的频繁项目集，DIC 算法在数据块划分恰当时可以通过两次扫描数据集找出所有的频繁项目集，数据集划分算法的候选项目集的数量一般比 Apriori 算法的候选项目集的数量大，增加各数据块的数据扭曲性可以减少候选项目集数量。FP-growth 算法是在经过了第一次扫描数据库之后，把数据库中频繁项集压缩到一棵频繁模式树(FP-tree)上，同时依然保留其中的关联信息，然后再将 FP-tree 分成一些条件库，对这些条件库分别进行挖掘。

以 FP-growth 算法为例，为清楚说明其算法过程，该实例采用表 7-4 中的事务数据库 D，设最小支持度是 3，即 min _ sup＝30％。FP-growth[②] 算法包含两个步骤：一是构造频繁模式树 FP-tree，二是调用 FP-growth 算法进行频繁项集挖掘。

---

① 朱绍文、王泉德、黄浩等：《关联规则挖掘技术及发展动向》，《计算机工程》，2000 年第 9 期，第 4—6 页。

② 冯志新、钟诚：《基于 FP-Tree 的最大频繁模式挖掘算法》，《计算机工程》，2004 年第 11 期，第 123—126 页。

表 7-4 事务数据库 D

TID	Items
T1	e b c
T2	d c
T3	b a c
T4	b d
T5	d f c b
T6	e a c g
T7	d g c
T8	a e b
T9	b c d
T10	e c b d

(1)扫描一次数据库 D，找出频繁项列表 L_1，按照支持度数(项集发生次数)进行递减排序，即 L_1＝{{c}，{b}，{d}，{e}，{a}}；

(2)二次扫描数据库，利用每个事务中出现的频繁项构造 FP-tree，创建树的根节点 null，处理每个事务时按照 L_1 中的顺序将事务中出现的频繁项添加到 FP-tree 中的分支上。

①扫描第一个事务“ebc”，按照 L_1 中的顺序将事务排序为“cbe”，构造 FP-tree 的第一个分支＜(c：1)，(b：1)，(e：1)＞；②第二个事务“dc”扫描排序后为“cd”，与第一个分支共享节点＜c＞，因此将树中节点＜c＞的计数加 1，同时在＜c＞节点上创建分支＜d：1＞；③第三个事务“bac”排序后为“cba”，与分支＜cbe＞共享节点＜cb＞，因此将树中节点＜c＞和＜b＞计数加 1，同时在＜b＞节点上创建分支＜a：1＞；④以此类推，将数据库中的事务都添加到 FP-tree 中。为便于树遍历，创建一个头节点表，使得每个项通过一个节点链指向它在树中的位置，相同的项目链接在一个链表中。得到 FP-tree 如图 7-2 所示。这样数据库频繁模式的挖掘问题就转换成挖掘 FP-tree 问题。

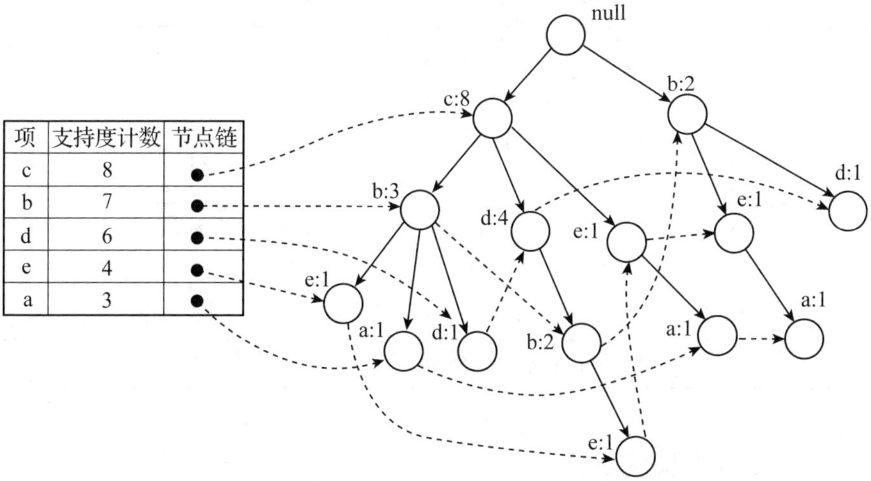

图 7-2　FP-tree 的构造

(3)挖掘 FP-tree。挖掘 FP-tree 采用自底向上的迭代方式，首先查找以“a”为后缀的频繁项集，然后依次是“e”“d”“b”“c”。查找以“a”为后缀的频繁项集的流程是：利用头节点表和树节点的链接，找出包含“a”的三个分支构造条件模式基，条件模式基可以看作一个“子数据集”，由 FP-tree 中与后缀模式一起出现的前缀路径组成。“a”的条件模式基为{(cb：1)，(ce：1)，(be：1)}，利用条件模式基构造条件 FP-tree，因为所有路径的支持度都小于最小支持度 3，所以 a 的条件模式树不含任何路径。同理“e”的条件模式基为{(cb：1)，(c：1)，(b：1)，(cdb：1)}，构造条件 FP-tree 如图 7-3 所示。根据条件 FP-tree，得到频繁模式，如表 7-5 所示。

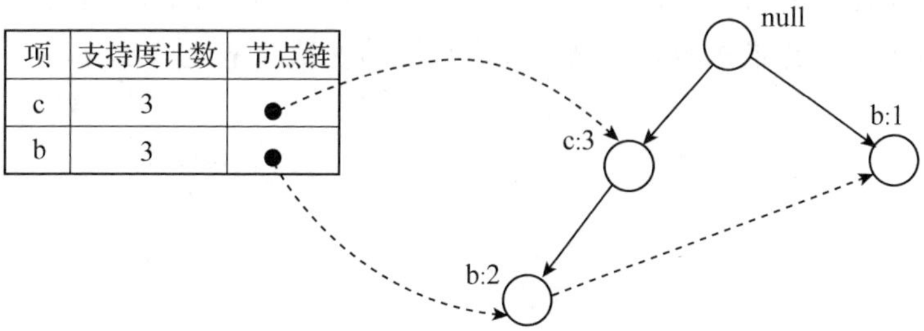

图 7-3　节点 e 的条件 FP-tree

表 7-5 条件 FP-tree 的频繁模式

项	条件模式基	条件 FP-tree	产生的频繁模式
a	{(cb：1)，(ce：1)，(be：1)}	—	—
c	{(cb：1)，(c：1)，(b：1)，(cdb：1)}	〈c：2，b：2〉 〈b：1〉	ce：3 be：3
d	{(cb：1)，(c：4)，(b：1)}	〈c：5〉	cd：5
b	{(c：3)，(cd：2)}	〈c：5〉	cb：5

四、抽样关联模型算法

抽样关联模型算法(即抽样算法)通过对数据集抽样产生所需的抽样数据集，然后对抽样数据集进行数据挖掘，找出其中的频繁项目集作为候选项目集。最后扫描数据集确定其中的频繁项目集，生成挖掘结果。相关算法模型有分层抽样算法 SS①、HAC 算法②等，如何计算算法边界值以找回部分遗漏的频繁项目集是抽样算法的关键。抽样算法适用于对挖掘效率要求较高，而对挖掘准确性要求不太高的关联规则挖掘。

以 HAC 算法为例，当对数据库直接进行关联规则挖掘时，Apriori 算法得到频繁 k 项目集需要进行 $k+1$ 次扫描。而采用 HAC 算法时，最多扫描数据库次数为 $3+(k+1)/2$。当 $k\geqslant 5$ 时，有 $3+(k+1)/2\leqslant(k+1)$，即 HAC 算法至少比 Apriori 算法少扫描数据库 $k+1-3-(k+1)/2=(k-5)/2$ 次，而在巨型数据库中通常 $k>5$，因此，在巨型数据库中应用 HAC 算法将有效地减少对数据库的扫描次数，提高了关联规则的挖掘效率。

① 欧阳军、马稳、沈钧毅等：《一种新的广义关联规则挖掘算法》，《小型微型计算机系统》，2004 年第 5 期，第 875—877 页。

② 秦如新、陈静、冯一宁：《一种新的关联规则抽样算法》，《中国农业大学学报》，2007 年第 3 期，第 85—88 页。

第四节　关联分析模型的运用案例

本研究以某学院学生的成绩进行关联规则挖掘分析，具体过程说明如下：

一、数据预处理：离散化

课程成绩数据是0～100的数值型数据，首先要将数值关系表转换为相应的事务库，使成绩离散化为：90(含90)分以上为1；80(含80)～90分为2；60(含60)～80分为3；60分以下为4。课程编号分别为：a、b、c、d、e、f、g。转换后的结果如表7-6、表7-7所示。

表7-6　原始成绩数据表

课程编号	学号	成绩
a	2210402001	90
b	2210402002	85
…	…	…
g	2210402040	63

表7-7　数据离散表

课程编号	学号	成绩
a	2210402001	1
b	2210402002	2
…	…	…
g	2210402040	40

二、关联规则的挖掘

设置最小支持度 min _ sup＝0.1，最小置信度 min _ conf＝0.5，采用Apriori算法对成绩数据进行关联规则的挖掘，得到频繁项集存储表 L_k，其中频繁3项集如表7-8所示。

表 7-8　频繁 3 项集

Item1	Item2	Item3	Frenuent
1	1	1	15
1	2	1	16
M	M	M	M
4	4	4	15

得到的部分关联规则如下：

①[a2，b2]→[e2]0.875；②[a1，c1]→[E1]0.75；③[e4，c4]→[g4]0.857。

三、结果分析

通过对上述关联规则分析，可以知道课程 a、课程 b 成绩在 80～90 分的同学，其课程 e 在 80～90 分的可能性约为 88%；课程 a、课程 c 成绩在 90 分以上的同学，其课程 e 也优秀的可能性为 75%；若某学生的课程 e、课程 c 不及格，其课程 g 不及格的可能性为 86%。

因此，通过对学生各门课程的考试成绩进行关联规则分析，发现各课程之间存在的依赖和关联关系，借此来提醒学生目前的学习状态和成绩将会导致怎样的最终学习效果，并作为指导学生继续学习的有效依据。对于学生有存在不及格风险的课程，教师也可以提早进行干预，提高教学效果。

第五节　关联分析模型的机遇和挑战

关联分析技术是用来预测事件之间有关系的一种技术，通过满足支持度和置信度要求形成预测结论。本文借用 Apriori 算法对课程成绩进行关联分析，量化各门课程成绩之间的关联程度，为完善课程体系、优化课程设置、预测课程教学效果提供了一定的借鉴。同时，当前的关联规则提取算法具有本身的局限性，例如算法认为数据库中的数据具有相同的重要性，又如基于特定的平台运算效率低等。尤其是在海量的、多源异构的大数据时代，关联分析面临着新的挑战。

一、开发更高效的关联分析挖掘算法

随着数据库的内容不断增多，不仅增大了挖掘算法的搜索空间，同时也

增加了盲目发现的可能性。因此必须利用领域知识去提取与发现和任务有关的数据，排除无用的数据，有效地降低问题的维数，设计出更加有效的挖掘算法。特别是要关注在网络环境下的关联规则挖掘技术和算法，探索如何在Internet 上建立 DM 服务器，与数据库服务器配合，实现数据挖掘分析。

二、制定更为合理的关联规则衡量评价标准

关联规则挖掘的质量在客观层面上取决于评估模式质量的标准，它使用从数据中推导出的统计量来判定规则是否有趣，具有一定的客观性、可靠性。支持度—置信度框架是现有关联规则最常用的衡量评价指标，但在实际应用中，仅使用这两者无法排除一些研究者不感兴趣的规则，甚至会生成冗余的、虚假的误导性规则。因此，有必要制定一些新的衡量标准，用来衡量关联规则挖掘算法的优劣。

三、面向非结构化数据的关联规则分析技术需进一步优化

随着互联网的飞速发展，特别是近年来随着社交网络、物联网、云计算以及多种传感器的广泛应用，以数量庞大、种类众多、时效性强为特征的非结构化数据不断涌现，而利用非结构化数据帮助教育管理者进行决策，能够在一定程度上避免使用传统经验教学带来的局限性及滞后性，可以更好地了解教育教学的现状(描述性分析)，同时也能够更加精准地进行预测性分析，从而做出较为及时、科学、精准的教学决策(规范性分析)。然而，目前大多数关联规则挖掘都是基于关系数据库或事务数据库的算法，如何设计应用于其他类型数据库(如面向对象数据库、数据仓库、文本数据、图形图像数据、多媒体数据等)的关联规则挖掘算法也是当前的一大挑战。

第八章　区域基础教育大数据课堂教学行为分析模型

课堂是学校教育的主阵地，课堂的观察、评价与研究由来已久。随着人工智能和大数据等技术不断试探性地融入教育教学之中，既要直面以往课堂分析中专业化与规模化的难题，也要避免陷入技术主义与工具导向带来的片面性与局限性。当今，教育大数据在教育教学中起到了不可替代的作用，推动课堂研究客观量化，助力课堂研究有据可循。

【本章内容结构】

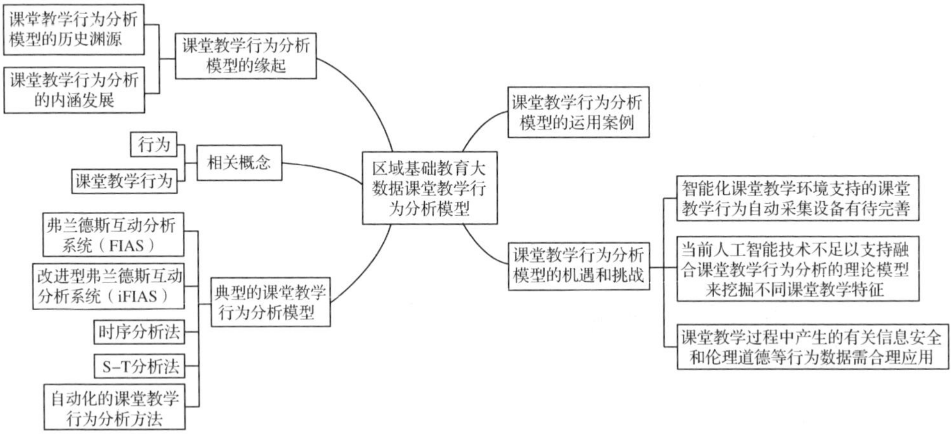

图 8-1　思维导图

第一节　课堂教学行为分析模型的缘起

一、课堂教学行为分析模型的历史渊源

课堂教学行为主要包括教师行为、学生行为和互动行为，具有情景性、动态性、不确定的特点。下面以课堂教学环境的发展变化为线索，探讨课堂教学行为分析的历史发展渊源。

(一)传统教学环境阶段

传统教学环境阶段的课堂教学行为分析相关研究主要为编制分析量表，观察者基于分析量表对课堂教学过程中产生的师生行为进行手工编码记录，再进行计算分析。传统教学环境下采用的典型的课堂教学行为分析包括：S-T分析方法，将课堂教学行为分为S(学生)行为和T(教师)行为两类，通过观察分析课堂教学过程，以一定的时间间隔进行打点采样、编码，形成S-T时序数据，绘制S-T曲线并可以通过计算来确定课堂教学模式①。Flanders互动分析系统(FIAS)将课堂中教师和学生的行为分为教师言语、学生言语和沉寂情况三类十个维度，观察人员选择适当的行为编码记录师生的言语互动行为，形成互动分析矩阵，可视化反映师生的交互情况②。时序分析法是依据课堂时间顺序来观察和分析学生和教师行为的一种方法，以时间为横轴，行为类别为纵轴，来强调两个相邻行为间的迁移关系③。

(二)信息化教学环境阶段

信息技术支持的信息化教学环境发展，丰富了课堂的媒体运用和信息交互，为适应信息化教学环境的课堂教学行为分析，有诸多研究开发了相适应的课堂教学行为分析新方法和新工具。TIMSS1995录像研究是国际上首次大规模地使用录像技术研究课堂教学(TIMSS是国际数学和科学评测趋势The Trends in International Mathematics and Science Study的简称)，通过对课堂教学流程信息的处理和对教师教学行为分析，促进教师专业发展。以录像信息分析模式为中心建立信息编码表，依次对课堂概况和课堂谈话进行编码，

① 傅德荣、章慧敏等：《教育信息处理》，北京：北京师范大学出版社，2011年，第96页。

② Flanders N. Intent, Action and Feedback: A Preparation for Teaching, *Journal of Teacher Education*, vol. 3(1963), pp. 251－260.

③ 方海光、刘嘉琪：《教育大数据——迈向未来学校的智慧教育》，北京：电子工业出版社，2019年，第77页。

选择样本课进行现场录制，经过录像的数字化处理、课堂教学信息的编码和统计分析，然后进行比较[①]。国内的顾小清等学者基于 Flanders 互动分析系统，增加了师生与技术互动的维度，设计了基于信息技术的互动分析编码系统(ITIAS)[②]。方海光等学者基于 FIAS 分析方法和基于信息技术的互动分析系统 ITIAS，针对数字化课堂教学环境，对已有的编码系统进行优化改进，重新设计了支持数字化课堂分析的编码系统，从而形成了改进型弗兰德斯互动分析系统 iFIAS，并开发了相应的支持工具集[③]。课堂教学行为分析软件的开发和引入，有效提升了分析的效率。穆肃等提出了课堂教学行为分析系统(TBAS)及系列方法，选取来源广泛的课堂教学实录进行分析试验，从教师和学生的教学行为、课堂师生互动行为以及媒体在课堂教学中的应用三个方面进行课堂分析[④]。

(三)智慧学习环境阶段

智慧学习环境下支持的教与学过程为自动化和智能化的采集和分析数据提供了可能，国内外的研究者们基于采集到的多模态数据及开发的智能算法，从多种教学行为切入开展识别模型的构建及分析方法研究，进一步丰富了课堂教学行为分析的内容和方法，同时分析的效率和准确度也得到了极大提升。Whitehill 等学者开发了自动化课堂学习参与度识别器，运用机器学习方法实现了对学习者面部表情的自动采集和计算，推断出学习者的参与度情况，增强了教师对学习者参与度的及时、瞬时感知[⑤]。Liu 等学者利用移动脑波传感器设备采集学习者的脑电信号，采用支持向量机分类器算法，来分析计算脑电特征并判断学习者的注意力，为教师的实时教学干预提供了支持[⑥]。韩丽等学者基于多姿态人脸检测和面部表情识别技术，以及时获取学生在学习过程

① 魏宁：《信息技术支持的教学分析方法——S－T 篇》，《信息技术教育》，2006 年第 1 期，第 55－57 页。

② 顾小清、王炜：《支持教师专业发展的课堂分析技术新探索》，《中国电化教育》，2004 年第 7 期，第 18－21 页。

③ 方海光、高辰柱、陈佳：《改进型弗兰德斯互动分析系统及其应用》，《中国电化教育》，2012 年第 10 期，第 109－113 页。

④ 穆肃、左萍萍：《信息化教学环境下课堂教学行为分析方法的研究》，《电化教育研究》，2015 年第 9 期，第 62－69 页。

⑤ Whitehill J, Serpell Z, et al, "The Faces of Engagement: Automatic Recognition of Student Engagement from Facial Expressions", *IEEE Transactions on Affective Computing*, vol. 1(2014), pp. 86－98.

⑥ Liu N H, Chiang C Y, et al, "Recognizing the Degree of Human Attention Using EEG Signals from Mobile Sensors", *Sensors*, vol. 8(2013), pp. 10273－10286.

中的情绪变化，帮助教师准确全面地掌握所有学生在课堂教学中的参与度[①]。

综上所述，随着信息技术的快速发展，课堂教学行为分析技术从人工采集分析正走向自动化和智能化，为课堂教学行为分析的课堂教学规律研究和学习本质的探寻提供了强有力的支持。

二、课堂教学行为分析的内涵发展

课堂教学行为分析模型的行为划分是相对的，划分标准不一，以反映不同的教与学问题，是开展科学、有效的教学分析与评价的重要基础。

(一)根据课堂分析的目的划分

根据课堂分析的目的，可分为诊断性分析、提炼性分析和专题性分析。诊断性分析主要是对课堂中出现的问题进行分析、评价，从而得出相应的诊断结论，予以相应的建议。提炼性分析主要是指通过分析总结提炼出教师的教学风格，帮助教师明确自身所特有的教学特点，不断地完善和修正其个人风格，逐渐定位自己的教学风格。专题性分析是指为了研究某个主题而进行的课堂分析，主要分为四方面，分别为基于研究需要选择研究主题、基于主题理解开发研究工具、借助研究工具收集课堂数据资料和基于课堂的数据证据进行深度的反思。

(二)根据数据采集方式和数据本身格式划分

根据数据采集方式和数据本身格式，可分为定量分析模型和定性分析模型。前者指课堂教学行为分析模型，主要是基于定量课堂分析研究工具而设计，因而在进行课堂分析时要运用一套具体的观察工具，对课堂中预先划分的行为类目进行定量的、结构化的记录，这种记录的结果一般是规范的数据。许多有权威性的国外课堂教学行为工具都有与其相匹配的信效度评测数据，如美国评估促进集团(Evaluation Facilitation Group)开发的课堂观察框架(Reformed Teaching Observation Protocol，RTOP)，出版时就附有能详细说明信效度检验结果的参考手册(Reference Manual)。后者指的定性课堂分析模型主要依托于定性的课堂观察法而实现，主要指的是研究者根据概括性的观察纲要，灵活地收集能描述课堂细节的信息材料，在观察后根据对课堂情况的回忆补充并完善材料，最后通过描述性和评价性的文字记录对课堂教学情况的感受。研究者依据粗线条的观察，对收集的材料信息进行细节详细的描述

---

① 韩丽、李洋、周子佳等：《课堂环境中基于面部表情的教学效果分析》，《现代远程教育研究》，2017年第4期，第97－103、112页。

概括，材料收集的规则是灵活的，基于需要在观察的过程中形成，在观察后根据回忆加以追溯性的补充和完善，并通过描述性和评价性的文字记录现场感悟。

(三)根据研究者与研究对象的关系划分

根据研究者与研究对象的关系，可分为自我的课堂教学行为分析和他人的课堂分析，前者指的是研究者对自身课堂的分析研究，由于分析对象既是研究者也是研究对象，故在对自己课堂进行分析时，分析对象主要是学生的各种行为，包括学生的学习相关行为，而对他人课堂教学行为分析时，主要关注教师的行为的功能、行为的有效性、对学生的影响程度等。

第二节　相关概念

一、行为

人的行为是指人的有目的的活动，包括人的需求、动机、观念、情感、态度、意志等在行为上的表现，是一种有目的、有意识并在一定力量支配下的自觉的能动活动。行为的产生和变化总是有原因、有目标的，具有自发性、因果性、目的性、持久性、效果性、可变性等特点[①]。

二、课堂教学行为

从本质上讲，课堂教学行为也可看成是教师和学生两类主体发出的教学行为和学习行为。教学行为的主体是教师，对象是学生，是主体为达成某种教学目标，获取某种能力而采取的带有支持性和指导性的行为总和；学习行为的主体是学生，在教学行为的支撑下，主体选择不同方式或手段为达成学习目标而采取行为的总和。教师教的行为和学生学的行为既密切相关，又存在明显的差异。在现代教学环境下的课堂教学中，教师擅长运用信息技术助力教学方式的变革，如教学内容形象化、教学过程无感化等特征。

课堂教学行为分析可以有效地记录、分析和研究教学的过程，定量或者定性地发现教学规律以及存在的问题，并据此提出相应的解决措施“对症下药”。教学行为分析倾向于在教学行为编码表的基础上进行量化分析，明确分析结果的解释方式，提高所得数据的利用效率，发现教学中潜藏的规律及问题。

① 窦胜功、张兰霞、卢纪华：《组织行为学教程》，北京：清华大学出版社，2005年，第30页。

第三节　典型的课堂教学行为分析模型

针对教师、学生行为的分类至今已有上百余种不同的方法，国内外比较有影响的课堂交互分析方法主要有弗兰德斯互动分析系统(Flanders Interaction Analysis System，FIAS)、改进型弗兰德斯互动分析系统(improved Flanders Interaction Analysis System，iFIAS)、学生-教师(Student-Teacher，S-T)分析、时序分析法等。

一、弗兰德斯互动分析系统(FIAS)

弗兰德斯互动分析系统诞生于20世纪60年代，是分类分析中最常用的一种课堂教学师生互动分析方法，是由一系列规则、方法组成的一个系统，由美国学者弗兰德斯(Ned Flanders)提出[①]。该互动分析方法主要包括三个组成部分：第一部分是描述课堂主要教学行为的分类编码框架，分为3类10种师生行为；第二部分是用于观察并记录课堂教学行为的编码规则；第三部分是用于显示数据和分析数据的矩阵。弗兰德斯互动分析系统编码表如表8-1所示。

表8-1　弗兰德斯互动分析系统编码表

言语分类		编码	行为特征
教师言语	间接影响	1	接受感情
		2	表扬或鼓励学生
		3	接纳或采用学生的主张
		4	质疑发问
	直接影响	5	讲解
		6	给予指导或指令
		7	批评语或维护权威性
学生言语		8	学生应答(教师驱动)
		9	学生主动说话(学生主动)
沉默或混乱		10	无效语言

① Flanders, Ned. "Intent, Action and Feedback: A Preparation for Teaching", *Journal of Teacher Education*, vol. 14(1963), pp. 25—260.

二、改进型弗兰德斯互动分析系统(iFIAS)

由于 FIAS 对观察者要求较高，并且多是对师生言语、态度的分析，以及对沉寂情况的处理，显示出编码系统不够完善，最重要的是 FIAS 缺少对信息技术的分析支持。如今，信息技术广泛地用于课堂教学，这其中包含多媒体、计算机及网络技术，移动设备的应用等数字化技术，传统的 FIAS 已无法对这类应用信息技术的师生交互行为加以编码和分析，为此，诞生了改进型弗兰德斯互动分析系统(improved Flanders Interaction Analysis System，iF-IAS)[①]。

iFIAS 适用于技术支持的数字化课堂分析，由原来的 10 个行为编码增加到 14 个互动行为编码，即有关沉寂的行为编码、有关技术的行为编码和学生与同伴之间的讨论，如表 8-2 所示。

表 8-2　改进型弗兰德斯互动分析系统编码表

<table>
<tr><th colspan="2">言语分类</th><th>编码</th><th colspan="3">行为特征</th></tr>
<tr><td rowspan="8">教师言语</td><td rowspan="5">间接影响</td><td>1</td><td colspan="3">教师接受情感</td></tr>
<tr><td>2</td><td colspan="3">教师表扬或鼓励</td></tr>
<tr><td>3</td><td colspan="3">教师采纳学生观点</td></tr>
<tr><td rowspan="2">4</td><td rowspan="2">教师提问</td><td>4.1</td><td>提问开放性问题</td></tr>
<tr><td>4.2</td><td>提问封闭性问题</td></tr>
<tr><td rowspan="3">直接影响</td><td>5</td><td colspan="3">教师讲授</td></tr>
<tr><td>6</td><td colspan="3">教师指令</td></tr>
<tr><td>7</td><td colspan="3">教师批评或维护教师权威</td></tr>
<tr><td colspan="2" rowspan="4">学生言语</td><td>8</td><td colspan="3">学生被动应答</td></tr>
<tr><td rowspan="2">9</td><td rowspan="2">学生主动说话</td><td>9.1</td><td>学生主动应答</td></tr>
<tr><td>9.2</td><td>学生主动提问</td></tr>
<tr><td>10</td><td colspan="3">学生与同伴讨论</td></tr>
<tr><td colspan="2" rowspan="2">沉寂</td><td>11</td><td colspan="3">无助于教学的混乱</td></tr>
<tr><td>12</td><td colspan="3">有益于教学的沉寂</td></tr>
</table>

① 方海光、高辰柱、陈佳:《改进型弗兰德斯互动分析系统及其应用》,《中国电化教育》，2012 年第 10 期，第 109—113 页。

续表

言语分类	编码	行为特征
技术	13	教师操纵技术
	14	学生操纵技术

以改进型弗兰德斯互动分析系统(iFIAS)为例，依据表 8-2 的编码表对课堂教学行为进行切片打点，可基于产生的行为编码算法量化得出课堂的结构和特点，增强课堂分析结果的客观性和可靠性。

(一)课堂整体结构比率分析

(1)师生言语比例比较

①教师言语$\Sigma_{(1+2+3+4+5+6+7)}/\Sigma_{总}$。

②学生言语$\Sigma_{(8+9+10)}/\Sigma_{总}$。

(2)无助于教学的混乱：$\Sigma_{11}/\Sigma_{总}$。

(3)有益于教学的沉寂：$\Sigma_{12}/\Sigma_{总}$。

(4)技术应用比例：$\Sigma_{(13+14)}/\Sigma_{总}$。

(二)课堂技术支持程度比率分析

(1)技术存在型

①教师使用技术比例$\Sigma_{13}/\Sigma_{总}>0$。

②学生使用技术比例$\Sigma_{14}/\Sigma_{总}>0$。

(2)技术教学型：教师使用技术比例$\Sigma_{13}/\Sigma_{总}>2/3$。

(3)技术学习型：学生使用技术比例$\Sigma_{14}/\Sigma_{总}>2/3$。

(三)课堂教与学模式诊断

(1)课堂师生互动问答类型分析

①提问引导类型：$\Sigma_{[(4,4)+(4,8)+(8,8)+(8,4)]}>\Sigma_{[(3,3)+(3,9)+(9,3)+(9,9)]}$。

②主动延伸类型：$\Sigma_{[(4,4)+(4,8)+(8,8)+(8,4)]}<\Sigma_{[(3,3)+(3,9)+(9,3)+(9,9)]}$。

(2)课堂技术支持教与学类型分析

①技术教学类型：$\Sigma_{(13,13)}/\Sigma_{[(5,5)+(5,13)+(13,13)+(13,5)]}>=2/3$。

②技术学习类型：$\Sigma_{(14,14)}/\Sigma_{[(6,6)+(6,14)+(14,6)+(6,6)]}>=2/3$。

三、时序分析法

时序分析法是依据课堂时间顺序来观察和分析学生和教师行为的一种分析方法。该课堂分析方法中，仅考虑两个相邻行为间的迁移关系，忽略多个行为序列间的相互关系。时序分析法以时间轴为横轴，以行为类别为纵轴的图形，如图 8-2 所示。在这个图形中，横轴表示时间顺序，但纵轴没有表示行为的类别及其量度，存在一定的局限性。

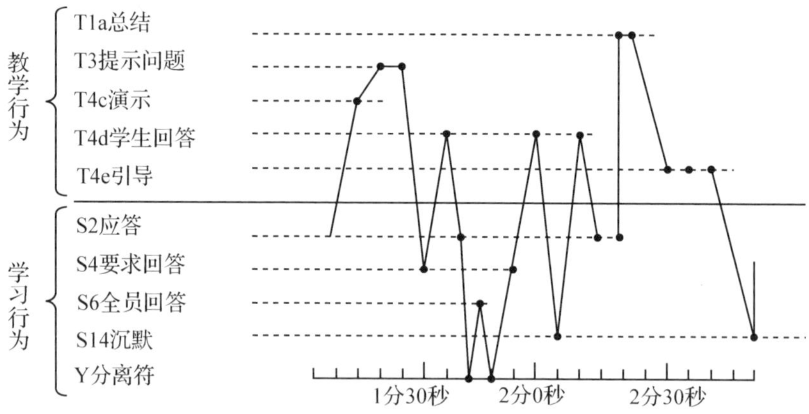

图 8-2　分类数据的时序列表

四、S-T 分析法

为了更形象、更直观地研究教学的特点，介绍一种以图形的方法表示教学性格的 S-T 分析法，它是观察和分析课堂上学生和教师的交互行为的一种方法[①]，只有 T 行为和 S 行为两种类别，大大减少了教学过程中行为分类的模糊性，提高了分类的客观性和可靠性。S-T 分析的行为类别和表现如表 8-3 所示。

表 8-3　S-T 分析的行为类别及其表现形式

类别	定义	表现形式
T 行为	教师视觉的、听觉的信息传递行为	解说
		示范
		板书
		利用 OHP 等各种媒体进行提示
		提问与点名
		评价、反馈

① 傅德荣、章慧敏等：《教育信息处理》，北京：北京师范大学出版社，2011 年，第 11 页。

续表

类别	定义	表现形式
S行为	T行为以外的所有行为	学生的发言
		学生的思考、计算
		学生记笔记
		学生做实验或完成作业
		沉默
		其他

五、自动化的课堂教学行为分析方法

针对教学行为具有复杂、关联等特征，使得基于深度学习的视频分割与识别技术无法有效理解教学场景和教学行为的问题，有研究设计了包含“基于视听觉特征的教学行为分析编码系统、教学行为听觉特征识别、教学行为视觉特征识别、教学分析过程数据可视化呈现”四个核心要素的多维度特征融合教学行为智能分析模式①。

教学场景中一般是“一对多”的对象关系，利用语音识别、声纹识别技术，通过采集语音信号数据来分析多维度特征融合的教学行为智能模式，如获取课堂教学时间、文本信息以及与说话人的身份，利用语义分析技术，结合基于视听觉特征的教学行为分析编码系统对文本信息进行语义相似度计算，从而获取基于听觉特征的教学行为序列。基于视听觉特征的教学行为分析编码系统如表8-4所示。

① 赵刚、朱文娟、胡碧灵等：《多维度特征融合的教学行为智能分析模式构建》，《电化教育研究》，2020年第10期，第36—44页。

表 8-4　基于视听觉特征的教学行为分析编码系统

分类	表现形式		特征描述
教师言语行为（TS）	讲解陈述（TS01）	基于多媒体内容讲授（TS0101）	AF：对教学内容提供事实、见解；VF：电子白板等展示相关内容
		基于教材内容讲授（TS0102）	AF：对教学内容提供事实、见解；VD：教材、黑板等展示相关内容
	提问（TS02）	提出开放式问题（TS0201）	AF：提出的问题不具有固定答案；VF：邀请学生（非必要条件）
		提出封闭式问题（TS0202）	AF：提出的问题具有固定答案；VF：邀请学生（非必要条件）
	反馈评价（TS03）	判断对错（TS0301）	AF：对学生的回答做出正确或错误的判断
		鼓励表扬（TS0302）	AF：称赞或表扬学生
		批评维权（TS0303）	AF：批评学生或维护教师的权威
		总结或延伸（TS0304）	AF：比较结论性的回答或评述
	命令或指示（TS04）		AF：指示或命令学生做某事
教师非言语行为（TA）	传统媒体演示（TA01）	板书（TA0101）	VF：使用黑板等传统媒体，通过抄写或演算等展示教学内容
		操作教具（TA0102）	VF：使用实验器材、模型等教具展示教学内容
	现代多媒体演示（TA02）		VF：使用计算机多媒体系统中的多媒体向学生展示教学内容
	设备基本操控（TA03）		VF：对媒体设备功能的调控等，或演示前的一些准备行为
	观察巡视（TA04）		VF：巡视观察，了解学生学习情况
	个别指导或参与交互活动（TA05）		AF：在学生开展练习、实践等过程中，针对学生遇到的问题或困难，实时给予个别指导等

续表

分类	表现形式			特征描述
学生言语行为（SS）	提问（SS01）	问课程相关问题（SS0101）		AF:学生向教师或者其他学生提出课程内容相关的疑问； VF:学生举手或者站起来提问（非必要条件）
		问课程非相关问题（SS0102）		AF:学生向教师或者其他学生提出与课程内容无关的疑问； VF:学生举手或者站起来提问（非必要条件）
	应答（SS02）	回应课程相关问题（SS0201）	主动应答（SS020101）	AF:回应教师提出的课程内容相关的问题，包括开放式和封闭式问题； VF:学生举手并站起来回答问题
			被动应答（SS020102）	AF:回应教师提出的课程内容相关的问题，包括开放式和封闭式问题； VF:教师邀请学生，学生站起来回答问题
		回应非课程问题（SS0202）	主动应答（SS020201）	AF:回应教师管理性要求或者非课堂知识相关问题； VF:学生举手并站起来回答问题
			被动应答（SS020202）	AF:回应教师管理性要求或者非课堂知识相关问题； VF:教师邀请学生，学生站起来回答问题
	讨论与合作（SS03）			AF:学生相互之间讨论问题，自由交流观点；VF:几个学生成簇状
	汇报展示（SS04）			AF:分享并展示小组作品、成果或过程

续表

分类	表现形式		特征描述
学生非言语行为(SA)	观察(SA01)		VF:观察教师或同伴的活动,观察多媒体演示的教学信息
	做笔记或练习(SA02)	使用传统方式(SA0201)	VF:学生通过传统方式(书本、纸等)抄写笔记或进行课堂练习
		使用计算机多媒体设备(SA0202)	VF:学生使用计算机系统或多媒体设备(平板电脑等)抄写笔记或者进行课堂练习
	演示成果(SA03)	使用传统方式(SA0301)	AF:分享并展示作品成果或过程; VF:学生通过传统方式(书本、模型等)呈现内容、演示成果的行为
		使用计算机多媒体设备(SA0302)	AF:分享并展示作品、成果或过程;VF:学生使用计算机系统或多媒体设备(平板电脑等)呈现内容演示成果的行为
	实践或实验(SA04)		VF:学生参与实践活动或者教学实验
	思考(SA05)		AF:学生没有言语行为;VF:无明显的行为,学生镜头
无意义的沉寂或混乱(None)			AF:暂时停顿、短时间的安静或混乱;VF:无法判定具体教学行为的类型

教学行为分析模型在当前国内外研究非常丰富。行为投入、认知投入、情感投入是学习投入的经典结构分类。上述介绍了当前典型的教学行为分析模型，在这里拓展两个有关认知和情感分析的模型。

(一)认知投入分析模型

以集体认知理论框架和ICAP学习参与分类框架为理论基础，有研究提出基于ICAP框架的协作学习认知投入分析模型，I表示交互(interaction)，C表示建构(constructive)，A表示主动(active)，P表示被动(passive)，ICAP框架的协作学习认知投入分析编码表以ICAP为分类基础，并对其建立编码表①，如表8-5所示。

表8-5 ICAP框架的协作学习认知投入分析编码表

分类	子类别	定义
被动	接受	学习者从教学材料中获取信息，而不做任何与学习相关的事情
主动	重复	学习者明确地复制、引用材料中已有的内容
	强调	学习者着重关注和强调材料中的某一部分内容
	总结	学习者通过对材料中的内容进行重复或删除来做总结
建构	提问	学习者基于自己的认知提出一个新颖的问题
	阐述	学习者通过举例等方式阐述材料以外的建议、解释或观点
	创造	学习者根据材料内容创造、制作出材料外的作品或画出概念图等
	支持	学习者赞同他人观点
交互	建立在他人之上	学习者的观点建立在他人的观点之上
	辩护	学习者与他人辩论，并辩护自己的观点

(二)情感—认知自动化分析模型

有研究基于师生在线异步交互的教与学过程，深度挖掘教师学习者的情感状态和认知水平，采用融合词典和机器学习的文本分析方法，基于面向在线异步交互文本的情感—认知自动化分析模型对不同的异步交互场景中的文本进行分析，主要分为三大部分：①异步交互场景中的信息提取；②基于异

① 张思、何晶铭、上超望等：《面向在线学习协同知识建构的认知投入分析模型及应用》，《远程教育杂志》，2020年第4期，第95—104页。

步交互文本的情感—认知自动化分析；③基于异步交互文本的情感—认知自动化分析的应用[①]。

通过采集在线异步交互文本数据，人工标注情感状态和认知水平的种子语料，并按比例分层抽取训练集和测试集，进行数据预处理，从而形成词集；然后，对词集进行特征提取，基于不同的机器学习算法筛选出最优算法。最后，通过词性筛选构建情感—认知种子词集，词典拓展后形成情感—认知词典，同时融合词典进行算法模型训练，通过测试集不断优化算法模型参数，实现不同异步交互场景下教师学生的情感状态和认知水平。

第四节　课堂教学行为分析模型的运用案例

案例一：小学科学课《火山喷发》

本研究以某小学一堂地理课"火山喷发"为研究案例，如图 8-3 所示，以改进型弗兰德斯互动分析系统为课堂分析模型，对本节课的教学行为开展分析。教育主体为五年级学生，课堂的基本活动主要为 2 个，一是教师通过播放视频材料让学生了解火山喷发的原理及其喷发的状态；二是教师指导学生进行科学实验来模拟火山喷发。

图 8-3　"火山喷发"授课场景

数据分析结果：根据改进型弗兰德斯互动分析系统 iFIAS 的编码表对"火山喷发"课堂进行切片编码和算法自动计算，生成该堂课的数据分析报告，如

① 马宁、张燕玲、杜蕾等：《面向在线异步交互文本的情感—认知自动化分析模型研究——以大规模教师在线培训为例》，《现代教育技术》，2022 年第 5 期，第 83—92 页。

图 8-4 迁移矩阵、图 8-5 课堂数据分析图、表 8-6 课堂结构分析比例所示。

	1	2	3	4	5	6	7	8	9	10	11	12	13	14	合计
1	1	2	1	1	0	2	0	0	3	0	0	0	1	0	11
2	0	6	0	1	1	7	0	0	5	3	0	0	0	3	26
3	1	1	21	0	3	3	0	0	9	3	1	0	2	1	45
4	0	0	1	20	0	2	0	0	9	0	0	2	0	1	35
5	0	2	0	1	29	1	0	0	2	0	0	0	1	0	36
6	0	1	0	4	1	62	0	0	22	5	1	4	9	7	116
7	0	0	0	0	0	0	0	0	0	0	0	0	0	0	0
8	0	0	0	0	0	0	0	0	0	0	0	0	0	0	0
9	7	10	18	1	2	10	0	0	100	1	0	0	1	1	151
10	1	1	3	0	0	6	0	0	0	47	0	0	0	0	58
11	0	0	1	0	0	1	0	0	0	0	2	0	0	0	4
12	0	0	0	1	0	6	0	0	0	0	0	54	0	0	61
13	0	0	0	4	0	9	0	0	0	0	0	1	150	0	164
14	0	3	0	2	0	7	0	0	1	0	0	0	0	53	66
合计	11	26	45	35	36	116	0	0	151	58	4	61	164	66	773
比例	1.42%	3.36%	5.82%	4.53%	4.66%	15.01%	0%	0%	19.53%	7.5%	0.52%	7.89%	21.22%	8.54%	

图 8-4　"火山喷发"迁移矩阵

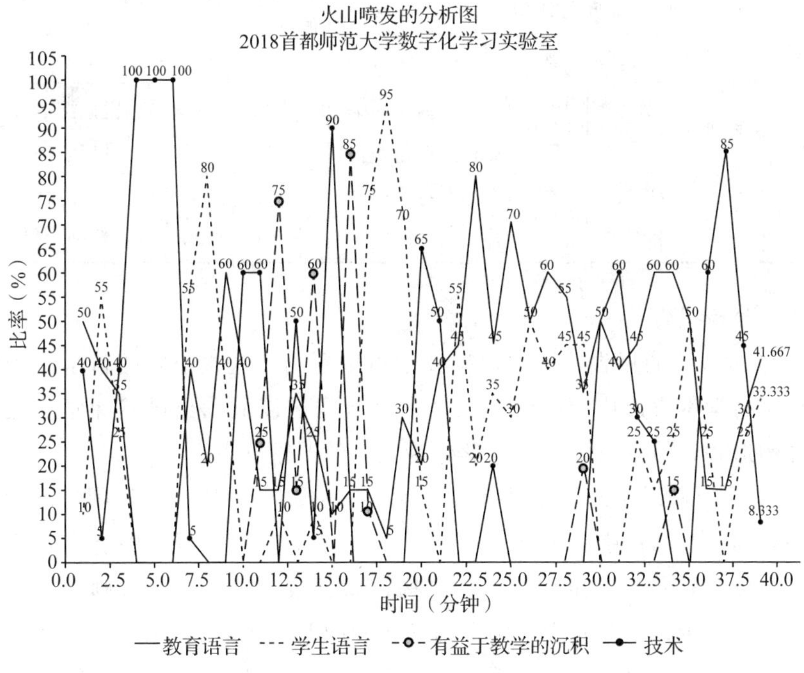

图 8-5　"火山喷发"课堂数据分析图

表 8-6 “火山喷发”课堂结构分析

<table>
<tr><td>课堂名称</td><td colspan="8">小学五年级英语课“火山喷发”</td></tr>
<tr><td rowspan="11">课堂整体结构</td><td rowspan="4">教师言语比例</td><td rowspan="4" colspan="2">34.8%</td><td colspan="4">教师言语中对学生的间接影响与直接影响的比率</td><td>76.79%</td></tr>
<tr><td colspan="4">教师言语中对学生的积极强化与消极强化的比率</td><td>70.69%</td></tr>
<tr><td colspan="4">教师言语中提问所占的比例</td><td>13.01%</td></tr>
<tr><td colspan="4">教师言语中开放性问题占教师提问的比例</td><td>74.29%</td></tr>
<tr><td rowspan="3">学生言语比例</td><td rowspan="3" colspan="2">27.04%</td><td colspan="4">学生言语中学生主动说话的比例</td><td>100%</td></tr>
<tr><td colspan="4">学生言语中主动应答占学生主动说话的比例</td><td>98.69%</td></tr>
<tr><td colspan="4">学生言语中主动提问占学生主动说话的比例</td><td>1.31%</td></tr>
<tr><td rowspan="2">课堂沉寂情况</td><td rowspan="2" colspan="2">0</td><td colspan="4">有助于教学的沉寂比例</td><td>0</td></tr>
<tr><td colspan="4">无助于教学的沉寂比例</td><td>0</td></tr>
<tr><td rowspan="2">技术应用情况</td><td rowspan="2" colspan="2">29.75%</td><td colspan="4">信息技术应用中教师操作技术比例</td><td>71.3%</td></tr>
<tr><td colspan="4">信息技术应用中学生操作技术比例</td><td>28.7%</td></tr>
<tr><td rowspan="5">课堂教学特征</td><td rowspan="3">师生互动</td><td colspan="3">提问引导型</td><td>20次</td><td rowspan="3" colspan="3">该课堂主要的课堂类型为提问延伸型</td></tr>
<tr><td colspan="3">提问延伸型</td><td>148次</td></tr>
<tr><td colspan="3">提问讲解型</td><td>133次</td></tr>
<tr><td rowspan="2">技术所支持的教与学</td><td>技术教学型</td><td colspan="2">180/773×100%=23.29%</td><td rowspan="2">该课堂主要的课堂类型为技术教学型</td><td>150/180×100%=83.33%</td><td colspan="2">教师主要运用技术进行讲授</td></tr>
<tr><td>技术学习型</td><td colspan="2">129/773×100%=16.69%</td><td>53/129×100%=41.09%</td><td colspan="2">学生使用技术不熟练，教师指导太多</td></tr>
</table>

数据分析报告：

1. 通过系统的报告分析的数据展示可以看出，这堂小学的科学课中教师言语比例与学生言语比例相差不大，通过数据可以显示出虽然课堂仍是教师为主导的形式，但是教师有营造学生为主体的课堂意识。

2. 从教师言语中对学生的间接影响与直接影响的比率和教师言语中对学生的积极强化与消极强化的比率可以看出，教师在实际授课中有潜意识地用言语去引导学生实现对知识的认知建构，通过数据可以看出教师提出问题所占比例相对较少，但是其中教师提出开放性问题的比例为74.29%，可见课堂中教师在实际授课过程中以开放性问题为主，目的是通过开放性问题来开发学生的思维，从而实现学生自身对知识的认知和自我建构。

3. 通过数据可以看出学生的言语行为的主动性和有效性较高，课堂积极性较好。课堂中没有无助于教学的混乱，说明教师的教学设计相对合理，教学活动安排井然有序。针对技术使用情况可以依据数据比例显示看出，该课堂中教师和学生应用技术的比例存在一些差距。

4. 针对课堂中师生互动的教学特征为提问延伸型，该堂课中教师的教授方式主要是向学生提出开放性问题，让学生回答，针对学生的回答进行完善补充，帮助学生更好地实现对知识的认知和建构。

5. 在技术所支持的教与学的教学特征中，通过数据可以看出课堂类型为技术教学型，教师运用技术主要是用来进行演示讲解，并没实现技术的深度使用，而学生使用技术进行操作学习过程中教师的指令偏多，说明在技术应用过程中学生并不熟练，需要多次向教师求助。

通过系统所采集的案例展示可以看出，通过客观数据的呈现以及分析，可以更加客观地了解教师的实际授课情况。虽然教师都会在课堂中尽可能地注重以学生为中心，让学生成为课堂的主体，但是通过客观数据的展示可以看出，在实际教学过程中仍是以教师为主体的课堂教学形式，教师的言语表达与学生的言语表达相比还是偏高。因此在实际教学过程中，教师应当多注重开放性问题的设计和安排，来引导和启发学生对知识的理解以及问题的解决，加强自身言语对学生的间接影响和积极强化作用，能够让学生在课堂中实现自我建构。

案例二：系统平台

本研究以某小学的基于听评课数据分析背景下的学科教学指导为研究案例，使用移动终端支持和改进小学教师的听评课教研，提出基于移动终端的听评课教研方式，设计了学科课堂评价体系以及相应的听评课系统，并对平台进行了实践应用研究，主要是借助课堂中采取量化观察、质性观察、专业成长观察的操作工具采集相关的数据，理性观察教师课堂教学行为。

1. 基于数据分析背景下听评课体系的构建

该评价指标体系的构建主要依据相关教学理论，借鉴现有的比较成熟的课堂观察框架，结合学科教学的特点，归纳出学校听评课的课堂观察框架，即教师的教学行为评价指标体系，分为六个评价指标：教学目标的设计、学习条件的创设、学习指导的跟进、学生活动的组织、学习效果的评价、特色创新的体现。

2. 基于移动数据端的课堂观察信息采集

基于移动终端的听评课系统，实现评价信息的收集与处理。在这种评价方式实践中，教师手持移动终端来收集相关的教学诊断信息，信息进入系统数据库完成分析归纳过程，最终得出较为清晰、直观的评价结果。在听评课教研实践中，使用听评课系统的用户主要有三大类，分别为上课教师(执教者)、普通听课教师、听课专家教师。

(1)上课教师(执教者)如图 8-6 所示，需要在课前发布教学设计；课中进行课堂教学实践；课后进行教学反思的撰写、教学反馈的浏览。

图 8-6　上课教师(执教者)平台操作界面

(2)普通听课教师是参与课堂教学评价的主体之一，如图 8-7 所示，应在课前熟悉教学设计，课中充分利用课堂教学评价体系中的评价指标和量表，

图 8-7　普通听课教师平台操作界面

对教学展开不同维度的观察、记录和评价；听课专家教师作为参与课堂教学评价的另一主体，对课堂教学的整体情况做出主观的质性描述评价。

(3)除了听评课教研活动中的三类系统用户之外，听评课系统还有另外一个行为主体，即系统管理员，如图 8-8 所示，管理员不参与任何的评价过程和环节，主要负责系统的维护，管理不同用户的相关信息，同时将信息反馈学校教学管理者。

图 8-8　系统管理员平台操作界面

3. 基于听评课数据分析下的学科教学指导

在学校本年度学期末期间，通过基于移动终端的听评课系统，学校应用该系统统计教师的听课签到次数和参与评价次数，系统可支持教师随时用手机查阅这些统计结果和评判，免除了管理人员统计听课量的工作，统计结果也具有信服力和科学性。通过一个学期的数据收集和统计，如图 8-9 所示，在一个学期的试运行课堂教学数据追踪评价活动结束之后，包括执教教师、评课教师、学科主任、教学校长在内的教师专业共同体在会议室进行了交流讨论，各位听课教师就自己在课堂教学过程中的观察和记录，在听评课系统反馈的教学诊断及收集的“证据”支撑下，对本学期老师的课堂教学进行剖析交流，围绕我校本学期教师在教学目标的设置、教学活动的组织、师生互动的设计、学生课堂行为的表现等方面，发现教学亮点的同时，对其中教学特色存在的不足提出改进的意见和建议。

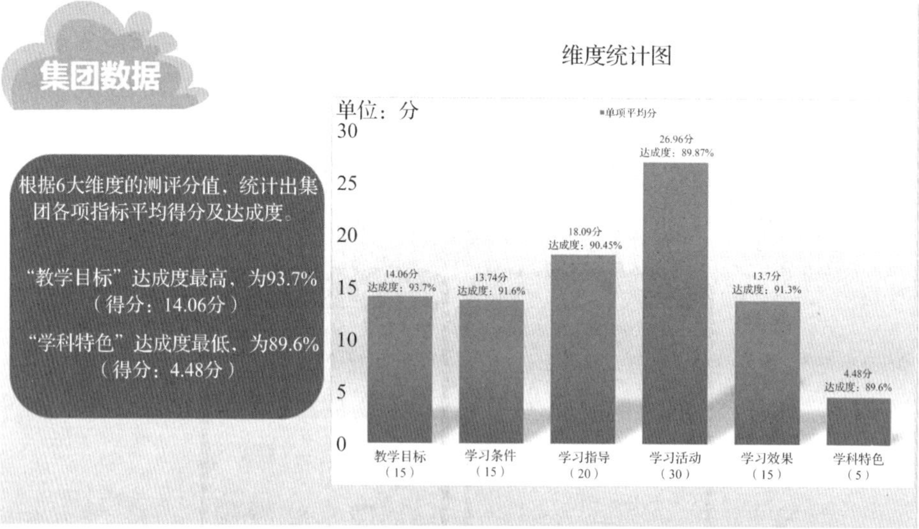

图 8-9　数据反馈

听评课系统反馈的教学诊断是综合了所有听评课教师的教学观察数据得到的，在听课教师完成教学评价并提交保存之后，所有的评价信息汇集存入系统数据库。数据库按照一定的数学方法，将这些信息进行分析处理，最终汇总得出本堂课的教学诊断结果。评价系统反馈的评价结果是一个自上向下的层级式评价结果，包括对教学情况的整体评价结果以及不同维度的分项评价结果。反馈的表现形式既包括量化的评价得分情况，又包括质性的主观描述以及课堂观察的“证据”记录。

第五节　课堂教学行为分析模型的机遇和挑战

本章通过课堂观察生成性数据，在保证评价有效性上，利用评价结果实时指导教师在教学过程中改进，并在实践教学中进行应用分析，有效地应用大数据与智能技术，为教育数字化的研究与推进夯实理论与实践基础。同时当前的课堂教学行为分析模型也存在一定的局限性，特别是在多模态大数据和人工智能技术支持的教学环境中，教学过程可以分析得更加精准、全面和真实，在实际操作中却存在技术、伦理等困境。

一、智能化课堂教学环境支持的课堂教学行为自动采集设备有待完善

多模态数据支持下的课堂教学行为分析拓展了课堂教学行为分析的深度和广度，不仅可以关注语言、行为等数据，而且可拓展到视、听、味、嗅、触等多感官通道的信息数据，用来补偿不完整的数据集信息，有利于还原数据集的整体意义。虽然低成本的可穿戴设备、传感器、物联网设备逐渐趋于成熟，但在实际运用中智能化教学环境下支持的课堂教学多模态数据分析难以实现规模化和常态化。一是自动采集设备所采集到的数据类型单一、数据粒度较大，导致课堂教学行为过程分析难深入；二是设备可触及的数据范围有限，不能消除原始低级数据与高级数据之间的差距；三是采集设备功能单一，导致多个设备进入课堂显得累赘，阻碍了课堂的正常开展和实施。在未来形成智能化课堂教学环境，简化课堂教学数据自动采集设备，集成多个功能进入课堂，无感沉淀数据。

二、当前人工智能技术不足以支持融合课堂教学行为分析的理论模型来挖掘不同课堂教学特征

人工智能仍处在“弱人工智能”阶段，虽然已实现对深度学习和强化学习等相关技术的融合运用，但依然不具备独立自我意识，不具备情感认知、推理思考能力等。从技术本身而言，人工智能技术支持下的课堂教学行为分析中数据建模是核心要义，而数据模型应以脑科学、教育教学理论以及学习科学等为基础，形成课堂教学行为分析的数据模型，再嵌入算法进行数据分析。目前如何使用技术有效地组合不同模态的数据、实现跨媒体交互与学习，以及输入合适的数据到理论模型，是当前人工智能技术支持下课堂教学行为分析亟待突破的技术瓶颈。对于不同学科、不同类型的课堂教学都有相应的教学规律和教学特征，如何利用技术从课堂教学行为数据模型中发掘这些规律也是当前的一大挑战。

三、课堂教学过程中产生的有关信息安全和伦理道德等行为数据需合理应用

人工智能技术在给教育教学带来便利的同时，也带来了诸如信息安全、伦理道德等方面的问题。如利用可穿戴设备收集学习者行为动作、心理情感、

面部表情等多模态数据。然而，人工智能技术不具备有意识的活动，它的“智能”依赖学生学习留下的数据沉淀，主要包括学习行为数据、学习评价数据以及课堂互动数据等，这一逐渐被量化的教学环境且基于课堂数据分析模型得出的结论，具备全方位获取隐私的能力，使得师生变得更加“透明”。这些数据由谁处理、是否可以被共享、数据的用途是否具有商业性等，都是人工智能技术发展不可回避的问题。一旦这些数据被泄露，不仅波及个人，更是社会问题。因此，原始采集的数据以及分析出来的教学规律和特征需严格遵守相应的法律法规和伦理原则来合理应用。

第九章　区域基础教育大数据支持下的教师数据素养

大数据促进了传统教育与网络教育间无缝融合，教师可比以往更快甚至是实时获取更多元、更完备的教育学情数据，数据在教师教育教学中的作用无疑将日益突出，然而拥有数据并不等于使教学获得改善，这就要求教师具有理解和应用数据以改进教学的能力和素养。作为教育一线工作者，教师的数据素养直接关系到数据驱动教学的效果和质量，如何培养具有数据素养的新型教师，已经成为当下教育亟须解决的重要问题之一。

【本章内容结构】

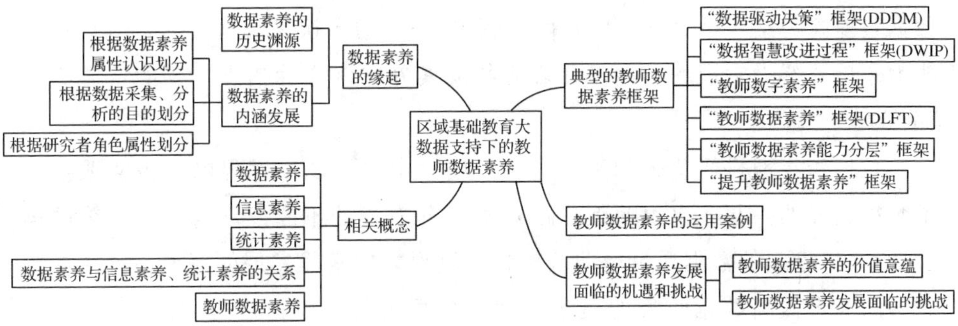

图 9-1　思维导图

第一节　数据素养的缘起

一、数据素养的历史渊源

自20世纪60年代人类社会步入信息时代开始，信息科技就呈现出前所未有的蓬勃发展之势，网络的高速发展改变了人们传统的信息获取方式。20世纪80年代，信息化发展进入增长阶段，这个阶段的典型特征是信息量高速增长，信息的检索、处理、转化和创造性运用成为决定信息价值的关键。面对知识经济的快速增长，人们很难在海量的信息中检索到想要的信息，信息素养作为信息获取能力和计算机应用能力的集合应运而生。进入21世纪，信息量的飞速增长和快速流通，产生的数据量越来越多，信息的交互逐渐趋于可视化和数据化。2011年，英国国家与大学图书馆标准协会的七大支柱信息素养模型和Vitae的研究发展模型将数据处理技能作为信息素养能力的一部分。2013年，美国大学和研究图书馆协会(ACRL)的人文社科领域对是否将数据素养能力纳入信息素养内容做了调查，5%的人认为数据素养是信息素养能力今后要努力发展的方向，并表明数据素养应该作为信息素养的重要组成部分。[①]

数据密集型科研范式的兴起、用户的需求以及图书馆界的积极实践推动了数据素养的兴起，也由此促进了数据素养教育的不断发展与变革。美国早在2005年发起的数据质量运动就拉起了教师数据素养发展的序幕，旨在支持教育从业者提高数据收集的质量和数据使用价值，以提高学生的学习成绩。国内有关数据素养教育的研究起步较晚。2011年，项华在《论物理教育中数据素养的培养》一文中，首次将物理学科与数据素养相结合，以期通过提升学生的数据素养水平，促进信息技术与物理教学深层次整合。

数据素养的培养问题不仅关系到社会整体发展水平的提升，也关乎民众日常生活质量的改善，数据素养逐渐发展成为各类主体、各层次人群所必需具备的能力。正是由于数据素养研究具有学科领域丰富性、教育形式多样性、参与主体多元化等特点，其逐渐形成的各类教育研究成果在不断推动学术界、

① 任一姝、王晓军：《大数据时代：如何提升公民的数据素养能力》，《中国教育信息化》，2016年第17期，第9－11页。

教育界乃至图书馆界的发展。[①]

二、数据素养的内涵发展

近年来，国内外教育领域纷纷开展了数据素养研究，形成了丰硕的教育研究成果，相对于国外，国内数据素养研究更多集中于理论探讨，集中于高校图书馆界，并覆盖中小学、高校各学段。

(一)根据数据素养属性认识划分

根据数据素养属性的不同认识和理解，可分为意识说、技术说、能力说三类。意识说认为教师数据素养是一种内在的意识；技术说认为其是教师对教育数据的操作技能，强调对技术的应用。相较之下，能力说是当前为大多数学者对教师数据素养内涵界定所接受的视角，即将数据素养看作教师在接触教育数据时所体现出来的一种综合能力。如古莫、曼迪纳契认为教师数据素养指通过收集、分析和解释各类数据，将信息转化为可操作的教学知识和实践的能力[②]。其他类似界定还有“教师数据素养是一项复杂的专业能力，它既包括了教师使用数据的相关知识，也包括了教师通过数据驱动教学的能力，还包括教师的数据意识”等。

(二)根据数据采集、分析的目的划分

根据教育数据采集、分析的目的，可将其归为四类：关注问题(Problem Focus)，即关注教育者数据处理中使用的问题；关注数据(Data Focus)，即关注教育者对数据的实际运用；关注过程(Process Focus)，即关注数据驱动决策的过程；其他(Disciplinary，Topical，Dispositional，and other Knowledg)，即不属于上述三类的其他界定，包括学科知识、数据使用倾向、相关领域知识等。[③]

(三)根据研究者角色属性划分

从主要研究者教师的角色属性角度考虑数据素养内容，可发现教师数据素养并非一个独立的概念：针对教师的社会属性，数据素养表现为教师对科

---

① 张群、印熙媛：《国内外数据素养教育研究现状及启示》，《数字图书馆论坛》，2020 年第 12 期，第 65－72 页。

② GUMMER E S，“MANDINACH E B. Building a conceptual framework for data literacy”，*Teachers college record*，vol. 4(2015)，pp. 1－22.

③ 袁萍、刘玉屏：《大数据时代国际汉语教师数据素养研究透视》，《民族教育研究》，2020 年第 6 期，第 119－125 页。

学数据的认知、整理、表达等能力，还包含遵守法律法规、社会道德等社会准则的意识和能力；针对教师的职业发展，数据素养主要指教师在数据的采集、组织和管理、处理和分析、共享与协同创新方面的能力，以及教师在数据的生产、管理和发布过程中的道德与行为规范，还包括利用数据进行决策的能力和对数据的批判思维能力；针对教师的工作特性，教师的数据素养是将数据应用到教育实践中的能力，并运用学科知识、教学事件和教师所具备的教学专业知识与教学数据相结合，影响和改善学生的学习。[①]

第二节　相关概念

一、数据素养

数据素养涉及两方面的内容，对数据素养的界定：一是思想意识层面，包含对数据意识、数据伦理等的要求；二是实践技能层面，包括数据获取、数据处理、数据交流、数据应用等方面的能力。国内外学者分别从不同角度对数据素养做了解释，综观现有数据素养的概念界定，基本包含科研数据管理视角（关注数据生产、组织和存储等环节）和数据利用视角（以信息素养为逻辑框架，关注如何利用与再利用科研数据）两方面[②]，如表 9-1 所示。其中科研数据管理视角强调个体在数据生命周期各个环节中数据管理知识与能力的体现，将数据素养视为连续统一体。而数据利用的视角强调个体行为，主要包含数据意识、数据利用能力和数据伦理三方面。

① 杨文建：《大数据环境下的教师数据素养研究》，《图书馆理论与实践》，2017 年第 11 期，第 102—107 页。

② 孟祥保、常娥、叶兰：《数据素养研究：源起、现状与展望》，《中国图书馆学报》，2016 年第 2 期，第 109—126 页。

表 9-1　数据素养定义的代表性观点

视角	作者	观点
数据管理	Carlson 等	数据素养能力应该包含数据的发现和获取、数据的管理、数据类型的转换和交互、元数据、数据监护与重复使用、数据的长期存储、数据分析与可视化、数据伦理等①
	Qin Jian 等	科学数据素养是指科学研究中收集、加工、管理、评价和利用数据的知识与能力。强调在科研过程中研究者对数据产生、操作和使用数据集的能力②
	Gray 等	数据素养是消费知识的能力、连贯性产生和批判性思考数据的能力，包括统计素养，以及理解数据集如何处理、如何生产、如何关联各种数据集和如何阐释③
数据利用	Stephenson 等	数据素养是指有效而恰当地发现、评估与使用信息和数据的一种意识和能力④
	沈婷婷	数据素养就是对数据的"听、说、读、写"的能力，也就是对数据的理解、交流、获取、运用的能力，同时也要具备批判性的思维⑤
	张进良等	数据素养包括以下内容：提出并且回答基于数据的问题；使用合适的数据、工具和表征；发展和评价基于数据的推断和解释⑥
	郝媛玲等	数据素养是具备数据意识和数据敏锐性，能够有效且恰当地获取、分析、处理、利用和展现数据，并对数据具有批判性思维的能力，它是对统计素养和信息素养的延伸和扩展⑦

---

① Carlson, Jacob et al, "Determining Data Information Literacy Needs: A Study of Students and Research Faculty", *Portal: Libraries and the Academy*, vol. 11 (2011), pp. 629—657.

② Qin J, D'lgnazio J. Lessons learned from a two-year experience in science data literacy education. http://docs.lib.purdue.edu/cgi/viewcontent.cgi?article=1009&context=iatul2010.

③ Gray J, Bounegru L, Chambers L. The data journalism handbook. http://datajournalismhandbook.org/1.0/en/understanding _ data 0.html.

④ Elizabeth Stephenson and Patti Schifter Caravello, "Incorporating data literacy into undergraduate information literacy programs in the social sciences", *Reference Services Review*, vol. 4 (2007), pp. 525—540.

⑤ 沈婷婷：《数据素养及其对科学数据管理的影响》，《图书馆论坛》，2015 年第 1 期，第 68—73 页。

⑥ 张进良、李保臻：《大数据背景下教师数据素养的内涵、价值与发展路径》，《电化教育研究》，2015 年第 7 期，第 14—19、34 页。

⑦ 郝媛玲、沈婷婷：《数据素养及其培养机制的构建与策略思考》，《情报理论与实践》，2016 年第 1 页，第 58—63 页。

二、信息素养

信息素养（information literacy）作为信息社会中公民所必须具备的基本素质，越来越受到各国的关注和重视。信息素养的概念最早是在1974年由美国信息产业协会主席保罗·车可斯基（Paul Zurkowski）提出来的。他认为信息素养是“通过大量的信息工具和主要信息源来解决问题的技术和技能”。

信息素养包括关于信息和信息技术的基本知识和基本技能，运用信息技术进行学习、合作、交流和解决问题的能力，以及信息的意识和社会伦理道德问题。具体而言，信息素养应包含以下五个方面的内容：第一，热爱生活，有获取新信息的意愿，能够主动地从生活实践中不断地查找、探究新信息；第二，具有基本的科学和文化常识，能够较为自如地对获得的信息进行辨别和分析，正确地加以评估。第三，可灵活地支配信息，较好地掌握选择信息、拒绝信息的技能。第四，能够有效地利用信息，表达个人的思想和观念，并乐意与他人分享不同的见解或资讯。第五，无论面对何种情境，能够充满自信地运用各类信息解决问题，有较强的创新意识和进取精神。

三、统计素养

统计素养是计量素养的重要组成部分。计量素养的概念最早源于20世纪80年代末，2008年，Steele将计量素养理解为用简单的数学概念处理日常生活中的问题的能力[①]，它不仅包含对数量的处理能力，还要求具备推理、论证等能力。有学者将统计素养定义为：理解和批判性地评价统计结果的能力，为个人、专业及公共决策提供统计学考量的能力[②]。还有学者认为统计素养包括基本的计算能力、统计知识和操作数学函数的能力[③]。

四、数据素养与信息素养、统计素养的关系

数据素养、信息素养、统计素养三者之间既有区别又有联系。数据素养

---

① STEELE B，KILI－BAHI S，“Quantitative literacy across the curriculum：a case study”，*Numeracy*，vol. 2(2008)，p. 23.

② WALLMAN K K，“Enhancing statistical literacy：enriching our society”，*Journal of the American Statistical Association*，vol. 421(1993)，pp. 1－8.

③ STEPHENSON E，CARAVELLO P S，“Incorporating data literacy into undergraduate information literacy programs in the social sciences：a pilot project”，*Reference Services Review*，vol. 4 (2007)，pp. 525－540.

更多表现在对数据进行各种分析操作，挖掘其中的应用价值，数据素养的测度体系一般以数据的准确性、数据是否得以妥善地处理、数据能否被妥善长期保存为主，侧重于结果性评价，其处理对象是当前大数据环境的所有对象。信息素养偏重于在通过一定的信息技术手段，从信息源中选取信息、评价信息以及应用信息过程中体现出的信息意识、知识与能力，信息素养的测度一般以度量用户搜寻信息的过程和反馈为主，强调过程性评价，其处理对象是信息，数据只是其中的一种，因此数据素养是大数据时代信息素养的延伸与发展。统计素养则偏重于对数据的统计思维与统计方法的运用能力，与数据素养的处理对象不同，其处理对象一般只为数值型数据，而大数据环境下数据素养涉及的数据类型除了数值型数据，还包括大量的非数值型数据。

五、教师数据素养

教育数据背后隐藏的信息能够客观地反映出教育教学中现存的问题以及潜在的问题，是教师制订科学教学方案、实施教学决策的重要依据。在日常教学中教师需要拥有良好的数据素养，能够根据这些数据更好地了解学生和反思自身。随着数据素养与教育的整合，学者提出了教师数据素养这个新的概念。

不同的学者对教师数据素养提出了不同的观点，一线教师也各自有各自的看法，有的人认为教师数据素养是一种综合性的能力；也有人认为教师数据素养是一种内在意识；还有人强调技术的应用，认为教师数据素养就是教师对教育数据的操作技能。表 9-2 中总结了专家、学者们关于数据素养的代表性观点，从中可以看出不同的关注点。

表 9-2　教师数据素养代表性观点

作者/项目/机构	观点
Mandinach	教师数据素养的基础是考虑和使用不同的数据来源，而不仅仅局限于对学生成绩的关注。教育工作者必须收集学生的行为、态度、动机、健康、出勤、家庭环境等各种数据①

① Mandinach, Ellen B, “A Perfect Time for Data Use: Using Data－Driven Decision Making to Inform Practice”, *Educational Psychologist*, vol. 2(2012), pp. 71－85.

续表

作者/项目/机构	观点
Michael & Susan Dell	教师数据素养是指教师收集、分析、解释各种类型的教育数据，并用其优化教学、确定教学方案，提高有效教学的能力①
Data Quality Campaign	教师从政府、区域、校园、班级等途径，连续、有效、合理地获取、解释、使用和传递各种教育数据，并以此来提升学生学习效果的一种专业技能②
MCC&ARCC	教师数据素养是将各种类型的信息转换成可操作的教学知识和实践——数据读写能力③
李青等	教师数据素养是一项复杂的专业能力，它既包括教师使用数据的相关知识，也包括教师通过数据驱动教学的能力，还包括教师的数据意识④
阮士桂等	教师数据素养包括两方面的专业能力：一方面，教师要具备数据处理的基本技能；另一方面，教师要具备通过数据分析来改善教学的能力⑤

第三节　典型的教师数据素养框架

国内外已经有部分学者及专业机构开展了关于教师数据素养的研究与培训，并且针对教师数据素养的培养与发展构建了较为系统的能力发展体系和框架。国内外比较有影响的教师数据素养框架有："数据驱动决策"框架、"数据智慧改进过程"框架、"教师数字素养"框架、"教师数据素养"框架、"教师数据素养能力分层"框架、"提升教师数据素养"框架等。

---

① The Michael and Susan Dell Foundation. An Analysis of the Licensure Requirements that Pertain to Data Literacy：An Interim Report，Revised. https：//files. eric. ed. gov/fulltext/ED568597. pdf.

② Data Quality Campaign. What's the Difference Between Assessment Literacy and Data Literacy?

③ Appalachia Regional Comprehensive Center. Enhancing teacher data literacy：what seas and their partners can do. https：//www. slideserve. com/roland/enhancing-teacher-data-literacy-what-sea-s-and-their-partners-can-do-powerpoint-ppt-presentation.

④ 李青、任一姝：《国外教师数据素养教育研究与实践现状述评》，《电化教育研究》，2016年第5期，第120—128页。

⑤ 阮士桂、郑燕林：《教师数据素养的构成、功用与发展策略》，《现代远距离教育》，2016年第1期，第60—65页。

一、"数据驱动决策"框架(DDDM)

"数据驱动决策"框架(Capacity building for data-driven decision making)由 Marsh 和 Farrell 提出[①]，该框架指出数据不能被直接使用，而是必须通过收集、组织并分析成有效信息，教师再利用专业知识将有效信息转化为可具体实施的教学行为或教学决策，才能充分发挥数据的价值。并且由于不同教师对数据的理解和判断不同，分析同样的数据所得出的解决方案或决策可能完全不一样。如图 9-2 所示，数据驱动决策能力的建设会受到多种因素的影响，如内部关系、人际关系、组织结构、环境因素等。该框架提出了能力建设指导，旨在通过互动教学、练习实践以及制定规范三种方式为提升教师数据驱动决策能力提供帮助。此外，该框架还构建了一套完整的数据应用流程：教师访问或收集数据；组织过滤并分析成信息；将信息与专业知识和理解结合起来，成为可操作的知识；懂得如何回应和调整自己的指令；以及评估响应或结果的有效性。

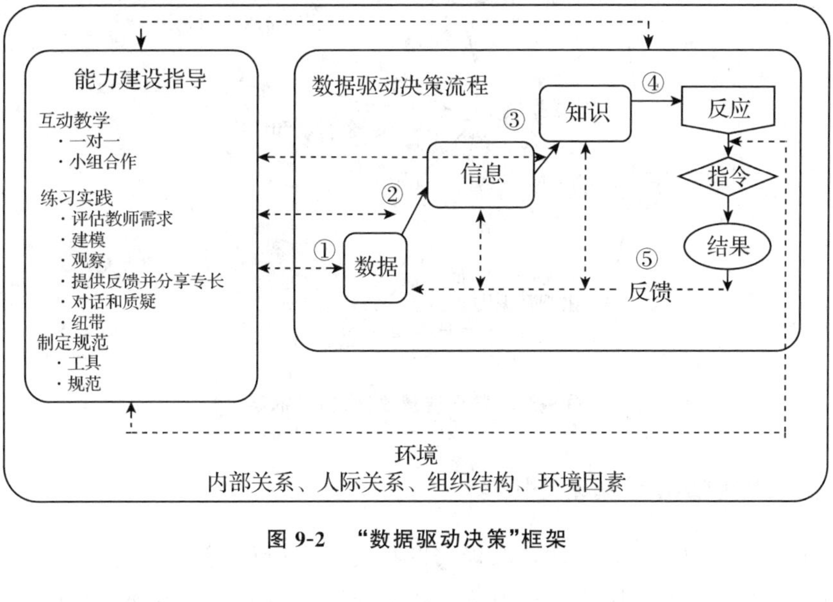

图 9-2　"数据驱动决策"框架

---

① Marsh, Julie A., Farrell, Caitlin C., "How leaders can support teachers with data－driven decision making: A framework for understanding capacity building", *Education management administration & leadership*, vol. 2(2015), pp. 269－289.

二、“数据智慧改进过程”框架(DWIP)

“数据智慧改进过程”(the Data Wise Improvement Process，DWIP)框架由美国哈佛大学教育研究生院 Boudett① 提出，从数据优化教学过程的角度出发，来支持教师使用数据提高教育决策、改善教学质量。DWIP 框架包括教师可有效使用学生评价数据的八个步骤，并划分为“准备”(prepare)、“探究”(inquire) 和“行动”(act) 三个阶段。如图 9-3 所示，其中“准备”阶段包含“为协同工作而组织数据团队”“发展评价素养”两步骤；“探究”阶段包括“创建数据概览”“挖掘学生数据”“检查教学”三步骤；“行动”阶段包含“制订行动计划”“计划如何评价学生学习进展”“行动和评价”三步骤。

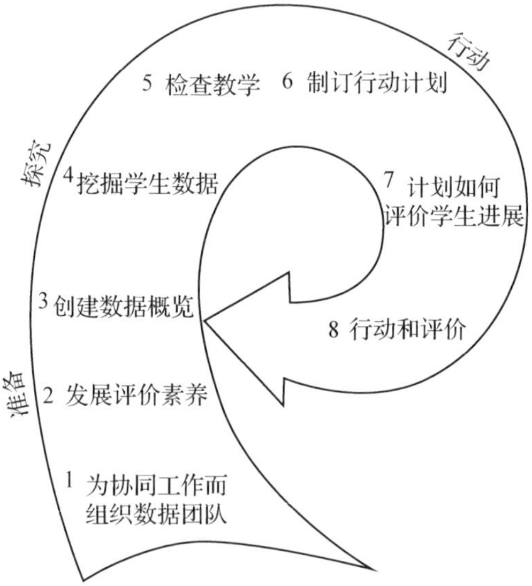

图 9-3 “数据智慧改进过程”框架

三、“教师数字素养”框架

2022 年 11 月 30 日，教育部正式发布实施《教师数字素养》标准，并指出教师数字素养是指教师适当利用数字技术获取、加工、使用管理和评价数字信息和资源，发现、分析和解决教育教学问题，优化、创新和变革教育教学活动而具有的意识、能力和责任。如图 9-4 所示，将教师数字素养框架划分为

① 王萍：《大数据时代提升教师数据智慧研究》，《开放教育研究》，2015 年第 3 期，第 30—39 页。

5个一级维度、13个二级维度和33个三级维度。

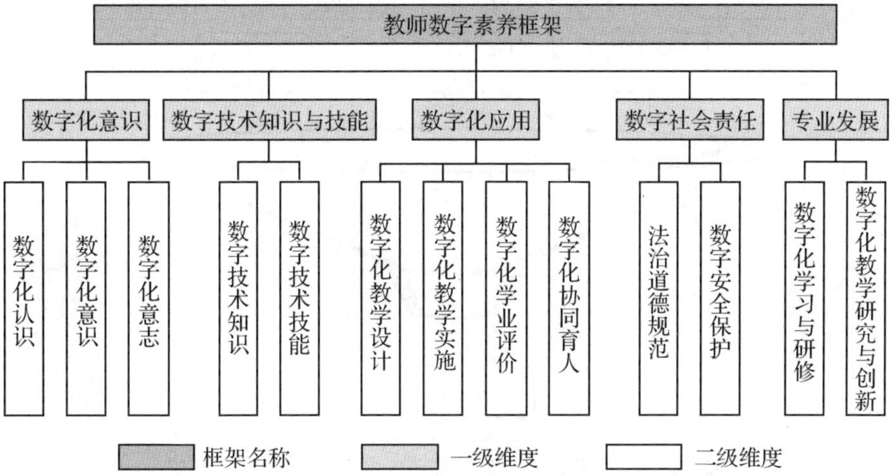

图 9-4　"教师数字素养"框架

四、"教师数据素养"框架(DLFT)

Mandinach 和 Gummer[①] 根据美国教师数据素养发展历程及数据驱动决策框架构建了"教思数据素养"框架(Data Literacy for Teachers，DLFT)，该框架强调教师通过收集、分析和解释所有类型的教学数据，并将数据转化为可行的教学内容和实践能力，以帮助其确定教学方法。它包括对数据标准、学科知识和实践、课程知识、教学内容知识以及学生学习方式的理解。如图 9-5 所示，该框架提出了教师在数据驱动教学不同阶段应具备的七个关键知识领域，这些知识为教学领域的数据使用提供了支持。此外，该框架还规定了数据使用所经历的五个关键环节。

① Mandinach，Ellen B and Edith S. Gummer，"What does it mean for teachers to be data literate：Laying out the skills，knowledge，and dispositions"，*Teaching and Teacher Education*，vol. 60(2016)，pp. 366－376.

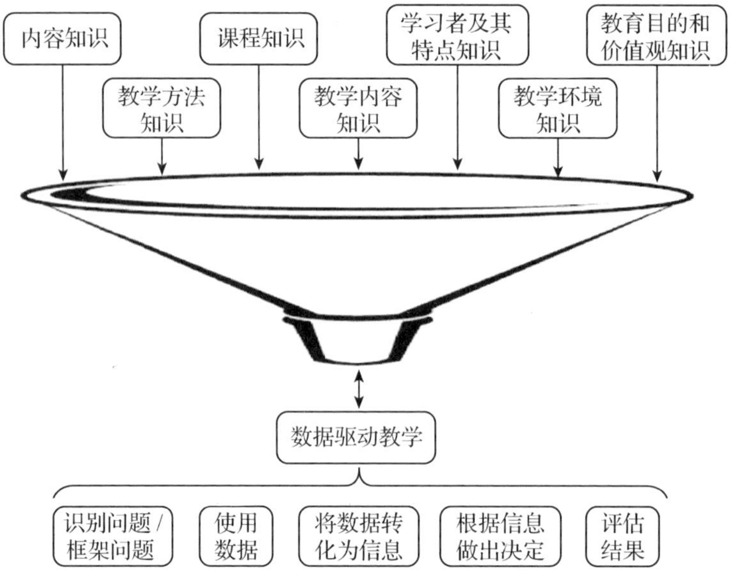

图 9-5 “教师数据素养”框架

五、“教师数据素养能力分层”框架

李青①按照教师专业能力发展水平由低到高划分出知识技能层、教学实践层、教学探究层三个层次，加上贯穿于整个实践的意识态度层，构建出“教师数据素养能力分层”框架。如图 9-6 所示，该框架包含四部分，知识技能层所涉及的数据素养包括两项：使用数据工具的能力和数据应用的基础知识，其中，数据基础知识是教师运用数据辅助教学的前提。数据素养在教学实践层表现为教学中对数据知识和技能的应用，使用数据实施教学的能力最终要落实到提升教师的教学技能上。教学研究能力是教师专业技能的高阶技能，教学探究层表明教师在使用数据进行研究时也应具备和发展相关能力。意识态度层中的数据意识和数据道德贯穿于整个能力框架，是影响教师数据素养能力发展的重要因素，也是必需的基本数据素养。

① 李青、任一姝：《教师数据素养能力模型及发展策略研究》，《开放教育研究》，2016 年第 6 期，第 65—73 页。

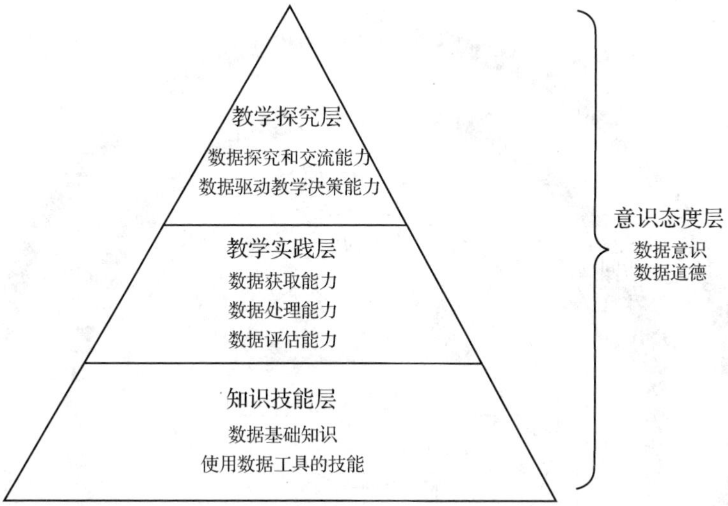

图 9-6　“教师数据素养能力分层”框架

六、“提升教师数据素养”框架

从教师数据素养培育理论研究到推动其具体实践行动，张学波[①]等人认为问题的关键在于需要解决针对教师数据应用过程的心理干预、能力构建以及配套支撑等问题，并构建了“提升教师数据素养”框架，如图 9-7 所示。该框架以影响教师数据行动的关键心理因素和核心能力体系为基础，从协同、文化、保障和评价四个方面提出教师数据实践的配套机制，以为各类教育机构开展教师数据素养提升实践提供行动路线。

① 张学波、林书兵、朱莹：《从心理干预到能力构建：教师数据素养培育的系统框架与实践机制》，《中国电化教育》，2022 年第 6 期，第 105－111 页。

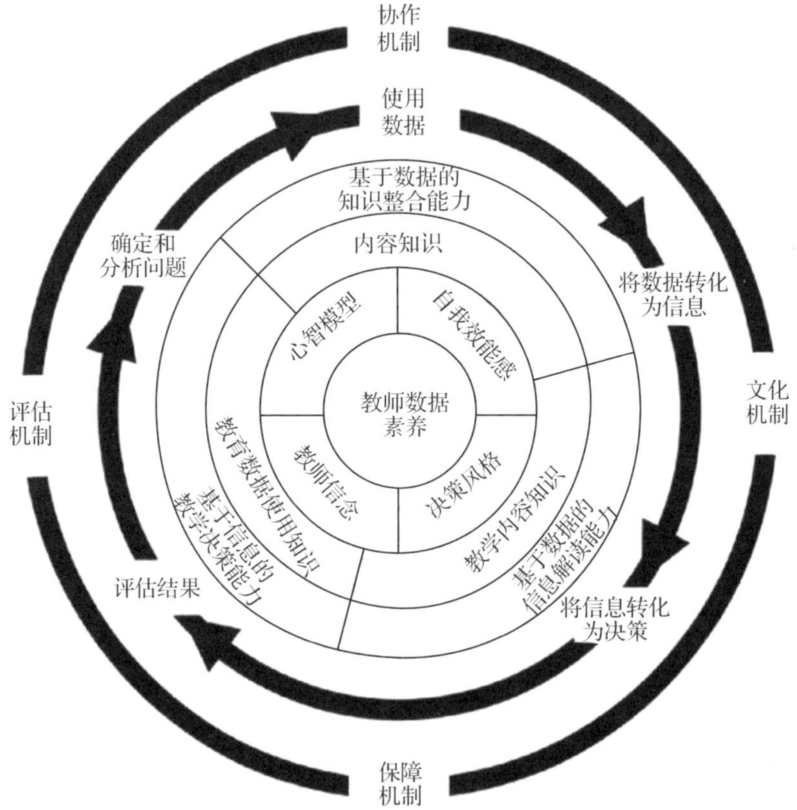

图 9-7 "提升教师数据素养"框架

第四节 教师数据素养的运用案例

俄勒冈数据项目(The Oregon DATA Project，ODP)是IES资助的教师数据素养教育项目，旨在培养教师获取、分析和运用数据的能力，指导教学实践，满足学生的个性化学习需求，最终提升学习绩效。2007—2014年，该项目已经完成了5000多名教师的数据素养能力培训。项目实施过程中，俄勒冈州的教育部门建立了一个覆盖全州的纵向数据系统(SLDS)，系统中的数据涉及地区、学校、班级和学生四个层面，各地区实现了数据连接①。

① Mickey Garrison and Megan Monson. The Oregon DATA Project：Building A Culture of Data Literacy. http：// er. educause. edu/articles/2012/7/the-oregon-data-project-building-a-culture-of-data-literacy.

项目实施的重点是针对校长和教师的数据技能培训，以及针对数据录入人员的技术培训，也包括对即将从教的本科生或研究生进行的职前培训，培训讲师是来自各地区教育部门的专家和中小学校的教学专家。培训的内容是如何获取、组织和分析 SLDS 数据，用于指导教学。该项目在七个区域中心组织了地区性的教学服务群，通过强大的数据团队和专业教学社区为教学活动提供持续的支持服务。项目以中小学的科学、数学以及阅读课程为试验田，配套的教学资源可以通过项目网站或邮寄光盘的形式获取。在数据支持服务方面，该项目给予教师访问学生数据的权限，并提供了全面的数据素养培训。

如图 9-8 所示①，通过两类学校学生在阅读能力上的对比表明，相比未参加数据项目的学校，参与学校的学生在学业成绩方面有显著差异。此外，参与该项目的一些教师表示：通过在教学中获取、分析和应用数据，教学活动开展得更加轻松，教学设计更加到位，个性化教学效果更好。研究者认为实验学校通过数据指导教学两年取得的效果，用传统教法至少要三到五年才能达到。同时，项目的实施也打破了区域间的障碍，加强了跨地区的交流合作，形成了一种新的数据使用文化。

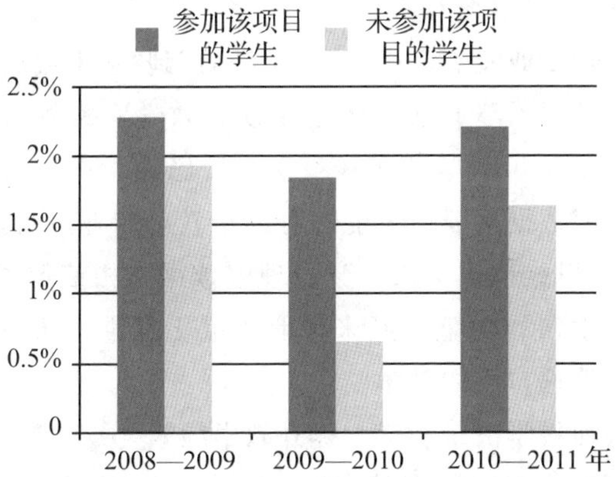

图 9-8　俄勒冈州地区实验校和非实验校的学生阅读水平差异

① 李青、任一姝：《国外教师数据素养教育研究与实践现状述评》，《电化教育研究》，2016 年第 5 期，第 120－128 页。

第五节　教师数据素养发展面临的机遇和挑战

一、教师数据素养的价值意蕴

数据素养是大数据时代对教师能力的新要求，既有助于学生批判性思维、沟通和合作能力、信息处理能力等技能的发展，也对教师自身发展具有重要价值。

(一)有助于教师开展基于数据的教学实践，提高教学水平

大数据时代教师需要处理的数据不再只是学生成绩数据，还包括学生学习风格特点、偏好、情绪、学习过程特点等各种数据，教师需要掌握处理大量数据的有效方法并提高问题分析能力，能够从数据中发现有价值的信息并加以利用。基于数据的教学实践可以增强教师对学生行为的感知与预测能力，从而根据学生行为灵活选择教学内容与资源、优化教学方法与设计。教师数据素养的提升有助于其在教学中进行数据决策、数据评估、数据管理、数据反思、数据创新[①]，提高教学质量与学生成绩。

(二)有助于教师专业发展产生由“基于经验”到“基于数据”的思维范式突破

教学思维是教师对教学现象、教学本质、教学实践等教学各方面问题的认知与理解，是教师认识教学、实践教学、反思教学的基础，与教育教学的发展密切相关。开展数据素养教育能够有助于教师专业发展并产生由“基于经验”到“基于数据”的思维范式突破，学会理解数据、相信数据、应用数据，将数据管理能力与教学领导力整合起来，形成量化思维，从而更好地为学生的学习服务，并科学管理自己的教学。

(三)有助于教师科学决策教学，提升教学绩效

大数据使教育所收集的数据的广度、深度和细度不断延伸，教育数据越来越多元化和非结构化。具有数据素养的教师，基于数据决策更能读懂千差万别的学生，走进每一个学生的真实世界。教师通过学生对学习资源的交互，研究学习者的活动轨迹，发现学生对不同知识点的反应，记录学生在知识学习中所用的时间以及对知识点的理解程度，从而为学生提供个性化的学习资源，实现因材施教。

---

① 阮士桂、郑燕林：《教师数据素养的构成、功用与发展策略》，《现代远距离教育》，2016 年第 1 期，第 60—65 页。

(四)有助于教师适应E化科研，促进科研成果产出

教育数据是教师开展科学研究的基础设施和工具，随着大数据时代的来临，有学者在原来的实验科学、理论推演、计算机仿真三种科学研究范式的基础上，提出了第四种科学范式：数据密集型范式。具有数据素养的教师，理解教育数据在科学研究中的重要价值，将数据处理作为一种新的科学投入模式，数据素养成为大数据时代学校科研创新能力的必备部分，数据密集型科研环境要求教师必须掌握数据组织、管理和分析等方面的能力，才能顺利开展研究，促进科研成果的产出。

二、教师数据素养发展面临的挑战

通过研究不难发现，国外教师数据素养发展已经经历了多年的实践，并取得了一定的成效，积累了丰富的经验。而目前我国的教师数据素养研究和实践尚处起步阶段，仍面临教师数据意识相对薄弱、数据处理与分析技能较低、利用数据驱动教学能力不高以及提升数据素养主观能动性不强等问题，教师数据素养培养是一项系统工程，需要各个利益相关者的配合和努力。在设计教师发展路径时，需考虑影响教师发展的内部需求驱动因素、外部需求驱动因素、专业发展的理念转变和教师不同层次的互动等，具体来说，教师数据素养除了从国家、学校、教师三个层面进行协同发展，还应注重教师数据素养的内容设计及其价值体现，即先发展教师自身能力，再优化教育教学，共同促进教师数据素养水平的提升与发展。

第十章　区域基础教育大数据支持下的精准教学

大数据赋予了精准教学新的内涵与使命，借助大数据及其智能教育系统，教学的数据采集、记录以及决策变得更为精准，通过采集学生全过程的学习行为数据，精准识别每一个学习者个性化的学习需求和学习特征，从而实现差异化教学。因此，基于大数据支持下的精准教学在教育教学实践中得到广泛应用，可以提高教学质量，推动教育教学改革。

【本章内容结构】

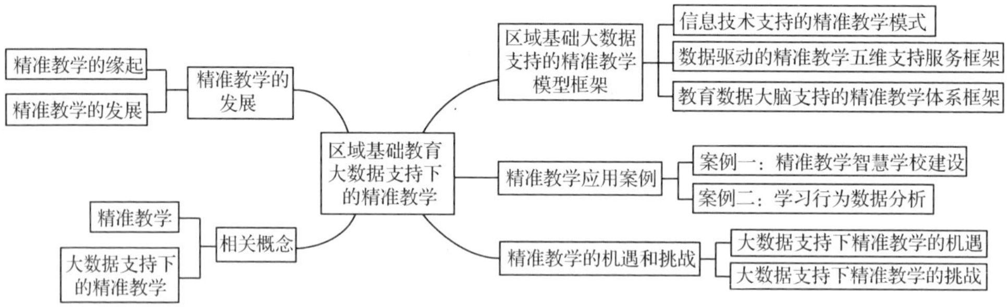

图 10-1　思维导图

第一节 精准教学的发展

一、精准教学的缘起

精准教学(Precision Teaching)的研究始于20世纪60年代的美国，林斯利(O. R. Lindsley)基于斯金纳的行为主义学理论首次提出该理念。林斯利与斯金纳最早将操作性条件反射方法应用于人类学习[①]。后来，斯金纳的许多学生和同事开始将实验室研究成果应用于教育问题，创立了基于初步研究结论的实验项目。然而，当他们的研究进入教育领域后，很多行为主义研究者放弃了"反应频率"，而采用"正确率"[②]。

不同的是，林斯利仍强调"反应频率"对教育教学研究非常重要。1965年，林斯利在堪萨斯大学医学中心儿童康复科的特殊教育教室中开始了精准教学[③]，目的是将"让科学"掌握在教师与学生手中。林斯利解释说，当把科学交到师生手里，他们将会发现：对每一个学习个体来说，哪些过程和材料会最大限度地提升学习和绩效。在实施中，林斯利强调系统教育的评价(评估)和错误订正。他鼓励师生精准确定行为、记录行为的次数和时长，每日绘制成图表，并坚持"尝试、再试"[④]。

正是由于特殊教育教室里的学生向他们的老师传达他们的需求以及教师的分享，才让林斯利开发出精准教学。之后，他提出了标准变速图表(Standard Celeration Chart)——一种半对数图表，用以绘制每个评估周期(例如每周)的学习者的行为频率，其中横轴是以天为单位的时间周期，纵轴是一个六个周期的半对数刻度，表示每天评估时间内的次数，大部分教师评估一分钟[早期实践者发现，短时间的学业表现样本(例如每天一分钟)足以跟踪学生的学习情况，并支持教师做出决策]。这要求师生记录他们在教室里特定行为和

---

① Lindsley, O. R. & Skinner, B. F., "A method for the experimental analysis of the behavior of psychotic patients", *American Psychologist*, vol. 9(1954), pp. 419—420.

② Binder, C. & Watkins, C. L., "Precision Teaching and Direct Instruction: Measurably superior instructional technology in schools", *Performance Improvement Quarterly*, vol. 4(1990), pp. 75—80.

③ Lindsley, "Precision Teaching's Unique Legacy from B. F. Skinner", *Journal of Behavioral Education*, vol. 2(1991), pp. 253—266.

④ Lindsley, O. R.. From Skinner to Precision Teaching. In J. B. Jordan & L. S. Dobbins (Eds.), *Let's try doing something else kind of thing*, Arlington, VA: Council on Exceptional Children, 1972: 1—12.

学习表现的次数与时间。由此林斯利提出精准教学应遵循的三个重要原则：第一是“学习者最清楚”原则；第二是每日表现测量；第三是学习者自记录和师生间分享结果。

二、精准教学的发展

林斯利提出精准化教学之后，精准教学逐渐从特殊教育进入了普通教育，受众范围更加广泛，精准教学在不断的实践中得到了发展，丰富了理论成果。精准教学的发展经历了三个阶段，即传统精准教学阶段，基于标准的精准教学阶段以及信息化精准教学阶段。

(一)传统精准教学阶段

如前所述，林斯利提出的精准教学又称为精确教学，其主要目的是通过使用影响学生学习的主要行为数据系统地设计教学以提高教学效率。后来受归纳推理理论以及测量观念的影响，认为精准教学在教学实践中可以将操作性条件反射理论和程序教学思想组合应用。随着精准教学在实践教学中的有效应用，越来越多的学者开始关注精准教学，并发现精准教学是一种高效的知识和技能的教学方法，可促进学习者取得学业的进步，在阅读、数学等方面表现出极大的优越性[①]。

在这一阶段，精准教学实施后如何确定教学的效果，即学生对于知识技能的掌握情况，需要构建衡量指标。精准教学中对学生掌握情况的描述以流畅度作为衡量指标，林斯利认为精准教学专注于学生实现行为的流畅是精准教学的核心[②]。流畅度的描述词语包括诸如顺利、有节奏、轻松、流畅、训练有素、自动和熟练等，而“掌握”的真正定义是流畅度，是准确度(accuracy)与速度(speed)的结合，通过分析学生的学习频率数据来辅助教师和学生，进而判定教学方法的有效性。因此，精准教学不是一种具体的教学方法，而是基于数据来进行学习决策并发现哪种教学组件最能帮助学生学习的方法[③]。

同时，精准教学的研究者认为，抑制错误往往会延缓学习，鼓励学生按

---

① 祝智庭、彭红超：《信息技术支持的高效知识教学：激发精准 教学的活力》，《中国电化教育》，2016 年第 1 期，第 18—25 页。

② Richard M. Kubina Jr, Rebecca Morrison , David L, “Lee. Benefits of adding precision teaching to behavioral interventions for students with autism”, *Behavioral Interventions*, vol. 17(2002), pp. 233—246.

③ Muncey, J. & Williams, H. , “Daily evaluation in the classroom”, *Special Education: Forward Trends*, vol. 3(1981), pp. 31—34.

照预设的目标做出反应，即使大部分反应不正确，也会显著提升学习效率①。因此林斯利认为应当把错误视作一次"学习机会"，并且希望增加学习材料的难度来使学生更容易地发生错误，让学生从错误中学会承担责任并敢于尝试获取更多的机会。

在这一阶段，精准教学在一线教师的实践中不断成长丰富，尽管未在公立学校得到认可并被广泛运用，但是在其他地区、独立机构等获得了认可和发展，不过由于对行为主义学习理论的批判以及技术上的局限，也使精准教学的发展受到了阻碍，林斯利所提出的精准教学理论研究并未有太多进展，并没有成为一场真正的教育运动。

(二)基于标准的精准教学阶段

20 世纪 90 年代，国际教育领导研究中心(International Center for Leadership in Education，ICLE)针对美国基础教育领域存在的问题，提出了精准教学框架(Rigor/Relevance/Relationship Framework)，用以指导和检验课程、教学和评估的教育过程。精准教学框架旨在达到认知上更高的标准并帮助学生实现更高的成就②。"精"指的是"严格"(Rigor)，这是要求教师按照知识分类的要求，尤其是在布鲁姆认知目标分类学的指导下开展教学，即"聚焦资源，掌握知能"；"准"指的是"相关"(Relevance)，这是要求教师培养学生学以致用的本领，即"拓展应用，灵活方式"；第三个维度指的是"关系"(Relationship)，这是要求教师在课堂上关注师生之间和生生之间的交互方式，即"协同合作、交互参与"③。三者共同形成一个由立方体形式表征的 3R 模型(严格×相关×关系)，学习者要想实现预期的学习目标，达到学习效果"体积"的最大化，则需要注意三者之间高低关系的平衡性，使三个维度之间呈现最佳配比。

精准教学框架结构简单、表述直接、便于理解，运用通识性模型展现一个更为严格的、相关的教育理念，鼓励进行教育改革，从知识的习得走向知识应用，并为学习者架起了一座学校学习和社会应用之间的桥梁④。基于其特

① Bower, B., & Orgel, R, "To err is divine. Journal of Precision Teaching", vol. 1 (1981), pp. 3－12.

② Jones R D. The rigor and relevance handbook (Second Edition). International Center for Leadership in Education. http://www.leadered.com/.

③ Missouri Center Education. Leader's guide—infusing rigor, relevance, and relationship in service health academic & career education. http://www.missouricareereducation.org/.

④ 丁旭、盛群力：《有效教学新视域——"精准教学框架"述要》，《课程·教材·教法》，2017 年第 7 期，第 31－37 页。

点受到许多著名教育家和心理学家的认可与应用。如：美国心理学家斯宾塞·卡干博士也曾经在其所创的合作学习结构法中引入精准教学的理念，并发现两者在促进学生学习发展方面同样有效。国际学习科学组织马扎诺研究中心则对于精准教学框架进行了实践与应用，以此为基础开发了基于标准驱动的精准教学模式，并在美国佛罗里达州等多地进行相关实证研究①。

基于标准的精准教学模式，其准则和基本要素能够帮助教师采取最快捷、最有效的途径设计标准驱动的课堂，把知识学习的过程视作一个从简单到复杂的连续认知过程。因此，基于标准的精准教学过程，也是一个学生自主完成复杂学习活动的过程，在这一过程中，学生自主程度越高，学习内容复杂性越高，则所带来的高阶思维发展越明显。

(三)信息化精准教学阶段

信息技术和大数据技术的快速发展让精准教学再次受到热捧。祝智庭教授于 2016 年从教育信息化带动教育变革的角度正式提出精准教学，认为其是一种面向高效知识教学的方法，他认为信息技术支持下的精准教学模式，可以通过设定精准教学目标、开发材料与教学过程、计数和绘制表现以及数据决策四个环节来实现②。精准教学开始了在教育信息化浪潮中的“征程”，不断涌现出精准教学模式或模型研究、精准教学框架设计研究以及精准教学学科实践研究等。大数据的兴起与盛行将数据的应用价值推向全新的高度，也为精准教学的快速发展提供良好的契机。

学者彭红超等认为信息技术支持的精准教学是一种旨在借助信息技术实现高效减负的个性化教学方法。在信息技术支持下，可以通过“精准教学目标”“开发材料设计活动”“测量与记录表现”和“数据决策”四个关键环节，来实现对教学策略的精准优化和干预③。雷云鹤等指出借助信息技术数据分析的优势，记录并搜集普陀“J 课堂”平台学生预学习阶段产生的数据，通过对预学习数据的精准挖掘，对学生的预学习成效实施精准定位，从而辅助教师开展精准教学决策④。学者杨现民等在其著作《中国基础教育大数据 2016—2017：走

① 卡拉·摩尔、迈克尔·D. 托特、罗伯特·J. 马扎诺著，丁旭译：《标准驱动的课堂：精准教学的实践模式》，郑州：大象出版社，2018 年，第 11 页。

② 祝智庭、彭红超：《信息技术支持的高效知识教学：激发精准教学的活力》，《中国电化教育》，2016 年第 1 期，第 17－25 页。

③ 彭红超、祝智庭：《面向智慧学习的精准教学活动生成性设计》，《电化教育研究》，2016 年第 8 期，第 55－62 页。

④ 雷云鹤、祝智庭：《基于预学习数据分析的精准教学决策》，《中国电化教育》，2016 年第 6 期，第 27－35 页。

向数据驱动的精准教学》中，围绕课堂教学的四个要素(教师、学生、教学内容和教学媒体)，以双主教学理论、掌握学习理论、强化理论和最优化教学理论为指导，应用数据科学技术构建了高效互动课堂理论框架，并在此基础上设计了由精心设计、精细授导、精练研习、精准评估和精益辅导5个部分构成的5J精准教学模型[①]。

在这个阶段，精准教学与“大数据”紧密相关，学生的评价来源于学生学习的信息，而这些就是教育中的数据，教育中的数据价值逐渐被重视，这也是精准教学的价值所在。精准教学在大数据时代进入了发展的新时期，大数据支持下的精准教学能够获得关于学生的数据更加丰富，在数量上，借助大数据技术可以在短时间内便捷地获取大量的教育数据，这相较于通过传统的观察，手动记录的方式获取数据有了飞跃式的提升；在数据种类上，相比较于单一的行为信息，在学生的学习结果、学习态度、学习情感等上都能获取足量的信息用于学生的评价；在数据刻画的准确性上，相较于传统精准教学，由于数据数量上的巨大，由此分析得到的信息更具有客观性，也更加贴近学生实际，因而能够实现更精准的精准教学。

第二节　相关概念

一、精准教学

关于精准教学概念的界定，学术界尚未有统一的界定和标准，不同的研究者根据自己研究的成果提出了不同的理解。

林斯利认为精准教学不是一种教学方法，而是一种简单、成本低的监控学生每日变化的系统，根据学生的标准变速图表为每一位学生调整课程来实现学习效果的最大化[②]。韦斯特(West)认为精准教学不是一种教学方法，而是一种评估教学方法的系统方法[③]。怀特(White)认为精准教学不是一种教学

① 杨现民、田雪松等：《中国基础教育大数据2016—2017：走向数据驱动的精准教学》，北京：科学出版社，2018年，第3页。

② Lindsley，“Precision Teaching's Unique Legacy from B. F. Skinner”，*Journal of Behavioral Education*，vol. 2(1991)，pp. 253—266.

③ Will Roberts，Brahm Norwich，“Using precision teaching to enhance the word reading skills and academic self-concept of secondary school students：a role for professional educational psychologists”，*Educational Psychology in Practice*，vol. 3(2010)，pp. 279—298.

方法，没有规定要教什么或者如何进行教学，是一种评估可能使用的教学策略和课程的方法[1]。

关于精准教学是什么的回答，国外学者都给出了自己的理解，祝智庭等认为信息技术支持的精准教学包括精准确定教学目标、精准判断学习者存在的学习问题以及针对学习者的学习表现进行干预，从而实施精准决策[2]。丁旭等认为精准教学中“精”指的是“严格”，要求教师按照知识分类的要求精准教学；“准”指的是“相关”，要求教师培养学生学以致用的本领[3]。大数据驱动的精准教学是指在利用数据挖掘和学习分析技术等教育大数据关键技术的基础上，挖掘、分析学生学习过程中的课程数据、考试数据、行为数据等学习数据，以及兴趣爱好、学习风格、学习态度等学习特征，进行教学目标的精准定位、教学内容的精准定制、教学活动的精准设计、学习表现的精准评价，进而做出精准的教学决策，使教学过程和教学结果可量化、可监测、可调控[4]。

二、大数据支持下的精准教学

精准教学的内涵从传统精准教学概念发展到基于多模态教育大数据的精准教学，技术在其中发挥了重要作用，并且促进推动教学朝着个性化方向发展。大数据时代所提出的精准教学，是对于精准教学这一理念的重新诠释，以大数据为基础来构建精准教学模式的相关研究中，强调了精准教学最主要的“数据化”核心特征，通过对学习行为、结果行为等学生学习表现的数据化，特别是对教与学活动过程与结果数据的持续性、广泛性的采集，形成具有特定情境下的教学大数据。通过对教学大数据的深度挖掘与多元分析，清晰地“描绘”教学意义与价值，进而辅助教师精准地“教”和指导学生细致地“学”。

① White, “precision Teaching — precision Learning”, *Exceptional Children*, vol. 6 (1986), pp. 522—534.

② 祝智庭、彭红超：《信息技术支持的高效知识教学：激发精准教学的活力》，《中国电化教育》，2016年第1期，第17—25页。

③ 丁旭、盛群力：《有效教学新视域——“精准教学框架”述要》，《课程·教材·教法》，2017年第7期，第31—37页。

④ 万力勇、黄志芳、黄焕：《大数据驱动的精准教学：操作框架与实施路径》，《现代教育技术》，2019年第1期，第31—37页。

第三节　区域基础大数据支持的精准教学模型框架

本节首先对教育数据大脑的应用环境进行分析，分析了资源提供者、使用者、等价值系统、协作业务者四方面对教育数据大脑的影响；然后对教育数据大脑的精准教学应用进行分析，评估教育数据大脑的数据价值、数据模型、数据服务、数据组织在精准教学应用方面的优势；最后设计了教育数据大脑的精准教学支持体系框架。

一、信息技术支持的精准教学模型

在教育信息化带动教育变革的潮流下，精准教学在国内也因为信息技术的缺失而受到教育工作者的冷落，逐渐失去了活力。对此，祝智庭教授团队打破精准教学作为评估方法的陈规，将信息技术引入高效的精准教学中，设计信息技术支持的精准教学模式①，如下图 10-2 所示。

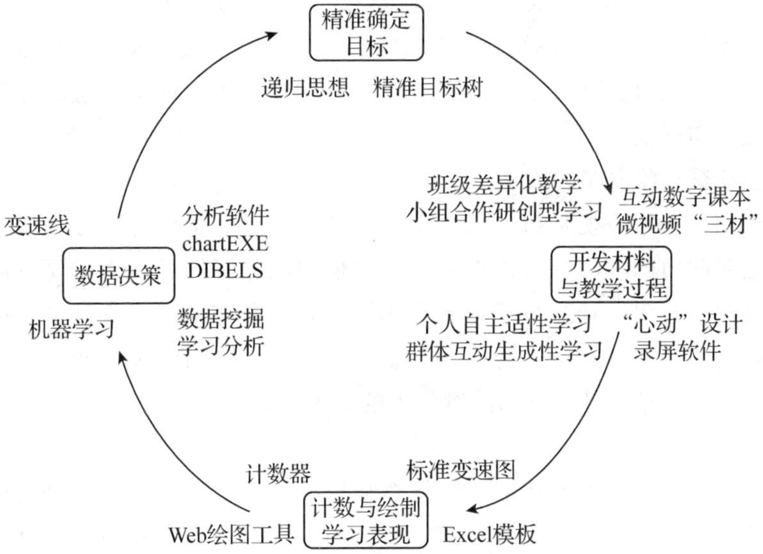

图 10-2　信息技术支持的精准教学

信息技术支持的精准教学模式包括精准确定目标、开发材料与教学过程、

① 祝智庭、彭红超：《信息技术支持的高效知识教学：激发精准教学的活力》，《中国电化教育》，2016 年第 1 期，第 17—25 页。

计数与绘制学习表现和数据决策四个环节。

(一)精准确定目标

信息技术支持的精准教学中，首先要精确确定目标。精准教学的目标是学习表现的行为频率目标(Frequency Aim)，主要包括所要学习的知识或技能的目标以及为了掌握知识或技能，学生必须完成的子目标。因此，精准教学的目标是一棵目标树，目标树的根节点是所要掌握的知识或技能的总目标，目标树中的子节点是学生个体需要完成的子目标。精准教学需要准确地确定要解决问题的子目标。对此，采用递归的思想来确定目标：递进过程中，针对学生个体生成精准目标树；回归过程中，确定每一次教学循环需要解决的具体短板知识或技能是什么。

(二)开发材料与教学过程

构建精准目标树之后，需要针对短板知识或技能开发学习材料。信息技术时代的学习材料打破传统教材的概念，扩展为“学材”+“习材”+“创材”为一体的智慧学习材料，其形式也从传统纸质材料拓展到了数字化材料。在开发材料环节提倡从“心动”设计角度进行微视频与互动数字课本设计。对于教学环节，提出结合祝智庭教授倡导的智慧学习生态，从班级差异化教学、小组合作研创型学习、个人自主适性学习和群体互动生成性学习这四种教学方法着手设计与开发。

(三)计数与绘制学习表现

每天测量学习表现是精准教学重要的特征之一。学生的学习表现是通过计数评估时间内的学习行为发生的次数来监控的。不同的行为需要不同的评估时间和评估间隔，计数方式也会有不同。在计数与绘制表现环节，借助常用的计数器和基于 Web 的图表绘制工具，以及 Microsoft Excel 模板的标准变速图表，快捷、精准地统计与绘制学生的学习表现。

(四)数据决策

计数与绘制学习表现环节，使得教师精准获得了关于学生学习表现的数据，由此可进行基于数据的决策(Data-based Decision Making)。在数据决策环节，借助精准教学分析软件准确地绘制与分析变速线，并以此判定当前的教学是否能够如期完成目标。另外，引进教育数据挖掘、学习分析与机器学习技术，以促使精准教学在保证精准地针对问题教学的同时，提供精准的服务。

二、数据驱动的精准教学五维支持服务框架

智能时代，数据成为推动教育教学创新变革的新要素。随着教育数据价值日益显现，数据驱动的精准教学范式得以产生。基于数据驱动的精准教学理念，杨现民教授团队聚焦于智能技术发展的时代背景，从学校视角深入探索数据驱动的精准教学支持服务，设计了数据层(三类数据支持)、技术层(三种技术支持)、方法层(一套教法支持)、管理层(四项管理支持)以及文化层(三大文化支持)的精准教学五维支持服务框架①。支持服务的五层架构是由具象化的形而下学的“器”(数据、技术)逐渐向上延伸至抽象化的形而上学的“道”(方法、管理、文化)，相互贯通，彼此促进与优化，如下图 10-3 所示。

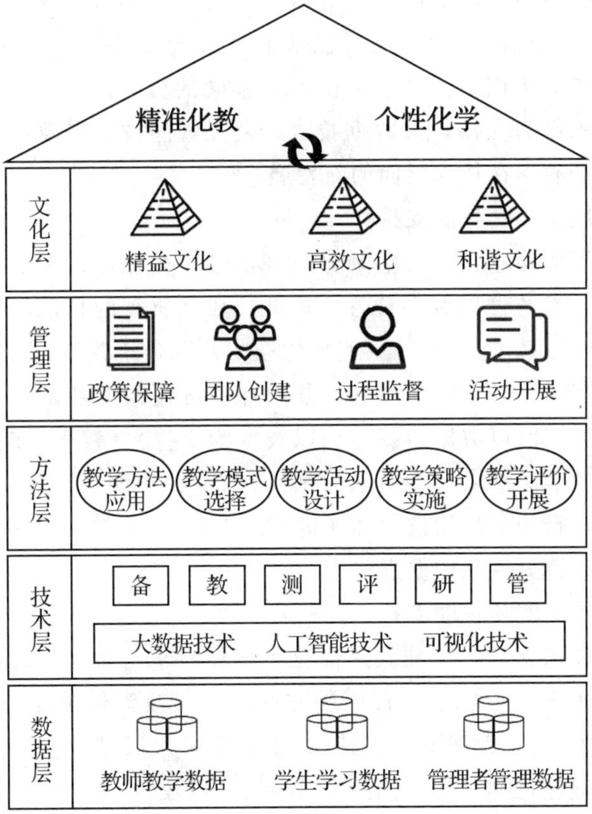

图 10-3　数据驱动的精准教学五维支持服务架构

① 郭利明、杨现民、张瑶：《数据驱动的精准教学五维支持服务框架设计与实践研究》，《电化教育研究》，2021 年第 4 期，第 85—92 页。

(一)数据层：三类数据支持

多维的数据来源是精准教学的基础与核心。实地调查精准教学企业及其示范校发现，大数据精准教学系统的数据采集集中于测评场景下的数据与作业场景下的数据。因此，在数据层中，学生学习数据(基本属性数据、学习行为数据、学生评教数据、学生情感数据)、教师教学数据(基本属性数据、教学行为数据、教师评学数据、教师情感数据)，以及管理者管理数据(班级管理数据、教学监督数据、教研监督数据、巡课数据)构成了精准教学数据支持的核心内容。

(二)技术层：三种技术支持

智能技术的发展为数据采集、分析等提供了新的思路，多元的数据采集机制逐渐覆盖教学过程、教学结果、教学评价、教学管理等各个方面。数据驱动的精准教学应用的教学全流程包括了“备、教、测、评、研、管”六大环节，每个环节对应不同的主体，并能产生不同的行为。基于此，需要更加科学、智能的技术作为支持，大数据技术、人工智能技术以及可视化技术成了数据驱动的精准教学在技术层面的新发展。

(三)方法层：一套教法支持

精准教学下的课堂，学习活动具有开放性、交互性以及协商性，教学活动具有启发性、参与性以及多样性。因此，数据驱动的精准教学需要从教学方法视角出发，以教学方法应用(差异化教学、混合式教学、合作式学习、帮扶式学习)、教学模式选择(新授课、复习课、习题课以及试卷讲评课教学模式)、教学活动设计(以数据为载体、以技术为支撑)、教学策略实施(课前教学准备、课中教学组织以及课后教学辅导)以及教学评价开展(多元主体参与评价、注重基于行为数据的过程性评价)为核心，探讨精准教学的方法支持对于打造高效互动智慧课堂的促进作用。

(四)管理层：四项管理支持

基于智能技术支持的精准教学优化了学校教学与管理。为形成一套完善规范化的精准教学运行机制，管理层方面需要由政策保障支持(区域政策引领、学校制度落实)、管理团队支持(自上而下多级联动的管理与教学团队)、过程监督支持(监控全域数据、组织督导听课)以及活动开展支持(多样主题活动，如精准教学专题培训、精准教学专题研讨等)构成精准教学管理支持的核心内容。

(五)文化层：三大文化支持

新一代信息技术正通过显性或隐性的方式渗透在教育领域各环节，改变着教育的文化形态，为教育教学带来了新的元素。打造精益文化(提升教师数据素养专项能力水平、深入探究学科核心素养数据体系)、高效文化(以全向互动为抓手、以多维数据把好脉)与和谐文化(领袖培养、家校协同、环境升级)，帮助学校形成更为浓厚的数据驱动的精准教学文化氛围。

三、教育数据大脑支持的精准教学体系框架

(一) 教育数据大脑支持的精准教学体系框架设计

教育数据大脑支持的精准教学体系，是以教育数据大脑为数据处理中枢，以精准教学为目标导向的相关主体、秩序规则、软硬件系统相互联系组合而成的整体，其中模型库和应用场景分别对应精准教学的分析方法和教学实施过程。

在精准教学需求驱动下，数据模型开发人员按照模型开发规范对精准教学分析模型进行设计，并导入模型库中；教育平台将精准教学相关数据导入教育数据大脑，并进行存储；然后通过精准教学分析模型对数据进行运算、学习、推理、归纳和判断，并生成相关的精准教学策略等分析结果；最后基于分析结果提供检测、评价、决策、干预、判断等精准教学服务。本研究描述了教育数据大脑对精准教学的支持过程，教育数据大脑精准教学支持体系框架如图 10-4 所示。

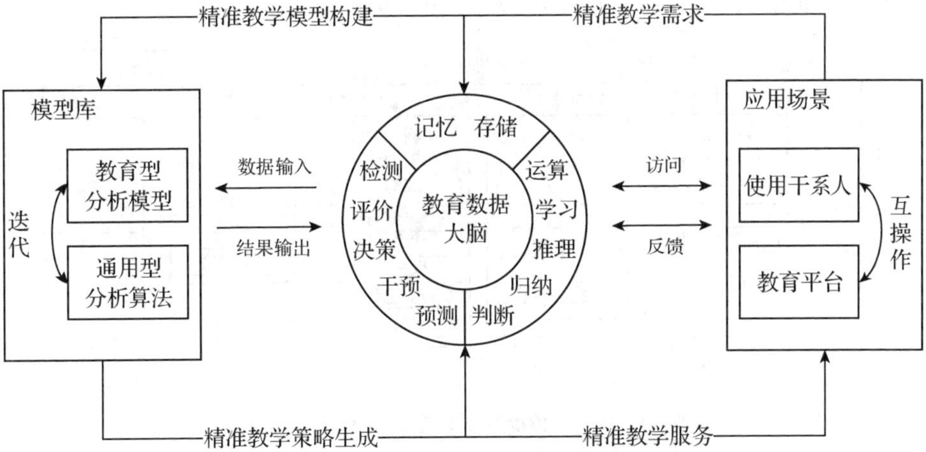

图 10-4　教育数据大脑精准教学支持体系框架

数据模型的构建和迭代是教育数据大脑精准教学支持体系的重要组成部分，影响精准教学服务的效果。数据模型的构建过程一般可以分为六个阶段：

数据准备、数据筛选、数据清洗、数据转换、数据建模、模型评价。在数据准备阶段，根据建模需求、应用场景、数据情况等因素确定建模目标和主题。在数据筛选阶段，根据建模目标和主题，从多个维度对数据进行筛选，去除与主题无关的数据集，提取需求数据。在数据清洗阶段，对数据集中无效数据、异常数据和缺省值进行处理，可以直接进行删除，也可以替换为默认值，重要数据可以重新提取数据。在数据转换阶段，根据建模需求，对数据集进行去量纲、统一粒度等操作，对于部分模型的建立，还需进行字符、数值的替换等操作。在数据建模阶段，按照既定目标将数据集分为测试集和检验集，测试集用于数据训练，使用聚类分析、关联分析、预测分析、决策树等算法对测试集进行训练，初步得到数据模型，然后使用检验集的数据对数据模型进行检验。在模型评价阶段，引入全新数据集对数据模型进行检验，测试数据模型的有效性和可用性。

(二)精准教学分析模型 DCCMT 构建

开发精准教学数据分析模型是在教育数据大脑实施精准教学的必要条件，该模型应实现教育数据大脑数据分析、测量和策略生成等功能。基于此提出的精准教学分析模型(DCCMT，Date Brain-Classification-Characterization-Measurement-Tactics)，能够将教育数据大脑的教育数据(Date Brain)经过分类(Classification)、特征化(Characterization)、测量(Measurement)，最终生成相应的精准教学策略(Tactics)，如图 10-5 所示。

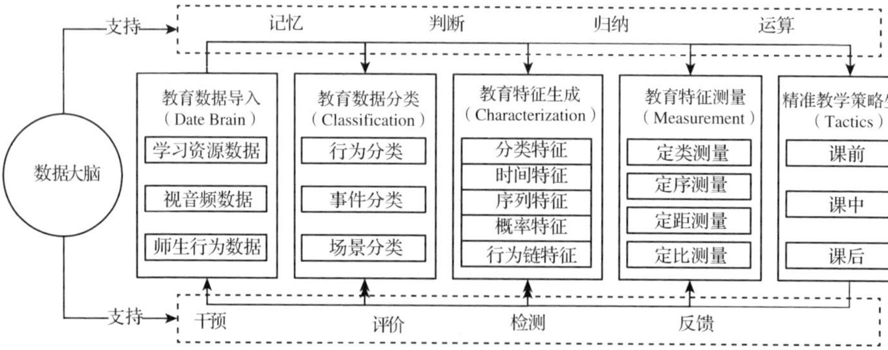

图 10-5 精准教学分析模型 DCCMT

DCCMT 模型包括教育数据导入、教育数据分类、教育数据特征生成、精准教学策略生成、数据特征测量等步骤。在该模型中，导入学习资源、视音频、行为数据等教育数据后，通过数据分类方法生成分类数据，再使用多种数据特征生成策略分析数据特征并使用测量方法生成数据特征值，最后形成精准教学策略。分析过程中教育数据大脑的记忆、判断、归纳、运算等能力为数据分析提供算力和数据服务支持。

第四节　精准教学应用案例

案例一：精准教学智慧学校建设

(一)案例综述

本节以首都师范大学附属中学(以下简称首师大附中)大数据驱动的精准教学和个性化学习建设智慧学校为例，主要根据大数据支撑，以精准教学以及个性化学习的实践思路建设一所智慧学校，推动学校信息化总体目标。在该案例中，附中基于实践利用大数据支撑学校教育数字化，通过三个方面的做法实现精准教学以及个性化学习的应用，第一个方面是多场景的学业数据采集分析，通过学业数据评估系统采集学生多场景学业数据，并深度分析，为精准化教学和个性化学习提供基础数据和分析指导；第二个方面是千人千面的个性化学习手册，通过多方面的数据采集、精准的学业数据分析，实现针对每个学生的个性化学习手册，将个性化学习落实到学生身上；第三个方面是因材施教的自主学习课程体系，建设学习自主线上私修课程平台，实现学生个性化自主学习，扩大优质资源共享。

(二)多场景的学业数据采集分析

首师大附中基于学业数据评估系统，通过对全校全年级全学科的随堂练习、课堂作业、测试联考等全范围、多场景、常态化的学业数据采集，进行深度分析，实现了为精准教学和个性化学习提供数据基础和分析指导。

多场景的学业数据采集和分析，主要目的是解决三个方面的问题：一是教师对于学生学情掌握不精准，学生对自身学习水平认知不足；二是传统的学情分析方法，无法应对新高考的改革要求。针对以上两点，学校借助人工智能以及大数据技术，实现了多场景的常态化学业数据采集。基于采集的数据基础，进行多维度精准分析，提供全学科多维度的教学评价报告，为学校决策提供依据，评价报告同时也为学生及家长了解自身学习水平提供参考；三是基于知识点的精准分析。通过对于知识点的精准分析，从而实现精准教学。教师依据学生的评价报告，了解学生学情，及时发现学生知识点掌握情况，实现对于学生共性问题、个性问题、薄弱知识点进行精准备考，精准教学。

(三)个性化学习手册

实现多场景学业数据采集，教师精准教学，最终目的在于将个性化学习落实在学生身上，为此首师大附中设计了针对每个学生的个性化学习手册。学习手册由错题整理、错题分析和个性化推题三个部分组成，手册首页记录学生历次考试情况，分析学生每次知识点的掌握情况。基于该学习手册，将学生错题整理成册，对于学有余力的学生提供知识点强化综合模块，针对薄弱知识点进一步拓展强化；对于优秀学生，个性化推送近三年高考趋势题、模拟题和自主命题等拔高练习，实现学生专属个性化作业方案。目前学习手册已在学校初高中部部分年级实施个性化作业，并初步形成教学闭环，实现因材施教，精准教学，有效减负增效。

(四)自主学习课程体系

为实现更丰富的个性化优质资源共享，首师大附中建设自主的线上选修课程平台。该平台已经推出多种基础选修课程、兴趣选修课程、专业选修课程，以及自主研修课程近800门各类课程，以供学生根据自身需求自主选择学习，实现了个性化学习，为校内课堂提供了有效的课外延续。平台基于大数据的支撑和每个学生线上课程的学习情况，进行数据采集跟踪，并形成学生个性化学习档案，为教师准确掌握学生学情提供支持。

案例二：学习行为数据分析

(一)案例综述

以某智慧教育示范区面向五年级学生的精准教学示范课程为例，主要根据教师的行为数据进行精准教学策略分析。在该案例中，教师通过在线平台进行备课，在课上发起讨论、演示PPT、提问等，在课后分发作业，按照使用场景可以分为课前、课中、课后三个应用场景，教育数据大脑可支持三种教学场景下的精准教学。基于DCCMT模型对教师教学行为数据进行分析，经过数据分析和处理，最终生成了4种课中过程层面教学策略，分析过程如图10-6所示。

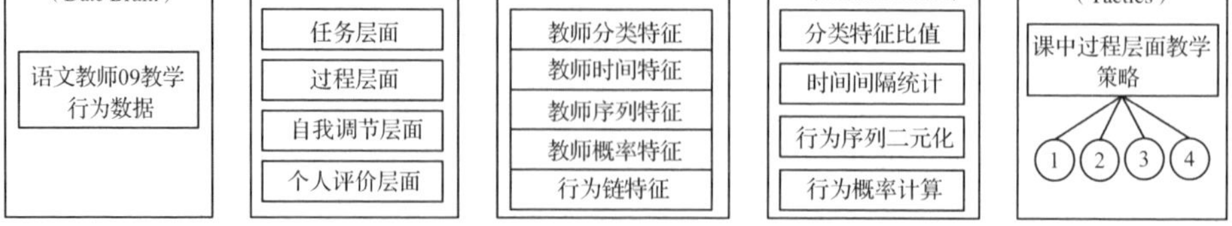

图10-6　基于DCCMT模型的平台授课案例分析过程

(二)案例数据描述

案例主要采集在线教学的平台数据，以 xlsx 格式导出文档。文档数据主要记录教师和学生在教学系统中的交互过程数据，数据内容包括交互数据类型、师生在线教学行为、行为发生时间、事件类型等，覆盖 5 所学校、17 个班级、198 节课，共有教师操作数据 15502 条，学生操作数据 81730 条。

(三)师生行为分类

使用 DCCMT 模型中的行为分类方法对案例数据类型进行分类，行为可分为任务层面、过程层面、自我调节层面和个人评价层面 4 个层面。与 4 个层面行为相对应的是数据类型和评判标准。数据分类评判标准如表 10-1 所示。

表 10-1　数据分类评判标准

行为层面	数据类型	评判标准
任务层面	任务和结果相关数据	师生行为是否与任务布置和学习结果有关
过程层面	师生过程行为数据	师生行为是否与学习过程有关
自我调节层面	学习者能力信心数据	教师行为和学生行为是否有前后紧密的联系
个人评价层面	学习者自我评价数据	与学习任务无关的其他学生自我评价行为

(四)数据特征提取

1. 教师行为分类特征

根据 DCCMT 模型，本研究对案例 198 节课的行为数据的分类特征采取频率、比值和持续时间三种测量方法，得到每种分类的数据。数据分析结果显示，过程层面行为是案例数据中的主要教师行为，导致过程层面的数据特征更为突出。教师行为分类特征如表 10-2 所示。原始统计数据如表 10-3 所示。

表 10-2　教师行为分类特征

分类特征	频率/课	比值		持续时间
		计算方法	结果	
任务层面	287/198	任务/过程	0.03	—
过程层面	11203/198	任务/自我	0.43	—
自我调节层面	668/198	任务/个人	4.70	—
个人评价层面	61/198	过程/自我	16.77	—
		过程/个人	183.66	—
		自我/个人	10.95	—

表 10-3　教师行为分类统计数据　　单位：次

任务层面数据		过程层面数据	
备课管理	167	PPT 插件	5617
畅言网盘	84	底边工具栏	2175
教师—布置作业	20	课堂互动	1405
练习中心—布置练习	10	侧边工具栏	1169
资源中心	6	Native 白板	562
总计	287	练习中心一练习	184
		随机选人	91
		总计	11203
自我调节层面数据		**个人评价层面数据**	
电子课本	379	书架	61
授课助手 PC 端	287	书库	3
随写板	2	我的分享记录	1
总计	668	总计	65

2. 教师行为时间间隔特征

对语文教师 09 的教师行为时间间隔特征进行分析。从时间角度分析，5 月 18 日 8:05—9:00、9:11—10:10、10:23—11:20、13:25—14:20 为有效课堂数据，分别命名为 T-YU09-1、T-YU09-2、T-YU09-3、T-YU09-4，产生了 678 条行为数据。本研究进一步分析 4 节课的时间间隔特征。

按规则(操作类型＝练习中心一练习/课堂互动/ PPT 插件/ Native 白板/侧边工具栏/底边工具栏；可视化方式＝表)对数据进行筛选，得到不同操作类型的数据情况，使用持续时间测量方法计算其时间间隔数据特征[计算公式：平均值＝SUM(操作类型数据)/COUNT(操作类型数据)；中值＝MEDIAN(操作类型数据)；单位：秒]，结果如表 10-4 所示。

表 10-4　过程层面时间间隔特征　　单位：秒

操作类型	计算方法	T-YU09-1	T-YU09-2	T-YU09-3	T-YU09-4
练习中心一练习	平均值	—	28	181	625
	中值	—	27	210	336
课堂互动	平均值	815	31	319	105
	中值	356	8.5	323	105

续表

操作类型	计算方法	T-YU09-1	T-YU09-2	T-YU09-3	T-YU09-4
PPT 插件	平均值	69	33	23	57
	中值	11	9	7	7
Native 白板	平均值	—	—	—	8
	中值	—	—	—	9
侧边工具栏	平均值	149	31	38	128
	中值	45	38	27	45
底边工具栏	平均值	53	30	81	127
	中值	5	2	29	11

按规则(操作类型＝授课助手/电子课本；可视化方式＝表)对数据进行筛选，得到不同操作类型的数据情况，使用持续时间测量方法计算其时间间隔数据特征[计算公式：平均值＝SUM(操作类型数据)/COUNT(操作类型数据)；中值＝MEDIAN(操作类型数据)；单位：秒]，结果如表 10-5 所示。

表 10-5　时间间隔特征　　单位：秒

操作类型	计算方法	T-YU09-1	T-YU09-2	T-YU09-3	T-YU09-4
授课助手	平均值	3934	292	—	208
	中值	3934	292	—	208
电子课本	平均值	30.5	—	—	71
	中值	30.5	—	—	11

3. 教师行为序列特征

对 678 条行为数据进行分析，去除部分无效数据，共产生 674 条二元序列、670 条三元序列。四节课的序列统计结果如表 10-6 所示。

基于序列特征的计算方法，将教学中连续的两个或三个行为组成二元序列或三元序列。按规则(时间起点＝课堂开始时间，时间终点＝课堂结束时间)对四节课堂进行区分，以规则[二元序列＝(第一个行为)－(下一个行为)，三元序列＝(第一个行为)－(下个行为)－(下下个行为)]计算二元序列或三元序列。

表 10-6　二元序列和三元序列统计结果　　单位：秒

	T-YU09-1	T-YU09-2	T-YU09-3	T-YU09-4	总数
二元序列数	142	117	200	215	674
三元序列数	141	116	199	214	670

通过对 T-YU09-1 的处理，得到二元序列和三元序列，统计数量最高的序列如表 10-7 所示。底边工具栏和 PPT 插件不仅使用频率高，而且从二元序列和三元序列可以看出这两类行为在课堂上具有一定连续性，教师的许多教学活动通过 PPT 使用和底边工具栏使用来实现。

表 10-7　T-YU09-1 二元序列和三元序列　　单位：次

二元化	数量	三元化	数量
底边工具栏—底边工具栏	43	底边工具栏—底边工具栏—底边工具栏	35
PPT 插件—PPT 插件	27	PPT 插件—PPT 插件—PPT 插件	11
PPT 插件—底边工具栏	14	底边工具栏—PPT 插件—PPT 插件	10
底边工具栏—PPT 插件	12	PPT 插件—PPT 插件—底边工具栏	8
侧边工具栏—PPT 插件	7	PPT 插件—底边工具栏—底边工具栏	7
PPT 插件—侧边工具栏	4	底边工具栏—底边工具栏—PPT 插件	7
电子课本—电子课本	2	PPT 插件—底边工具栏—PPT 插件	5
主页—升级模块	2	侧边工具栏—PPT 插件—底边工具栏	4
底边工具栏—侧边工具栏	2	PPT 插件—PPT 插件—侧边工具栏	4
课堂互动—课堂互动	2	侧边工具栏—PPT 插件—PPT 插件	3

通过对 T-YU09-2 二元序列和三元序列的分析可知，这节课最突出的二元序列和三元序列分别是 PPT 插件—PPT 插件、课堂互动—课堂互动—课堂互动，说明本节课中设计了课堂互动环节，加强了师生互动。T-YU09-2 二元序列和三元序列如表 10-8 所示。

表 10-8　T-YU09-2 二元序列和三元序列　　单位：次

二元化	数量	三元化	数量
PPT 插件—PPT 插件	15	课堂互动—课堂互动—课堂互动	10
课堂互动—课堂互动	13	PPT 插件—PPT 插件—PPT 插件	9

续表

二元化	数量	三元化	数量
底边工具栏—底边工具栏	6	课堂互动—PPT 插件—PPT 插件	4
课堂互动—PPT 插件	4	zhjw _ index—教师—登录—练习中心—练习	4
主页—主页	4	教师—登录—练习中心—练习—云平台	4
主页—升级模块	4	练习中心—练习—云平台—中小学后台管理数据模块	4
zhjw _ index—教师—登录	4	课堂互动—课堂互动—PPT 插件	3
教师—登录—练习中心—练习	4	授课助手 PC 端—主页—\N	3
练习中心—练习—云平台	4	云平台—中小学后台管理数据模块—zhjw _ index	3
云平台—中小学后台管理数据模块	4	中小学后台管理数据模块—zhjw _ index—教师—登录	3

通过对 T-YU09-3 二元序列和三元序列的分析可知，这节课最突出的二元序列和三元序列是 PPT 插件—PPT 插件和 PPT 插件—PPT 插件—PPT 插件，即这一节课中教师以 PPT 插件的连续使用为主，同时，教师通过练习中心的练习来发布学习任务。T-YU09-3 二元序列和三元序列如表 10-9 所示。

表 10-9　T-YU09-3 二元序列和三元序列　　单位：次

二元序列	数量	三元序列	数量
PPT 插件—PPT 插件	63	PPT 插件—PPT 插件—PPT 插件	42
PPT 插件—底边工具栏	12	底边工具栏—PPT 插件—PPT 插件	11
底边工具栏—PPT 插件	12	PPT 插件—PPT 插件—底边工具栏	9
侧边工具栏—PPT 插件	11	zhjw _ index—教师—登录—练习中心—练习	9
PPT 插件—侧边工具栏	9	教师—登录—练习中心—练习—云平台	9
zhjw _ index—教师—登录	9	练习中心—练习—云平台—中小学后台管理数据模块	9
教师—登录—练习中心—练习	9	PPT 插件—PPT 插件—侧边工具栏	8
练习中心—练习—云平台	9	侧边工具栏—PPT 插件—PPT 插件	7

续表

二元序列	数量	三元序列	数量
云平台—中小学后台管理数据模块	9	PPT插件—底边工具栏—PPT插件	7
底边工具栏—底边工具栏	5	侧边工具栏—zhjw _ index—教师—登录	5

通过对T-YU09-4二元序列和三元序列的分析可知，这节课最突出的二元序列和三元序列是PPT插件—PPT插件及课堂互动—课堂互动—课堂互动，说明本节课中设计了课堂互动环节，加强了师生互动。经过进一步分析发现，教师在师生互动中主要对学生进行表扬和主观题后的表扬，说明教师在本节课中增强了情感方面互动。T-YU09-4二元序列和三元序列如表10-10所示。

表10-10　T-YU09-4二元序列和三元序列　　单位：次

二元序列	数量	三元序列	数量
PPT插件—PPT插件	33	课堂互动—课堂互动—课堂互动	22
课堂互动—课堂互动	23	PPT插件—PPT插件—PPT插件	19
底边工具栏—底边工具栏	19	底边工具栏—底边工具栏—底边工具栏	14
底边工具栏—PPT插件	11	PPT插件—PPT插件—底边工具栏	8
PPT插件—底边工具栏	9	底边工具栏—PPT插件—PPT插件	8
PPT插件—侧边工具栏	7	PPT插件—底边工具栏—PPT插件	6
侧边工具栏—PPT插件	7	zhjw _ index—教师—登录—练习中心—练习	6
zhjw _ index—教师—登录	6	教师—登录—练习中心—练习—云平台	6
教师—登录—练习中心—练习	6	练习中心—练习—云平台—中小学后台管理数据模块	6
练习中心—练习—云平台	6	侧边工具栏—zhjw _ index—教师—登录	5
云平台—中小学后台管理数据模块	6	PPT插件—PPT插件—侧边工具栏	4

4. 教师行为概率特征

为了说明行为概率特征的一般形式，采取一种行为预测方法：某二级行为未来发生概率=(二元行为序列—后行为/一级行为总数)×(单个二级行为/二级行为历史行为总数)×影响系数×100%，假设其他因素对未来行为没有影响，影响系数的值设置为 1。

在语文教师 09 的教师行为序列中，发生频次最高的二元行为序列是：PPT 插件—PPT 插件，则“PPT 插件”下的二级行为分别是：“点击缩略图按钮”“点击退出放映按钮”和“放映 PPT”。“放映 PPT”行为发生概率＝(“PPT 插件”历史频次/语文教师 09 历史行为总数)×(“放映 PPT”频次/“PPT 插件”频次)。语文教师 09 的教师行为预测概率如表 10-11 所示。

表 10-11　语文教师 09 的教师行为预测概率

一级行为	二级行为	直接发生概率	后续发生概率
PPT 插件	点击“缩略图”按钮	31.71%	95.56%
底边工具栏	互动	5.90%	16.60%
底边工具栏	logo	3.39%	9.54%
底边工具栏	画笔	2.95%	8.30%
课堂互动	进行互动→讲评→在讲评页中，教师将学生加入讲评	2.80%	23.75%
底边工具栏	选择	2.06%	5.81%
课堂互动	表扬	1.92%	16.25%
课堂互动	主观题点击表扬	1.92%	16.25%
课堂互动	草稿箱—发题—普通全班作答	1.18%	10.00%
PPT 插件	放映 PPT	1.03%	3.11%

5. 教师行为链特征

分析规则是：以频次为关键指标进行测量比较，并提取主要行为作为行为链关键节点，以时间为起始和终止指标提取行为链起点和终点，以二元序列和三元序列挖掘行为链中间节点，以现有研究的行为链评价提取行为链或者提出新的行为链。对语文教师 09 的教师行为数据进行分析，得出 4 节课的主要行为链特征。语文教师 09 课堂行为链如表 10-12 所示。

表 10-12 语文教师 09 课堂行为链

课堂序号	课堂起始行为	高频次行为	行为链	对应教学环节	对应教学策略
T-YU09-1	电子课本、互动评讲	PPT 插件、底边工具栏	电子课本—PPT插件—底边工具栏—互动评讲	新课导学—知识讲解—知识实操演示—学习展示	过程层面教学策略、自我调节层面教学策略
T-YU09-2	互动讲评、布置作业	PPT 插件、底边工具栏、课堂互动、主页	互动讲评—PPT插件—互动讲评—布置作业—主页下课	复习旧课—知识讲解—知识实操演示—布置作业—下课	任务层面教学策略与过程层面教学策略
T-YU09-3	电子课本、PPT插件	PPT 插件、底边工具栏、侧边工具栏、课堂互动、练习	电子课本—PPT插件—课堂练习—课堂互动—PPT 插件	新课导学—知识讲解—课堂练习—课堂互动—知识再讲解	过程层面教学策略、自我调节层面教学策略
T-YU09-4	开始上课、课堂互动	PPT 插件、底边工具栏、课堂互动、native 白板	PPT 插件—底边工具栏—native白板—课堂互动	知识讲解—知识实操演示—课堂互动	过程层面教学策略

(五)教学策略生成

在行为链特征方面，生成了以过程层面行为为主的 4 条行为链，组合成 4 种教学设计(新课导学—知识讲解—知识实操演示—学习展示，复习旧课—知识讲解—知识实操演示—布置作业—下课，新课导学—知识讲解—课堂练习—课堂互动—知识再讲解，知识讲解—知识实操演示—课堂互动)，对应了任务层面、过程层面和自我调节层面 3 类数据。基于行为链生成的精准教学策略，如图 10-7 所示。圆形代表不同层面的行为，箭头表示从一个教学环节到另一个教学环节的过程，箭头上的数字代表这一行为在课堂中转化的次数。每一节课都形成了从起始教学环节到中止教学环节的单向行为链条。

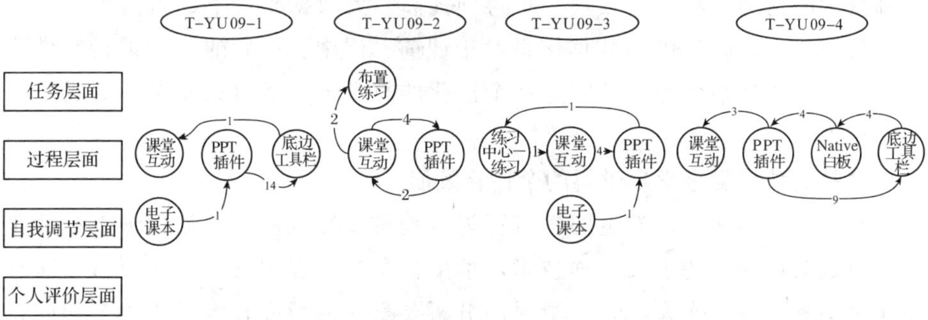

图 10-7　基于行为链生成的精准教学策略

第五节　精准教学的机遇和挑战

一、大数据支持下精准教学的机遇

大数据的兴起将数据价值推向了新的高度。大数据正在改变人类的思维方式，并以前所未有的速度引发了科技、教育、经济、军事等各个领域的深刻变革。在大数据激发的教育变革中，以测量、记录数据为基础的精准教学必将迎来新的发展机遇。

(一)大数据使得精准教学测量数据更为精准可行

大数据时代的到来，使得教育数据发生了海量增长，随着教育大数据的广泛应用，学生的学习行为、学习结果以及学习评价，教师的教学行为、教学效果以及教学评价等各类教育数据成为可挖掘、可测量、可传输的数据存在。基于现代信息技术、大数据技术、人工智能等先进技术可实现数据自动采集并应用于教学各个环节，使得智慧校园、智慧课堂有望成为现实，这使得精准教学测量数据变得更为精准可行：一方面，大数据技术及其各类智能工具可以实现对于数据的自动采集、分析与存储并能可视化显示，提高了数据采集效率，进而提升精准教学的流畅度；另一方面，大数据的海量数据处理技术，可以使得精准教学不再受限于规模，促进从简单少量的特殊教育及小学课程拓展到不同类型的课程，最终拓展至面向全校的普及教学。

(二)大数据助力教师教学活动的精准化设计与实施

随着教育大数据产品的更新迭代，以及学校教育数字化课程融合程度的不断提升，数据开始由支持单个环节的教学优化到贯穿教学全过程教育数据，教师教学的精准化和教学效益都将得到提高。大数据支持下的智慧课堂正在成为研究热点，教师借助数据使得对于课前、课中、课后的教学进行精准化的教学设计、精细化的教学实施和个性化的教学辅导等得以实施，促进学生进行精准化、个性的深入学习。

(三)大数据促进学生学习的个性化发展

在大数据环境下，学生的学习行为过程可以被观测和考察，学生个性化学习也成为可能。基于大数据技术，学生在学习过程中的各类学习行为状态都得采集和记录，作为其学习情况的分析要素，为精准教学提供更全面的数据基础，形成反映学生学习情况的数据源。并通过数据处理技术对数据源进行分析，根据分析结果对学生行为进行干预以及预测学习表现趋势，当然，学生也可定制个性化的学习计划，以保障其个性化发展。

二、大数据支持下精准教学的挑战

(一)教师数据处理能力不足，难以准确解读教学数据

随着各种各样的数据采集技术的快速发展以及在学校教育中的广泛运用，教师可以获取的数据越来越丰富，然而对于海量的教育数据，教师往往无从下手。当前，中小学教师的数据分析、数据解读以及数据交流能力还存在明显不足，数据本身的局限无法满足教师解读数据的需求。这集中表现为：一是无法熟练应用基本的数据处理和数据分析的工具，例如 Excel、SPSS 等；二是在教学实践中缺乏对数据的解读与运用，难以真正运用数据指导教学实践的改进；三是缺乏应用数据与家长、同事和领导进行交流的能力。

(二)线下学习过程性数据难以采集，线上线下边界急需突破

"互联网+"时代的学习通常是线上、线下相结合的混合式学习，疫情时代下更是推动了在线教育的发展进程。线上学习突破了时间和空间的限制，让学习更加便捷，实现了基于互联网的居家在线学习；但线下教学具有的良好氛围、临场感和互动性强等不可替代的优势，因此线上、线下结合的混合式学习将成为常态。当前，线上学习行为数据可以被实时、精准地记录，促进线上适应性学习和个性化辅导。然而，线下的学习活动数据，尤其是过程性学习数据以及学习情感、态度，由于技术、环境以及个别差异等诸多限制，目前还无法有效全面地采集。线下学习数据的缺失，直接影响学习诊断和预测预警的准确性及综合评价的科学性。

(三)大数据环境下精准教学的数据伦理以及数据安全问题需要合理考虑

精准教学对于学生行为数据的测量与记录，本质上就是学习行为的数据化，即使数据分析结果能指导教师进行学习干预，但不可忽视的是，数据分析结果也可能给学生带来消极影响，例如，数据分析结果显示学生在阅读方面存在重大障碍，这些结果就会打击学生的自信，从而使得对学生的学习干预和学生发展起反作用。因此，确保正确使用各类个性特征的数据，从而避免陷入伦理困境，是精准教学需要考虑的难题。精准教学将每一个学生的学习情况予以精准记录，而这些精准记录的数据涉及诸多隐私问题。因此，在大数据环境下能否有效保护学生的个人隐私和学习数据安全，是精准教学在应用、推广中急需解决的一个重要问题。

第十一章　区域教育数据大脑的开发和建设

大数据等技术成为促进智慧教育发展的关键和驱动力，从而创新教育教学的模式、方法、决策、服务等多个方面。国家《教育信息化 2.0 行动计划》提出智慧教育继续深入推进三通两平台建设，持续推动信息技术和智能技术深度融合和构建一体化“互联网＋教育”大平台。2021 年，国家教育现代化推进教育新型基础设施建设，构建高质量教育支撑体系，鼓励构建新型数据中心，支持省级教育行政部门通过混合云模式建设教育云规划，整合“低小散旧”数据中心，鼓励区域和高校共享超算资源和人工智能算力资源，提供基础算力工具。可见，区域教育大数据开发和相应数据平台建设的重要性。

【本章内容结构】

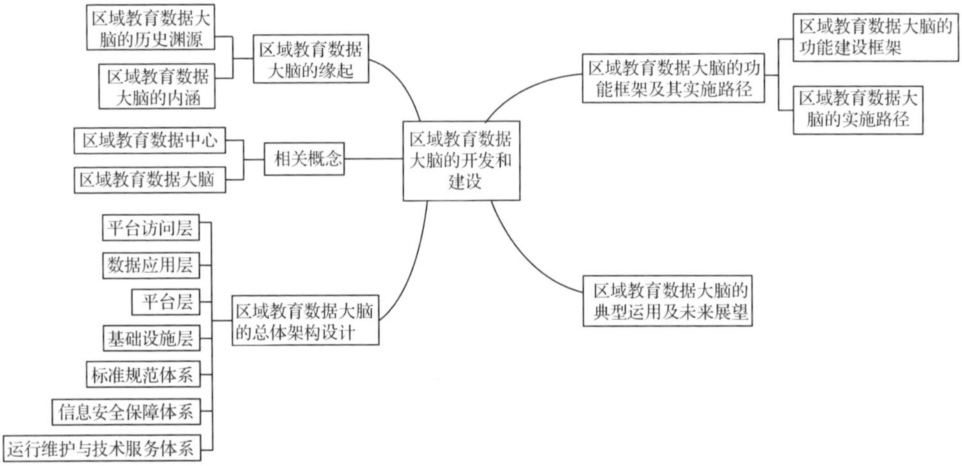

图 11-1　思维导图

第一节　区域教育数据大脑的缘起

一、区域教育数据大脑的历史渊源

人工智能的发展是不断模拟、拓展人类智能的过程，终极目标是模拟、拓展人类大脑①，如图 11-2 所示。1986 年，美国 Carver Mead 首次提出类脑计算概念，基于研究人类大脑的工作机制，设计可以像人类一样思考和学习的机器人。2011 年，雷·库兹韦尔以智能大脑为隐喻，通过对机器植入数学算法来模仿人脑的思考并做出有逻辑关系的判断。2016 年，AlphaGo 的诞生引发了人们对人工智能重新认识和思考，人工智能迈向了认知智能阶段。

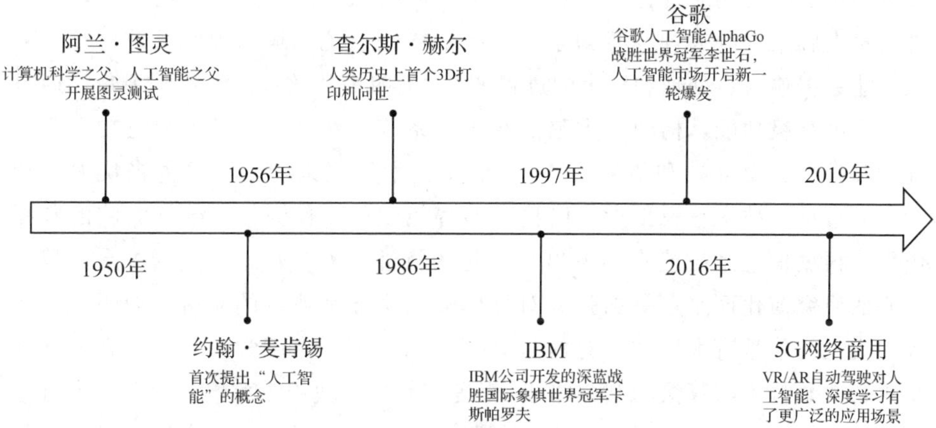

图 11-2　人工智能发展历程②

(一)类脑的诞生

近几年，有关类脑的研究逐渐进入人们的视线。智慧城市建设过程被称为“城市智慧大脑”“城市大脑”，在交通领域被称为“交通小脑”，在图书馆管理领域被称为“图书馆大脑”，在教育领域被称为“教育数据大脑”“人工智能教育大脑”。

① 张治、徐冰冰：《人工智能教育大脑的生态架构和应用场景》，《开放教育研究》，2022 年第 2 期，第 64—72 页。

② 同上。

科技企业积极探索核心业务与互联网大脑架构相结合的类脑结构[①]。谷歌公司开发了具备自我学习功能的谷歌大脑，腾讯公司基于“在云端利用 AI 处理大数据”的理念，提出了腾讯超级大脑，华为公司面向智慧城市管理提出智慧大脑等。在创新互联网工程项目方面，工业互联网产业大脑以平台数据为基础，以应用为核心提供产业要素监测、测试评测、解决方案等服务[②]。产业大脑能汇聚解决方案提供商与合作伙伴，提供一站式数字化转型解决方案。

（二）教育数据大脑的逻辑起点

在教育领域，根据教育数据大脑研究的逻辑起点，主要分为脑科学和信息技术两种。从脑科学发展来看，主张以人类大脑基本构造和神经科学为研究起点，抽象出教育数据大脑的主要特征，通过人工智能技术对人脑高级功能的模仿构建教育数据大脑系统架构和基本功能。这类研究以理论研究为主，较少通过实际案例对理论框架进行验证。如张治等结合人脑生物结构，提出将教育大脑架构分为神经感知系统、中枢神经系统和运动神经系统，类比人工智能数据输入、处理和输出的过程[③]。付道明等从教育神经科学视角，通过模拟人脑高级功能，构架了类脑泛在学习系统，并且设计了类脑泛在学习系统的基础层、交互层和传播层[④]。从信息技术发展来看，主要主张从人工智能、大数据等技术逻辑出发，以技术的智能化程度作为教育数据大脑的判断依据，根据信息系统能力抽象出智能化的特性。大多数是从数据中台、数据中心的研究演化而来，更加强调对具体数据服务和业务的支持。如顾小清等提出人工智能教育大脑实质是海量教育数据模型、深度学习算法、高度计算力等智能化技术与算法的融合体[⑤]。李爱霞等提出使用教育数据中台技术打造教育人工智能大脑，对教育数据进行融合处理，形成数据资产后，将教育数据应用于教育体系，并提出了包含数据采集层、数据存储层等五层技术

① 刘锋：《城市大脑的起源、发展与未来趋势》，《人民论坛 · 学术前沿》，2021 年第 9 期，第 82—95 页．

② 张立：《〈工业互联网产业大脑平台 1.0 及工业互联网大数据应用白皮书〉发布》，《软件和集成电路》，2021 年第 5 期，第 55—56 页。

③ 张治、徐冰冰：《人工智能教育大脑的生态架构和应用场景》，《开放教育研究》，2022 年第 2 期，第 64—72 页。

④ 付道明、华子荀：《互联网大脑进化形态下的类脑泛在学习系统：教育神经科学的视角》，《远程教育杂志》，2021 年第 6 期，第 9—19 页。

⑤ 顾小清、李世瑾：《人工智能教育大脑：以数据驱动教育治理与教学创新的技术框架》，《中国电化教育》，2021 年第 1 期，第 80—88 页。

架构[①]。

(三) 各级各类教育数据大脑的构建和开发

当前国内外各级各类的政企事业单位尝试构建了教育数据大脑。美国教育系统从 2011 年开始，各州创建了覆盖 K-12 教育阶段的纵向教育数据系统[②]，旨在集中管理、深度分析全国范围内的学生、教师和学校数据，促进教育改革和学生发展。高质量的教育数据具有纵深持续性、情境性和行动性三个特征[③]，纵向教育数据系统的最终目的是利用数据教育评估、决策与创新，进而更好地支撑学生的个性化发展。目前国内诸多地区和学校也做了相关探索和实践：一方面，各智慧教育示范区已经构建了互通互联、应用统筹、协同服务一体化"互联网＋教育"大平台。还有一些智慧教育示范区已经通过发挥"教育大脑"的数据引擎作用，实现教育数据和资源联通，利用人工智能技术为课堂教学、学业评价、教育治理、教育资源配置等应用构建了后台系统和决策中枢，提升数据应用效能，服务于区域教育优质均衡[④]；另一方面，学校教育数据大脑建设通过对学校的教育教学活动进行无感沉淀，自动形成丰富、清晰、多维度的学校数据资源，进行即时分析、诊断、预警、监测、评价、反馈并提供管理、学习、成长支持的一体化的人工智能系统[⑤]。

二、区域教育数据大脑的内涵

(一) 人类大脑的基本能力结构

脑科学研究证实，人脑由大脑、小脑、间脑、脑干组成，大脑是脑的主要部分，也是中枢神经系统的最高级部分，分为左右两个半球。大脑的左右两个半球分别有运动区、视觉区、听觉区、体觉区、联合区等神经中枢，两半球借助胼胝体连接并具有交互作用。基于此，人类大脑具备接受和处理信息、产生和控制运动、表征语言、加工情绪等能力，以支持理解、交互、情感、决策等能力。从本质上讲，人类的大脑是通过感知外界信息，在内部加

① 李爱霞、舒杭、顾小清：《打造教育人工智能大脑：教育数据中台技术实现路径》，《开放教育研究》，2021 年第 3 期，第 96－103 页。

② National Center for Education Evaluation and Regional Assistance. A guide to using state longitudinal data for applied research. https：//ies. ed. gov/ncee/pubs/20154013/pdf/20154013. pdf.

③ Data Quality Campaign. Data for action 2014：paving the path to success. https：//dataquality campaign. org/resource/data-action-2014-paving-path-success/.

④ 朱晓雯、李廷洲：《打造区域"教育大脑" 推动现代教育体系转型升级 上海市闵行区、杨浦区的教育实践》，《上海教育》，2020 年第 33 期，第 81－82 页。

⑤ 饶美红：《"建兰大脑"打造教育新生态》，《江苏教育》，2020 年第 90 期，第 20－21 页。

工处理提供决策，再向外界输出的过程，即人类大脑的基本能力结构包括：感知能力、认知能力和效应能力，如图 11-3 所示。

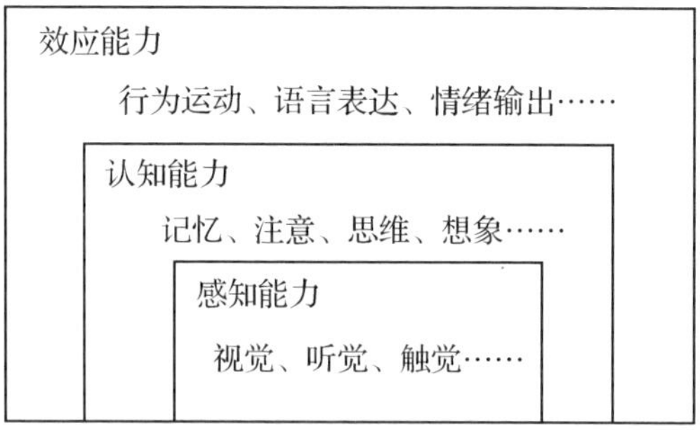

图 11-3　人类大脑的基本能力结构

（二）区域教育数据大脑的基本功能结构

区域教育数据大脑通常是在教育数据中心平台基础上构建的，将联通区域教学、学习、管理、评价等各类型数据，通过建立规范统一的数据标准、确定数据流转机制等来活化数据价值。可以以人类大脑基本能力结构及其“类脑”功能机制等相关研究为基础，基于外界数据的获取汇聚，通过内部核心通用算法，以解决特定教育问题，联通区域教育数据大脑的功能需求层次，提出区域教育数据大脑的基本功能结构，如图 11-4 所示。

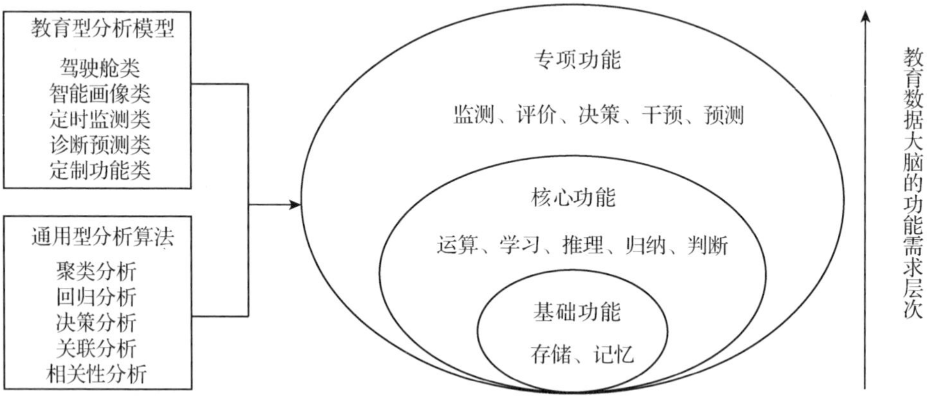

图 11-4　区域教育数据大脑的基本功能结构

1. 区域教育数据大脑的基础功能

区域教育数据大脑的基础功能是收集和分类存储采集的数据，为核心功能提供保障。教育数据大脑采集数据的方式多样，将人类视觉、听觉等多种感官获得的信息基于技术实现数据转化和采集，实现模仿人类感知觉能力。采集到的教育教学数据散落在数据中心的不同子系统应用中，教育数据大脑按照一定的规范标准，收集汇聚不同类型的教育数据，分类存储于数据仓库，用于共享和开放数据服务并形成记忆能力，从而利于区域教育数据大脑的数据统计、数据传输、数据挖掘、数据交换等数据生命周期各管理环节和为数据资产化做准备。

2. 区域教育数据大脑的核心功能

区域教育数据大脑的核心功能以数据存储和记忆为基础，依据通用型分析算法高速处理海量数据，以实现数值运算、机器学习、逻辑推理和归纳判断等，如聚类分析、回归分析、决策分析、关联分析、相关性分析等算法。人类大脑功能之间的联系基于大脑的1000亿个神经元之间错综复杂的突触传导和输出信息而完成[①]，如注意、思维、想象等认知能力。教育数据大脑智能技术的构建源于人类大脑的神经元工作机制，又具备高于人类大脑的海量计算速度等。

(1)运算：为满足“师—生—校—区”主体需求的程序计算，贯穿于教育数据大脑的底层到顶层，是核心功能的基础，包括各类算法和运行程序。

(2)学习：是教育数据大脑具备智能的核心和根本路径，教育数据大脑模拟人类的学习行为，持续实时更新和稳定不断优化算法功能。

(3)推理：教育数据大脑基于数据和算法程序由一个或几个已知的判断推出新判断或结论，支持精准供给智能决策和监测预测等服务。

(4)归纳：从多个对象数据特征提取、抽象、概括出一般性的结论，解决师生的异同问题，如支持师生特征画像。

(5)判断：对数据或结论是否存在、是否具有某种特征以及数据是否具有某种关系的肯定或否定，支持师生全维度数据状态监测与综合判断等服务。核心功能等同于人类认知活动中思考的过程，模仿人脑构建复杂的交互神经元，是连接基础功能和专项功能的桥梁，组合应用精准实现专项功能。

3. 区域教育数据大脑的专项功能

人类大脑在强大的记忆、思维、理解等基础上控制肢体做出反应。教育数据大脑基于基础功能和核心功能运用教育功能，是各类教育数据应用的集合和呈现，赋能教育教学响应多元化的数据服务需求，采用驾驶舱、智能画像、实时监测、诊断预测、定制功能等教育性分析模型对“师—生—校—区”

---

① 周向阳、于德华：《开发大脑潜能 推进素质教育》，《生物学教学》，2000年第5期，第40—41页。

主体的当前和未来发展提供监测、评价、决策、干预和预测功能，实现教育优化均衡发展，为“师—生—校—区”提供均衡的创新型教育生态系统。

（1）监测：是对“师—生—校—区”的监督和测验，基于数据的互联互通、实时共享构成常态监测。如教育数据大脑集成“神经元数据”、遗传算法等模型监测教育投入和教育质量，实现教育资源等合理配置及管理，提高教育服务质量；再如监测校园食品安全、监测校园疫情等，提升区校应对突发事件的响应速度。

（2）评价：基于存储的数据对一件事物或人物判断分析后得出结论，如通过层次分析法、消除量纲处理等方法进行教育资源投入与应用均衡评价、教学绩效评价等。监测评价的本质是价值的判断，教育数据大脑满足“师—生—校—区”相关需要的程度决定了其产生价值的高低。

（3）决策：对具体的教育教学情境给出恰当的判断和策略。如通过 Apriori、FP-growth 等算法挖掘提取教育教学数据中潜在的知识和规律，为教学管理和评价支持决策。

（4）干预：基于监督主体检测判断是否远离最优路径，从而采取策略合理干扰，如提供个性化学习资源推荐，干预学生学习路径走“直线型”的知识图谱路径，减少弯路，提高学习效率。

（5）预测：分析师生行为关联或发展模式，预先测定和推测未来发展样态，如通过线性回归、时序分析等智能算法预测学生成绩、预测教育发展需求趋势等。区域教育数据大脑的专项功能运用实现教育业务的过程监控、结果诊断、前置管理、趋势预测等。

第二节　相关概念

一、区域教育数据中心

区域教育数据中心是在智慧教育理念的指导下，采用一体化架构、可灵活扩展的信息化系统，包含若干支撑具体教育业务开展的应用系统，以全面支撑区域智慧教育业务开展。数据中心平台建设，是实现数据集中管理、流转、储存等内容的基础。数据中心平台建设是为了打造教育数字化，在建造的过程中，其不仅仅是硬件设备的集成，更多的是为了实现数据信息的沟通[①]。

① 徐强：《区域教育数据中心的建设与应用》，《数字技术与应用》，2019 年第 5 期，第 131、201 页。

数据中心建设需要满足不同的设备需求，其中包括各个业务系统之间数据的共享、数据库中身份的统一认证等。

区域教育数据中心是区域教育事业快速发展的战略资产，通过构建区域教育数据中心，能够实现区域内教育数据的统一管理，改善现有的教育模式，提升教育数字化的规模和水平，实现教育事业的进一步发展。

二、区域教育数据大脑

数据大脑这一概念源于智慧大脑，与之概念相近的还有人工智能大脑，在不同应用领域，数据大脑概念进一步延伸，具有了领域特点。区域教育数据大脑以区域教育数据为基础，借助技术实现数据感知，通过全流程数据传递，建立数据认知和数据模型体系的连接，从而支持教育控制和推理决策效能，挖掘和发挥数据内含价值。区域教育数据大脑服务于学生、教师、学校和区域多个主体，提供以个性化学习、精准教学支持和智能管理决策为中心的监测评价、合理干预和预警预测等功能，创新智慧教育新生态，实现区域教育均衡发展，具备横向联通性、纵向持续性、情境适配性、学习实时性和能力可塑性特征，具体含义如表 11-1 所示。

表 11-1　区域教育数据大脑的特征

特征	含义
横向联通性	教育数据大脑联通分布式系统，数据横向共享交互
纵向持续性	数据单元纵向持续贯通教育数据大脑各中心层
情境适配性	教育数据大脑根据不同特定场景赋予不同含义
学习实时性	教育数据大脑的数据实时更新和稳定自我优化
能力可塑性	教育数据大脑在数据或功能受损情况下具备自我修复能力

综上所述，区域教育数据大脑与区域教育数据中心相比，在以下几个方面更加突出，基于区域教育数据中心可采集海量数据，以及打破多源异构“数据块”流通壁垒和资源丰富可综合使用的基础上，区域教育数据大脑一是可具备基于实时有效的数据完成自主学习、分析推理等实时学习能力；二是不仅仅可以以第四范式的方式机器学习模型构建，还可以形成可重复使用的教育数据模型体系，实现模型通信共享；三是人机群智协同的知识生产模式，加工过程由师生、教育数据平台以及师生共同组成，是人类智能的延伸和机器智能的拓展；四是教育数据大脑的数据实时不断更新，并且可以稳定地自我

优化和自我修复。

第三节　区域教育数据大脑的总体架构设计

区域教育数据大脑以建设一套覆盖全区的教育教学、教育管理、教育评价、教育大数据分析的学生发展大数据融合平台为基础，建立个性化工作台、数据监控中心、服务聚合中心、数据分析中心，汇聚基础教育教、学、研、管、评等应用及数据，实现各类业务数据成果的统计分析、统筹汇聚、监测分析，并根据教师、学生、家长、管理人员等不同用户的应用需求，建立个人门户，提供面向各自业务的数据分析与数据服务。总体架构设计应建立在统一规划的技术体系上，并以完整的技术支撑服务，保证信息资源、业务应用系统、基础设施、信息安全保障体系、标准规范体系、运维体系各要素之间构成一个有机的整体，方便信息的交换和共享，消除资源建设的无序和重复，推动信息系统的集成和整合，保障基础运行环境的安全和稳定，提升技术支持和运维服务的水平和质量。常见的总体架构如 11-5 图所示。

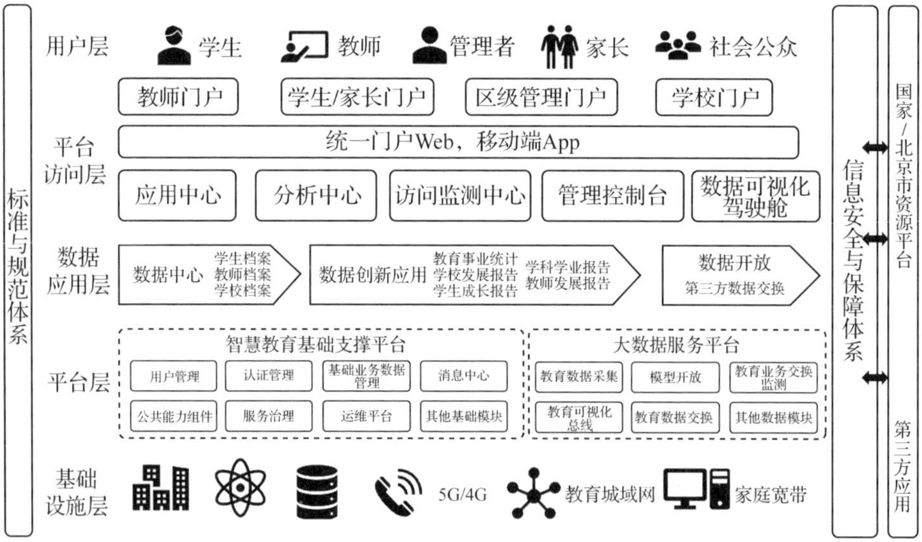

图 11-5　区域教育数据大脑的总体架构设计

一、平台访问层

平台访问层是面向最终用户的统一入口，访问层在集成各个应用子系统的数据、功能和服务的基础上，通过空间及公共服务平台的方式，为教育管理人员、教师、家长、学生等各类用户提供各自所需的教育数字化服务。同时面向最终用户提供多种访问渠道，包括多种终端设备访问形式。访问层包括教师门户、学生/家长门户、区级管理者门户、学校门户。

二、数据应用层

数据应用层是各类教育应用数据的集合和呈现，围绕学生发展和教师成长需求，实现对教育数据价值的挖掘与分析，基于现有的主数据管理标准和规范的基础，联通所有关于师生的各类业务数据，重点建设完善档案、报告等应用，实现教育数据创新应用。

三、平台层

平台层整合内、外部各类教育信息资源，综合数据管理平台，按照统一标准，建立不同粒度、不同主题、不同维度的信息资源库，完成从“数出多门”到“一数一源、数入一库、数出一门”的转变，真正实现横向集成、纵向贯通、全局共享的学生发展大数据融合平台。平台层主要包括智能教育基础支撑平台和大数据服务平台。

四、基础设施层

基础设施层即基础运行环境，复用已有信息化设备设施，以大数据融合平台为基础，根据实际需求进行相应完善和优化；运用大数据技术对系统进行监控分析，确保系统安全可靠、稳定高效、易用实用。

五、标准规范体系

标准规范体系建设主要从管理、业务、技术等方面综合考虑，是各信息系统实现互联互通、信息共享、业务协同、安全可靠运行的前提和基础。标准规范体系主要包括信息资源标准、业务应用标准、技术标准、网络基础设施标准、信息安全标准和管理标准等。

六、信息安全保障体系

构建整个信息安全体系，保障业务应用系统的安全运行，通过技术手段实现系统安全可管理、安全可控制的目标，使安全保护策略贯穿到信息系统的物理环境、网络层、系统层、应用层、数据库和管理体系的各个层面，并依照体系内容进行落实，形成“纵深防御、分区、分域、分层”的信息安全保障体系框架，实现信息系统安全机密性、完整性、可用性、可控性和不可否认性的安全目标。信息安全保障体系包括安全组织、安全管理体系、安全技术体系等方面内容。

七、运行维护与技术服务体系

建立“以制度为基础、以流程规范为保证、以技术工具为手段、以服务支持为后盾”的运行维护与技术服务体系，及时完成对运行状态的全面监控和运行问题的及时处理，支持应用系统的安全、稳定、高效、持续运行；同时，通过统一的服务平台、可行的管理制度以及运行维护技术支持队伍的建设，实现运行维护工作的智能化和高效率，提高教育数字化主管单位整体的运行维护水平。主要包括运行维护服务制度、运行维护服务工作流程、运行维护服务组织、运行维护服务队伍、运行维护技术服务平台以及运行维护对象。

第四节　区域教育数据大脑的功能框架及其实施路径

一、区域教育数据大脑的功能建设框架

区域教育数据大脑以满足用户需求、按照恰当的逻辑为教学创新和治理提供服务。基于此，可以构建区域教育数据大脑功能建设框架，通过教育数据大脑提供“监测评价、合理干预、预警预测”功能服务路线，满足个性化学习、精准教学、智能管理与决策的应用总目标以及“师－生－校－区”干系人应用目标，如图 11-6 所示。

(一)应用总目标

应用总目标为个性化学习、精准教学、智能管理与决策。区域教育数据大脑建设为教育数据治理和教学创新变革提供新方向。对于学习者来说，通过多模态数据挖掘分析，全面刻画综合素养结构和深度分析学习习惯，助力学生个性化学习。对于教师来说，为学生个性化学习及时反馈、优化资源分配等实现精准教学。对于管理者而言，智能管理与决策为下一步的政策制定、科学决策提供依据。

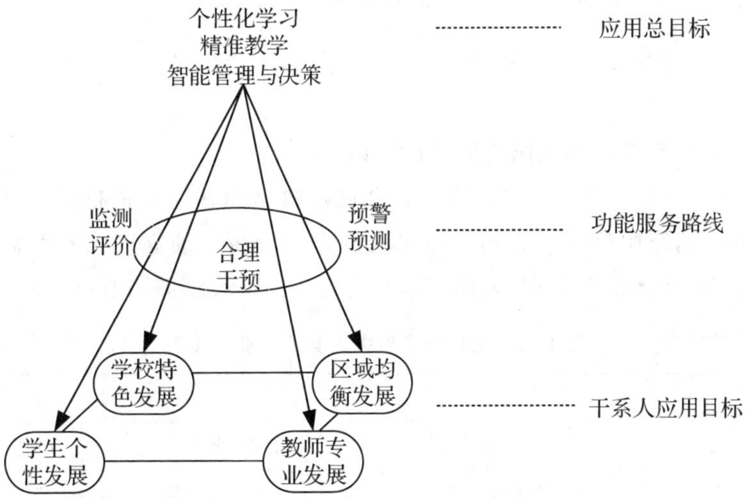

图 11-6 区域教育数据大脑功能建设框架

(二)功能服务路线

功能服务路线为监测评价、合理干预、预警预测。在教育领域，基于数据的决策包含两个方面：一是外部的教育问责，即从管理层面数据决策的宏观角度为教学提供策略；二是内部的教学决策，即从改进教与学层面的微观角度为教学提供策略。同理，不管是监测评价，还是合理干预、预警预测，宏观的管理层面和微观的教学层面都是基于原有数据监测与评价结果做出合理干预，以实现综合发展。例如：教育数据大脑为教师评估学生当前学习状况提供智能科学的学情分析，教师的决策又为数据大脑反馈数据，从而有利于教育数据大脑预测学生学习趋势和样态，教师的数据智慧又在教学决策中形成，循环往复，相互学习。教育数据大脑通过师生数据训练的内部循环保障了数据结果的科学性和有效性，服务教育教学创新和治理。

(三)干系人应用目标

干系人应用目标为学生个性化发展、教师专业发展、学校特色发展、区域均衡发展。区域教育数据大脑汇聚联通数据，打通数据壁垒，主要服务于学生、教师、学校和区域主体，构建供给学习内容定制化、支持学习方式个性化、设计教学方案精准化、架构组织管理扁平化、学习环境立体化、区域发展均衡化的应用体系，从而助力学生的个性化发展、教师的专业发展、学校的特色发展和区域的均衡发展。

二、区域教育数据大脑的实施路径

区域教育数据大脑的功能建设框架提供了功能建设图谱以及实施路径的分类基础。

(一)区域教育数据大脑功能建设图谱

基于师—生—校—区的全样本、全过程数据和智能分析技术，对功能服务路线映射到应用目标形成的逻辑关联网进行分析，确立区域教育数据大脑的功能建设图谱(见表11-2)，R表示图谱关系，N表示图谱节点。

表11-2 区域教育数据大脑的功能建设表

节点	关系		
	R1 监测评价	R2 合理干预	R3 预警预测
N1 学生个性发展	学生综合素养评价与诊断	学习过程干预	学生未来发展预测
N2 教师专业发展	教师教学能力监测与诊断	教学策略干预	教师未来发展预测
N3 学校特色发展	学校特色评估与评价	校务教务干预	学校未来发展预测
N4 区域均衡发展	区域均衡发展评估与诊断	综合事务干预	区域均衡发展预测

(二)区域教育数据大脑的实施路径

根据区域教育数据大脑的功能建设图谱，由图谱关系R和图谱节点N构成的联结可以进行区域教育数据大脑应用，如图11-7所示，具体的实施路径如下：

路径1——N1R1学生综合素养评价与诊断：依托真实、全面、可靠的学生综合素养评价构建档案袋记录横纵向发展轨迹，提供科学发展评价报告，推动学生全面发展。如学生学科知识掌握程度、学生成绩分布、学科素养评测、体质健康监测、社会实践活动情况、学习风格判断、学习投入判断、社会认知等多个部分，呈现方式可采用学生画像、学生报告等多种方式。

路径2——N1R2学习过程干预：区域教育数据大脑干预引擎是基于学生综合素养评价与诊断路径N1R1向学习者实施干预，其干预过程是循环往复对学习过程状态进行持续跟踪与监测分析。如培养学生学习习惯、试卷题目做题顺序、合作学习分组等功能，同时学习者画像也为学习过程干预提供参考依据。

路径3——N1R3学生未来发展预测：预测学生学习结果，从而进行更好的干预和预警以改善学习成效。基于N1R1诊断学习中发生的问题，学生未来发展预测路径 N1R3 和学习过程干预路径 N1R2 相互影响，三者共同优化学生的学习效果。如学科薄弱知识点预警、学生学科成绩预测、知识重点投入程度、艺术兴趣挖掘等服务，为学生下一步发展提供预测和预警干预，利于发挥优势和降低风险。

路径 4——N2R1 教师教学能力监测与诊断：利用大数据分析技术对教师教学实践进行跟踪和评估，基于监测结果提供及时和有效指导，是教学策略干预路径 N2R2 的基础，为教师教学能力特色发展和快速发展提供充分保障。如利用教学资源创建评估、教研活动成果评估、教育教学实绩等监测和评估教师教学素养。

路径 5——N2R2 教学策略干预：学生维度的 N1R1 路径、N1R2 路径和 N1R3 路径，与教师维度的 N2R1 路径相互作用并自适应调整，实现精准干预和教学策略推荐，如服务精准匹配教学资源、定位教学目标和内容、优化教学策略等干预教师精准化教学。

路径 6——N2R3 教师未来发展预测：科学预测教师未来发展概况利于教师专业发展，为未来发展路径提供参考加速教师成长，预测结果可帮助教师快速筛选区域教育数据大脑干预的主题和干预的类型，如教师职业发展预测、研修内容聚类预测等，从教学、教研、决策等多个角度促进教师专业发展。

路径 7——N3R1 学校特色评估与评价：学校特色评估与评价是推动学校特色发展的关键，是发展什么特色和如何开展的前提及统一认识，对 N3R2 路径和 N3R3 路径起支撑和承载作用，如学科发展评估、学科课程特色等，评估监测学校亮点和可持续发展创新点等。

路径 8——N3R2 校务教务干预：通过追踪教育主体和教学管理业务相关数据，透视学校校务教务过程中存在的潜在问题，基于大数据平衡学校的供需管理，进而为学校业务改进提供有效干预手段，如教师绩效分析、学生事务规划、教师队伍结构干预等。

路径 9——N3R3 学校未来发展预测：学校未来发展预测在学校高效运转、资源优化配置、降低教学管理成本等多个方面提前干预，是学生 N1R3 路径和教师 N2R3 路径、N3R1 路径和 N3R2 路径共同影响的预测结果，如学位预警、岗位空缺预测等。

路径 10——N4R1 区域均衡发展评估与诊断：区域教育数据大脑以数据为基础，科学把握整个区域教育发展态势，评估当前状况并制定区域均衡发展方案，如区域教育资源均衡评估与诊断、区域教育机会均衡评估与诊断、区域教育环境均衡评估与诊断等，从多个角度监测区域均衡发展现状。

路径 11——N4R2 综合事务干预：区域教育数据大脑对区域综合事务监测并进行事前合理指导和干预，如学校资源分配干预、教师岗位名额分配、学校办学质量监测和干预等。

路径 12——N4R3 区域均衡发展预测：基于海量数据所构建的预测模型，通过汇聚区域 N4R1 路径和 N4R2 路径，以及学生 N1R3 路径、教师 N2R3 路径和学校 N3R3 路径挖掘、关联、聚合等算法的算法结果，预测区域教育发展需求趋势、科学教育决策和资源配置，如区域师资配备预测等，确保区域教育在质量、环境、机会、资源等方面的均衡。

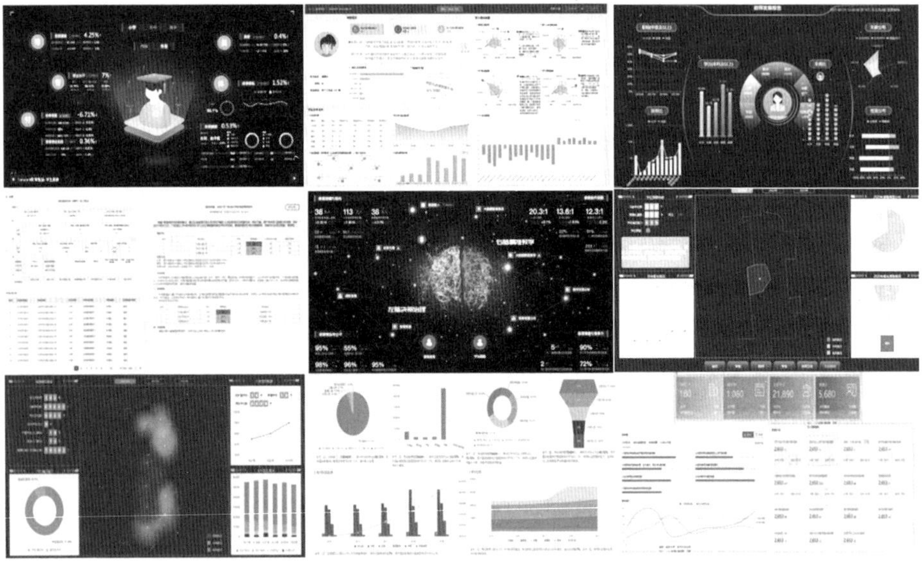

图 11-7　十二条路径的应用样例

第五节　区域教育数据大脑的典型运用及未来展望

北京市东城区进行的国家智慧教育示范区打造“1＋7＋N”智慧教育服务体系，其中“1”是指建立一个“区域教育数据大脑”，实现“区校联动、智慧决策、数据说话”的教育生态体系，为评估师生发展、优化教学效果、干预教学决策等提供科学依据，如图 11-8 所示。该区教育数据大脑收集了人事科、小教科、德育科等 17 个科室有关区域内教师、学生、学校等相关数据，以及当前课堂

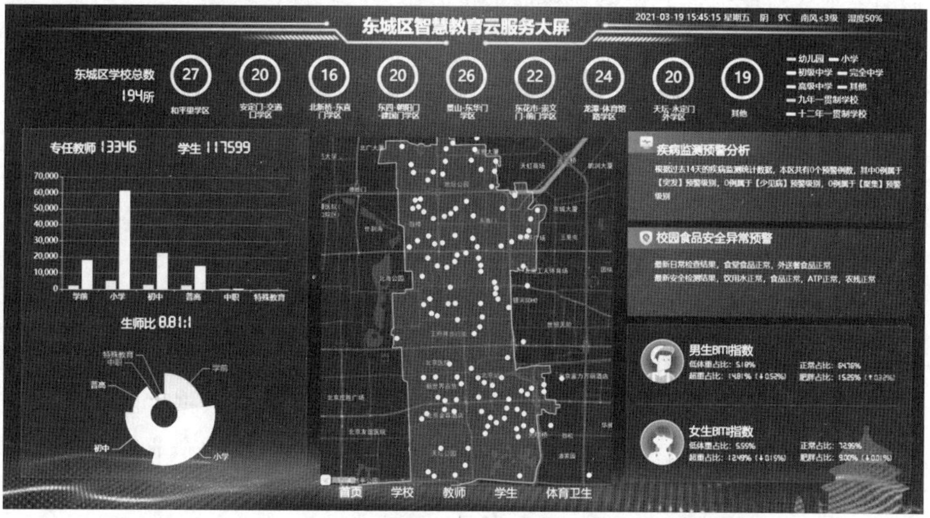

图 11-8　北京市东城区智慧教育云服务大屏

上实时产生的行为数据、资源数据等，融合联通存储、记忆于教育数据大脑，通过数据清洗、交换、分析，以及建立数据模型、相关指数计算，实现推理、判断、学习等核心功能。该区域教育数据大脑提供师生疾病预警功能、学生健康指数评估、师生特征画像等监测、评价、预测教育教学专项功能服务，生成描绘学生学习情况、教师发展情况和学校总体样态的“三档四报告”。“三档”是指学生、教师和学校档案；“四报告”是指学生、教师、学校和区域发展报告，以及可视化区域教育数据大脑驾驶舱，以满足“师－生－校－区”干系人监测、评估、预测发展的基本专项需求。初步搭建了功能建设图谱中的N1R1路径、N2R1路径、N3R1路径和N4R1路径，N1R3路径、N2R3路径、N3R2路径、N4R2路径并在逐渐完善中，还为N1R2路径、N2R2路径联结自组织提供基础。

该区教育数据大脑建设当前处于一期，二期仍会继续完善推理、判断、决策等功能应用，深化教育数据大脑服务个性化学习、精准教学和智能管理与决策等。区域教育数据大脑建设的基础功能、核心功能和专项功能是需求层次不断迭代演化的过程，依据教育实践动态变化，按需研制专项功能，增强教育数据大脑各平台的联通性、持续性、服务的适配性以及自身的学习性和可塑性。

教育数据大脑借助教育数据帮助师生校区提高智能化服务功能的教育生产力系统。当前区域教育数据大脑的建设尚处于初步阶段，如数据全生命周期的治理、数据标准的建设、数据采集的质量、数据清洗的方式、数据挖掘的深度、数据呈现的样态、数据安全的管理、算法的合理性等需进一步加强，从初步建设阶段到快速发展阶段需从数据分析、数据运用、功能开发等方面逐步分期分阶段建设。首先，需建立数据大脑的底层架构和打通数据壁垒，解决数据孤岛问题，这是建设教育数据大脑的基础。其次，依据师生校区的需求、智能技术的难度和对数据质量的要求改善业务提升服务，最后迭代优化服务。

在建立教育数据大脑过程中需要注意和解决如下问题：①开发数据全生命周期管理的建设思路和相应机制，这不仅仅是加快数据传输和高效利用存储空间，也是高效数据分析处理优化服务，更是减轻教育数据大脑负荷的一种有效机制。②多方协同建立数据大脑，政府、专家学者和企业等多视角全方位建设、维护和快速发展教育数据大脑。③遵守社会法律和伦理问题，如数据安全问题，依据数据安全法保护师生隐私和建立数据标准、安全规范。再如在依据深度学习算法基础上为学生推送学习资源，优化学习路径的个性学习易产生“信息茧房”效应和算法偏见。

区域教育数据大脑研究和建设的下一步发展包括：

(1)优化算法和开发智能技术：教育数据大脑的本质是基于海量数据，挖掘数据与数据之间的关系来满足优质化教育教学、教育治理等需求，而数据与数据之间的关系借助教育数据模型、深度学习算法、人工智能技术、大数据技术等，以实现精准化评估当前教育教学现状、精确化预测未来教育教学发展、精细化提供教育教学决策。

(2)构建教育数据模型：建设教育数据大脑是为了帮助学生更精确地支持个性化学习服务、帮助教师更精准地认识教育现象、帮助管理者更高效地治理区校事务，教育数据模型是连接教育教学理论和教学实践现象的桥梁，不断迭代优化教育数据模型更加贴切教育现实需求，为教育数据大脑增强活力，如构建学生综合发展画像、教师能力画像等。

(3)创新人机协同模式：区域教育数据大脑和用户之间的使用是一种人机协同的模式，人与机各自发挥优势，区域数据大脑与师生区校社会化协同分工的方式及其创新协同的模式使区域教育数据大脑使用更契合，从而提供更优质化的教育教学服务。

第十二章 基于区域基础教育大数据的应用案例

智慧教育是当前教育信息化的发展方向，也是区域教育信息化的美好期望，但要实现教育中的智能支持，大数据是必不可少的。教育数据已经成为教育部门和学校的基础性战略资源和高价值资产，是促进教育高质量发展的重要生产要素。区域性教育大数据汇聚应用是智慧教育必经的前置阶段，依托大数据，逐步形成智能系统和智能装备，能够为智慧教育发展奠定基础。当前，区域教育大数据规划应用已成为各地区筹划教育信息化深化发展、推进教育信息化 2.0 实践与研究的重点和热点。

【本章内容结构】

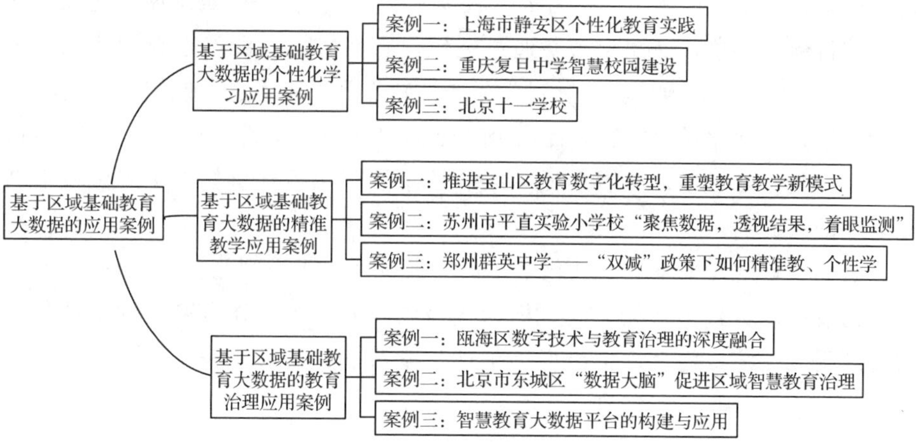

图 12-1　思维导图

第一节　基于区域基础教育大数据的个性化学习应用案例

个性化学习已经成为现代教育发展的必然趋势，学生的个性发展是培养创新型人才的重要基础，个性化学习不仅是世界教育改革创新的重要趋势，更是我国基础教育改革面临的重大课题。《教育信息化十年发展规划（2011—2020年）》中强调“教学变革要在个性化学习方面取得突破，为所有学习者提供个性化学习的信息化环境和服务”①。由于个体的差异性，在“以人为本”、以创新人才培养为目标的现代教育教学理念下，如何让每一个学习者个体获得个性化的学习体验并得到充分发展，已成为教育者关注的焦点②。

关于个性化学习的内涵，国内研究者李克东认为，个性化学习是指以学生个性差异为基础，强调学习过程要针对学生个性特点和发展潜能而采取恰当的方法、手段、内容、起点、进程、评价方式等，使学生各方面获得充分、自由、和谐发展，以促进学生个体发展为目标的学习范式③。《2020年地平线报告：教育学版》指出个性化学习是一种普遍的教学和学习实践，旨在更精细地调整课程经验，以满足学习者的个人需求④。个性化是区域发展深化和内涵提升的目标与需求，个性化需要通过区域教育研究与实践寻求新的认识与突破⑤。以学习者差异为核心，针对学生个性特点和发展潜能，制定个性化学习目标，选择个性化学习内容，提供个性化学习环境、工具、平台及资源支持，开展个性化学习活动，开展多元多维度的个性化学习评价，以实现区域创新型人才的培养。

然而，传统环境下的个性化学习仍旧是教师出于主观经验的个别化指导，随着信息技术、人工智能、大数据为代表的技术发展，技术赋能的个性化学习逐渐受到关注，何克抗指出促进个性化学习的核心理论是学习者建模，关

---

① 中华人民共和国教育部：《〈教育信息化十年发展规划（2011—2020年）〉》，《中国教育信息化》，2012年第8期，第95页。

② 郑云翔：《信息技术环境下大学生个性化学习的研究》，《中国电化教育》，2014年第7期，第126－132页。

③ 李克东：《网络环境下的个性化学习》，http：//www.docin.com/p-1199857000.html，2016-01-17.

④ NMC：《地平线报告》2020（教与学版），http//mt.sohu.com/20160216/n437557822.shtml.

⑤ 陈宇卿：《区域教育走向个性化：行动与反思——以上海市静安区教育改革为例》，《教育发展研究》，2016年第6期，第58－62页。

键技术包括人工智能和教育数据挖掘[①]。未来环境中教学和学习方式的变革已成为必然的趋势，技术则是走向个性化教育教学的重要支撑[②]。《教育信息化“十三五”规划》[③]《教育信息化2.0行动计划》[④]《新一代人工智能发展规划》[⑤]等文件均明确了技术赋能个性化学习的重要性，指出“关注学习者不同特点和个性差异”“为每个学习者提供适合的教育”“探索在信息化条件下实现差异化教学、个性化学习、精细化管理、智能化服务的典型途径”等内容。美国的《通过教育数据挖掘和学习分析促进教与学》报告指出：互联网与物联网、云计算与大数据和智能终端支撑下的个性化学习是国际信息技术发展趋势的核心，教育大数据为教育教学决策提供有效支持将成为未来教育的发展趋势。由此可见，关注基于教育信息化和大数据技术等赋能的个性化学习、尊重个体差异、促进学习者个性化发展，是我国未来教育发展的重要内容[⑥]。

区域教育大数据为个性化教学提供强有力的数据支撑，大数据以能够记录，提供海量的过程性、个性化数据为特点，个性化教育得以实施的基础正是基于大数据的这种特点。在学生的学习成长过程中，会积累大量的结构性和非结构性数据，学生学习相关数据的获取也呈现出多样性。例如学习进展、学习成绩、学习速度、在每个学习资源上花费的时间、个人特长、社会活动等，大数据研究可以帮助教师重新审视学生的需求，通过现代信息技术寻找吸引学生参与教育活动的途径。大数据时代下的未来教育将越来越个性化，真正实现从群体到个人的教育。

余胜泉等人剖析了区域教育大数据的技术架构，包括教育过程多模态数据收集、学习者个性化认识模型构建、学科知识图谱构建、数据挖掘分析、

---

① 何克抗：《促进个性化学习的理论、技术与方法——对美国〈教育传播与技术研究手册(第四版)〉的学习与思考之三》，《开放教育研究》，2017年第2期，第13—21页。

② 孔晶、郭玉翠、郭光武：《技术支持的个性化学习：促进学生发展的新趋势》，《中国电化教育》，2016年第4期，第88—94页。

③ 教育部：《教育部关于印发〈教育信息化“十三五”规划〉的通知》，http：//www.moe.edu.cn/srcsite/A16/s3342/201606/t20160622 269367.html.

④ 教育部：《教育部关于印发〈教育信息化2.0行动计划〉的通知》，http：//www.moe.govcn/srcsite/A16/s3342/201804/t20180425 334188.html.

⑤ 国务院：《国务院关于印发〈新一代人工智能发展规划〉的通知》，http：//www.gov.cn/zhengce/content/2017-07/20/content

⑥ 刘和海、潘阳：《“以学习者为中心”：赋权理论视角下的个性化学习实践逻辑》，《中国电化教育》，2018年第8期，第100—106页。

资源语义标记与汇聚、个性化智能推荐引擎、区域教育决策分析等[①]；杨丽娜等人提出了基于在线教育大数据的个性化学习服务体系，主要包括汇集和处理各类在线学习全流程大数据、构建不同层次的学习者数字画像、构建个性化学习服务引擎三个步骤[②]；孙洪涛等人提出了基于大数据的个性化学习流程：学习过程的记录结合人口学和学习风格等学习者特征数据，可以清晰地表征学习者的学习路径和学习者特征，在有效记录学习过程、综合评价学习状况的基础上，进行诊断和推荐，开展有针对性的教学[③]。区域基础教育大数据个性化学习应用的一般流程可以总结为区域数据采集、数据分析、个性化画像和区域教学应用四个步骤，如图 12-2 所示。区域大数据教学平台可以针对个人信息、学习行为、学业数据、评价数据、情感数据等数据进行采集、捕捉与挖掘，通过数据挖掘技术、预测分析建模、可视化分析、语义引擎、学习分析技术等对采集的数据进行分析，进而生成学习者个性化画像，最终应用于基础教育个性化学习中，例如自适应学习系统、资源推荐、精准教研、精准教学、智能诊断等，支持学生的个性化发展。

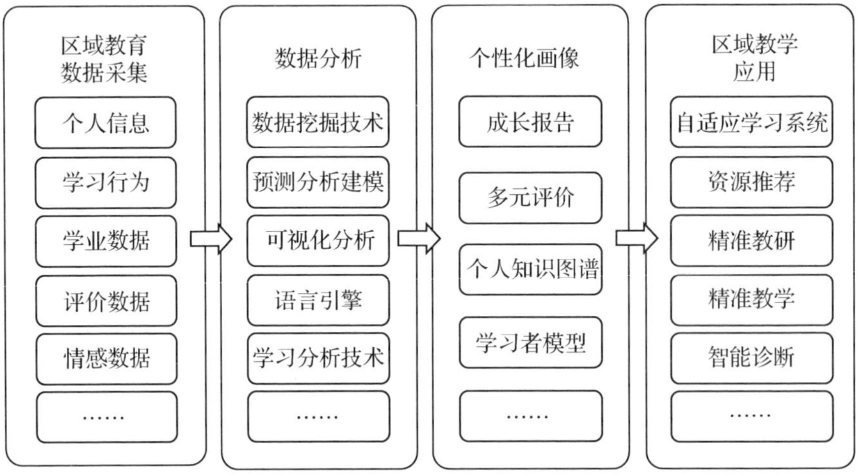

图 12-2　区域基础教育大数据个性化学习应用的一般流程

① 余胜泉、李晓庆：《区域性教育大数据总体架构与应用模型》，《中国电化教育》，2019 年第 1 期，第 18—27 页。

② 杨丽娜、魏永红、肖克曦等：《教育大数据驱动的个性化学习服务机制研究》，《电化教育研究》，2020 年第 9 期，第 68—74 页。

③ 孙洪涛、郑勤华：《教育大数据的核心技术、应用现状与发展趋势》，《远程教育杂志》，2016 年第 5 期，第 41—49 页。

案例一：上海市静安区个性化教育实践

“十二五”期间，静安区承担了教育部重点课题“走向个性化：发达城区教育内涵提升的实证研究”，全区以计算机硬件、教育大数据为基础，以互联网为依托，以优质资源为重要内容，以动态变化为重要特征①，构建学生个性化学习辅助平台，充分满足学生的个性化需求，鼓励学生个性化发展探索，提出了实施个性化教学、创建个性化学校、建设长效化机制的三条实践路径（见图 12-3），形成了“个别化—个性化—人本化”三个深化步骤，开展了一系列扎根实际、注重实证的深入行动，取得了阶段成果，并成为上海市教育综合改革整体实验区②。上海市静安区为大力推进“互联网＋”“智能＋”教育新形态，基于大数据、学习分析技术等方法，建设数字化教育基础设施、推进数字化教育资源的高效化整合，逐步形成了“平台网络化、资源多元化、教育个性化、治理精准化”的范式③。

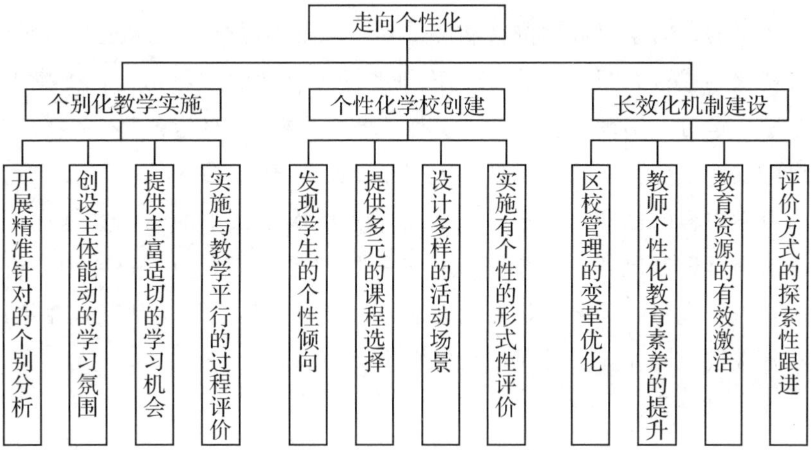

图 12-3 区域教育走向个性化的实践操作要素④

1. 学习过程的数据采集与应用

静安区借助学习系统平台建立学生过程性数据的反馈机制和信息化算法，

① 静安教育公共服务平台：《让信息技术为个性化教育更好服务》，http：//www.ja.edu.sh.cn/xwzx/jdxw/27584.htm.

② 上海市静安区：《持续推进教育个性化的实践》，《上海教育科研》，2019 年第 11 期，第 97 页。

③ 第一教育：《数字化转型推动区域教育个性化探索，大直播“数”说静安教育》，https：//sghexport.shobserver.com/html/baijiahao/2022/10/17/882161.html

④ 陈宇卿：《区域教育走向个性化：行动与反思——以上海市静安区教育改革为例》，《教育发展研究》，2016 年第 6 期，第 58—62 页。

实现学习过程的数据采集、数据有效、数据反馈，打好学生个性化学习大数据基础。学生学习过程中产生的大量学习数据，能够被技术捕获挖掘并进行统计分析，将学生的学习过程数据反馈给教师，帮助教师对学习过程进行检测，更好地提高教学的针对性与个性化。

以静安区“社会性和情绪能力”课程为例，学生在学习过程中的即时变化轨迹能够被自主研发的App精准捕捉，教师在课堂中就可以根据这些轨迹及时判断学生学习进展，及时调整教学计划，更具针对性、个性化和及时性地进行学习指导[①]。

2. 个性化学习资源平台

静安区基于“区校联动、迭代发展”的思路，形成了“n＋x”的个性化学习平台架构，其中区域层面形成了“生命科学”“中学历史”等个性化学习资源平台，学校形成了基于校本的个性化学习学科平台[②]。这些学习平台以支持个性化学习为目的，对学习数据进行动态采集，使用学习分析技术进行精确分析，并以可视化形式进行反馈，专家、教师进行针对性的学习指导，支持了大面积的个别化学习，实现了信息技术支持下的大规模“因材施教”。

以静安区生命科学教师团队研发的“二次学习”平台为例，平台中包含高中生命科学内容的微课300多节，收集学生历次考试中的错题数据进行智能诊断，清晰整理错题背后的知识点；追踪历次考试信息数据，精细分析学生掌握的知识、优势、缺陷和认知能力水平；支持教师为学生制定个性化作业，支持教师在线批阅作业、针对性指导学生等功能[③]。

3. 大数据支持综合素质的评价

以数字化支持教育评价创新，探索“智评”模式，推进教育评价改革。静安区开发了专业的信息化平台，利用大数据实施多维度综合性数据评价。创新学生评价方式，从多方面采集学生学习过程数据，客观记录学生成长经历，支持实现各学段全过程纵向评价、德智体美劳全要素横向评价。以信息化平台助推学生综合素质评价体系的完善，建设“静安区教育质量监测平台”，探

---

① 孔晶、郭玉翠、郭光武：《技术支持的个性化学习：促进学生发展的新趋势》，《中国电化教育》，2016年第4期，第88—94页。

② 第一教育：《数字化转型推动区域教育个性化探索，大直播“数”说静安教育》，https：//sghexport.shobserver.com/html/baijiahao/2022/10/17/882161.html.

③ 孔晶、郭玉翠、郭光武：《技术支持的个性化学习：促进学生发展的新趋势》，《中国电化教育》，2016年第4期，第88—94页。

索构建能体现全面质量观的学业质量监测与反馈改进机制①。

静安区开发了学生个体成长连续数据库平台，对本区幼儿园、小学、初中、高中学生成长数据进行跟踪记录，以期形成区域三到十八周岁学生成长图谱。以同济大学附属七一中学为例，学校为学生建立成长数据库，分别从学科学习能力、社会实践、体能测试、社团活动、综合能力等方面收集学生数据，通过树枝的形式来分别表现上述不同方面，通过不同颜色和数量的苹果表示学生的成长经历和水平，最终形成个性化的学生个人成长树②。

案例二：重庆复旦中学智慧校园建设

重庆复旦中学是重庆市最早开始教育信息化改革、探索智慧课堂应用的市级智慧校园建设试点校之一，2015 年，重庆复旦中学引进一对一智慧课堂教学系统，开始建设基于动态学习数据分析和“云、网、端”运用的课堂教学模式，使个性化精准教学成为可能。2017 年 9 月，复旦中学建成了重庆市第一个“大数据精准教研中心”，成为渝中区“大数据精准教学应用”试点学校③。以数据驱动学生学习个性化，助力学生个性化成长。几年来，学校基于“智慧课堂·精准教学”的创新探索，不断驱动传统教学方式转型，助力学生个性化成长与教师专业发展，走出了一条独具复旦特色的教育变革之路④。

1. 个性化学习手册提升学习效果

复旦中学依托大数据人工智能技术在竹园校区高中年级开展个性化学习的探索和试点工作，其中，《个性化学习手册》区别于传统的“题海战术”，基于大数据个性化教学系统，包含了每周一测、错题整理、错误分析、精准讲评、个性推题等模块，通过大数据分析学生的知识掌握程度，分析薄弱知识点，精准个性化推荐练习题目，通过对知识薄弱点的智能化分析和针对性辅导，使学生的学习效率得到了极大提升。大数据个性化教学系统实现了教与学全场景动态数据的采集和分析，深度挖掘数据价值。项目实施以来，学校取得了显著的育人成效：2020 年，学校竹园校区实现了 5 年间重本率从 65%

① 第一教育：《数字化转型推动区域教育个性化探索，大直播“数”说静安教育》，https：//sghexport. shobserver. com/html/baijiahao/2022/10/17/882161. html

② 孔晶、郭玉翠、郭光武：《技术支持的个性化学习：促进学生发展的新趋势》，《中国电化教育》，2016 年第 4 期，第 88—94 页。

③ http：//education. cqnews. net/html/col408319. htm.

④ 重庆复旦中学：《探路大数据下的个性化教学新样态》，https：//baijiahao. baidu. com/s?id=1708929387922682936&wfr=spider&for=pc.

到85%的跃升，成为在疫情影响下全区高考重本率正增长的学校[①]。

2. 大数据个性化教学系统支持的智慧课堂

智慧课堂是智慧教育、智慧校园的落脚点和核心，肩负着教育大数据的感知、采集和教育决策的传递、落实的重要职能。智慧课堂是以建构主义学习理论为依据，以"互联网+"的思维方式和大数据、云计算等新一代信息技术打造的智能、高效的课堂。其实质是基于对课前、课中、课后教学全过程数据的动态采集、分析和"云、网、端"的运用，实现教学决策数据化、评价反馈即时化、交流互动立体化、资源推送智能化[②]。

大数据个性化教学系统是重庆复旦中学智慧课堂的核心(见图12-4)，将课堂教学、学生课后作业以及考试数据进行采集作为教学大数据，通过科大讯飞人工智能及大数据分析平台构建学科知识图谱，针对每一位学生生成个性化学情图谱，进而精准推荐个性化学习资源，帮助学生高效学习。

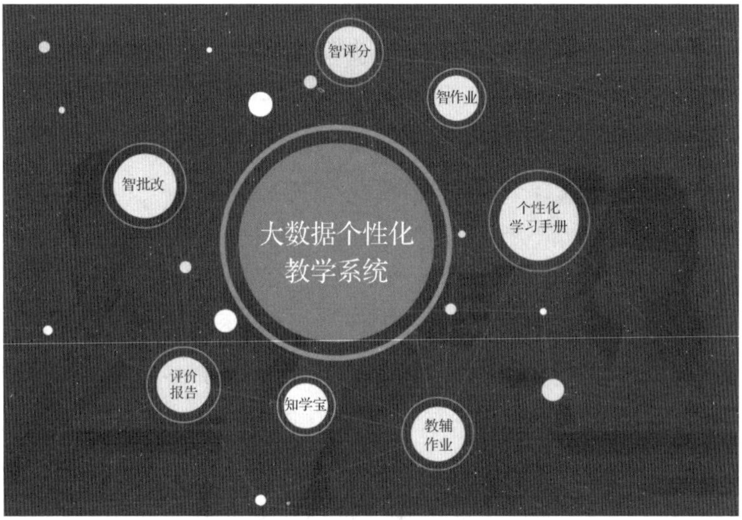

图12-4　科大讯飞大数据个性化教学系统[③]

此外，大数据个性化教学系统还包含题库资源、精准备课、精准讲评、

① 重庆复旦中学：《探路大数据下的个性化教学新样态》，https://baijiahao.baidu.com/s?id=1708929387922682936&wfr=spider&for=pc.

② 华龙网：《重庆复旦中学打造特色智慧校园纪实》，http://education.cqnews.net/html/col408319.htm.

③ 智学网，https://www.zhixue.com/login.html#p2.

精准辅导等教学工具，可以帮助教师准确掌握班级整体情况和每个学生的学习情况，根据教学数据和分析结果、学生学习特点等安排教学内容，实现基于学习数据的个性化、针对性教学。大数据个性化教学系统，整个系统可以根据学生每次作业、考试的完成情况，自动推送针对性练习，实现符合学生学习特点的个性化学习。以大数据教研中心为载体，采用学科先行、逐步推进的策略，依托数据分析，进行精准靶向教学，重庆复旦中学探索智能技术对创新人才培养的新模式，实现了教学质量的有效提升和师生减负①。

案例三：北京十一学校

1. 大数据智能排课支持的个性化走班制

为满足学生的个性发展需求，北京十一学校自 2011 年开始全面实施选课走班，走班制的实行是从高中部开始的，2013 年向下延伸至初中部。学生们根据自己的成绩、兴趣，选择各科不同的难度层级、类型，同一学科水平近似的学生在一个学科教室上课。大数据平台洞悉学校资源、收集全角色课程需求数据，自动调整排课策略，深度学习算法，轻松找到最优解，输出数据分析，评估最适合的走班方案，结合同类型学校模拟选课数据，更加直观地展示走班效果，逐步形成了一套分层、分类、综合、特需的课程体系(见图 12-5)，让每一位学生都可以选择适合自己的课程，从而实现了 4691 名学生生成了 4691 张课表，每人都拥有一份专属于自己的课程表②。一人一课表，走班制学习，真正给予学生选择的权利，让学生在选择中发现自己。

---

① 重庆复旦中学：《探路大数据下的个性化教学新样态》，https：//baijiahao. baidu. com/s？ id＝1708929387922682936&wfr＝spider&for＝pc.

② 北京十一学校，http：//www. bnds. cn/.

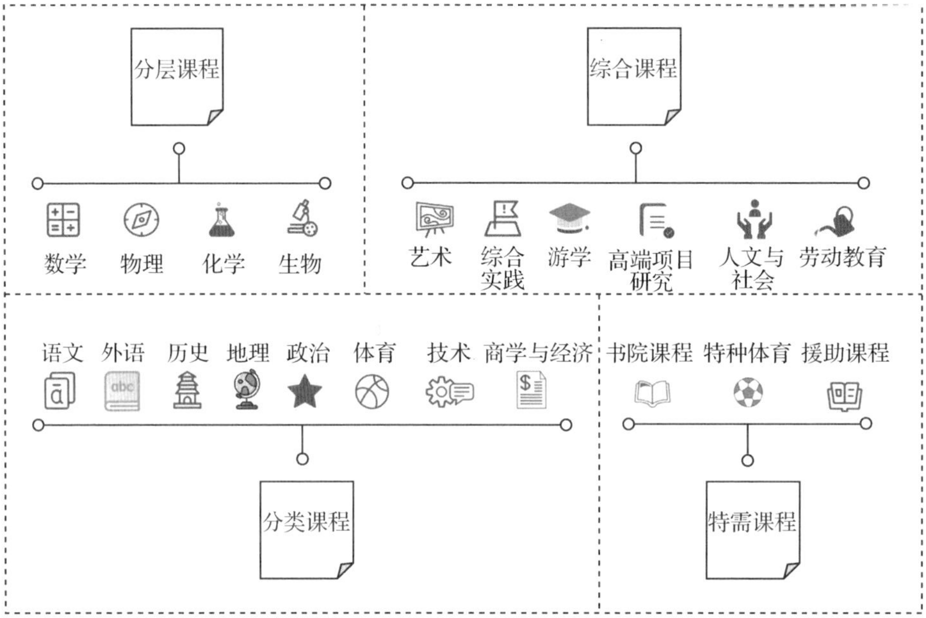

图 12-5　北京市十一学校课程体系①

2. 云校平台支持区域教育大数据个性化学习

云校是为基础教育提供数据采集、分析诊断、个性化教学与学习的互联网区域大数据教育平台(见图 12-6)。运用云计算和大数据技术，支持区域和学校的数字化管理运行、智能化分析诊断、个性化提升发展、多元化沟通协作，辅助教育管理者决策，减轻教育从业者负担，提升学习者综合素质，与区域和学校共同探索"互联网＋教育"的最佳实践模式②。

北京十一学校通过云校平台，建立面向学生个体的课程，记录学生课堂表现、行为规范、社会活动、同伴关系等形成性信息，为每一位学生建立全过程多维度的记录，形成学生的完整成长报告册，在平台上教师能够更加全面地了解学生在学习过程中所表现出的能力，并进行客观公正的评估。

① 北京十一学校：《国家课程》，https：//www. bnds. cn/course/normal/.

② 未来网视频：《北京十一学校：互联网＋学校打造个性化学习》，https：//www. sohu. com/a/112333840 _ 219967.

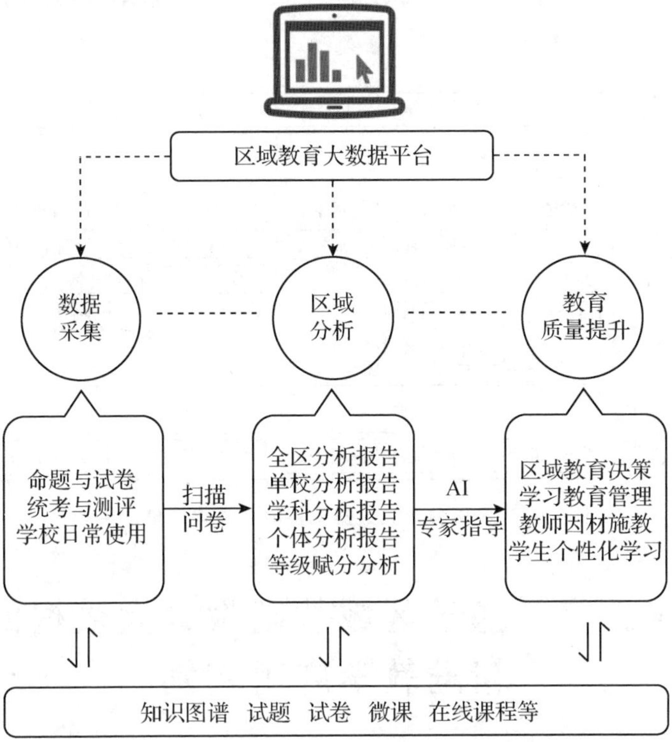

图 12-6　云校区域大数据教育平台[①]

3. 个性化评价体系

十一学校建立了面向学生个体的课程，记录学生课堂表现、行为规范、社会活动、同伴关系等形成性信息，为每一位学生建立全过程多维度的记录，形成学生的完整成长报告册。从学业过程性评价、学业终结性评价、德育表现、综合实践课程、学生社团、体质监测、技能测试等多方面精准采集评价数据，实现评价工作与日常教育教学工作深度融合。平台基于人工智能和大数据技术，对评价数据进行自动过滤和分析，以思想道德、学业水平、身心健康、社会实践、艺术素养、个性发展为六大核心素养指标，按照教学班呈现多维度分析诊断，每一位学生都能够实时了解自己的全科及单科学业分析报告，自动享有专属错题本，使学生能针对自己的薄弱环节进行有效练习，精

① 爱云校：《区域大数据教育决策平台》，https：//www.aiyunxiao.com/new-business/area-data.

准提升成绩[①]，大幅提升学校评价数据采集效率，帮助学校更好地跟踪监督学生素质发展。

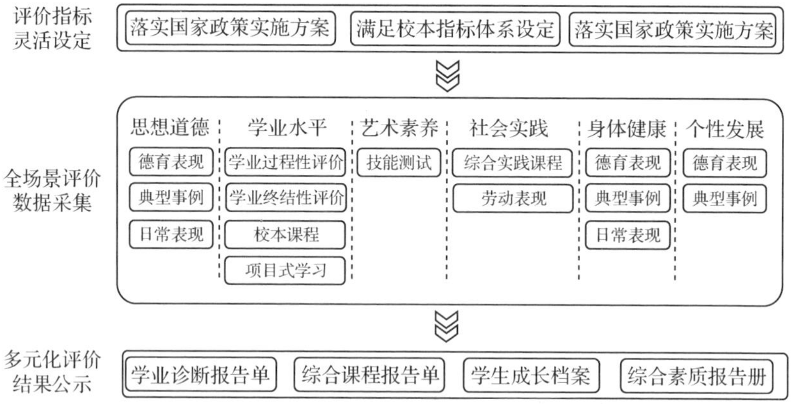

图 12-7　区域教育大数据支持的个性化评价体系[②]

第二节　基于区域基础教育大数据的精准教学应用案例

精准教学(Precision Teaching)是 Lindsley[③] 于 20 世纪 60 年代根据 Skinne 的行为学习理论提出的一种教学方法。起初，精准教学面向小学教育，旨在通过设计测量过程来追踪小学生的学习表现并提供数据决策支持，以便"将科学放在学生和教师的手中"[④⑤]。后来，精准教学发展为用于评估任意给定的教学方法有效性的框架[⑥]。历经 50 余年的发展，精准教学现已形成了自身的

① 《2016 北京十一学校教育年会彰显个性化学习》，《中国信息技术教育》，2016 年第 18 期，第 64 页。

② https：//www. aiyunxiao. com/new-business/quality.

③ Lindsley O R，"Precision teaching：Discoveries and effects"，*Journal of Applied Behavior Analysis*，vol. 1(1992)，pp. 51－57.

④ Binder C，"Precision teaching：Measuring and attaining exemplary academic achievement"，*Youth Policy*，vol. 7(1988)，pp. 12-15.

⑤ Griffin C P，Murtagh L，"Increasing the sight vocabulary and reading fluency of children requiring reading support：The use of a precision teaching approach"，*Educational Psychology in Practice*，vol. 2(2015)，pp. 186－209.

⑥ Lambe D，Murphy C，Kelly M E，"The impact of a precision teaching intervention on the reading fluency of typically developing children"，*Behavioral Interventions*，vol. 4(2015)，pp. 364－377.

一套理论方法。在大数据激发的教育变革中，以测量、记录数据为基础的精准教学必将迎来新的发展机遇①。

教学者和学习者的各种行为数据(如做的题、点击的视频链接、分享的资源、在线提问等)以数字化的形式存储下来；教学内容以文字、图片、声音、视频、虚拟场景等形式在多种教学媒介(教育机器人、智能教学平台、VR/AR设备、3D打印、移动终端等)中呈现，教学者和学习者在使用教学媒介的同时，将"教"和"学"的数据存储在媒介终端；教学媒介既是教学内容的呈现载体，也是教学数据的采集终端和传输渠道，为教学大数据的运行提供支撑。借助教育数据挖掘与学习分析技术，可以将课堂环境与网络环境中生成的教学数据"翻译"成有价值的信息，如学困生的识别、知识缺陷的发现、学科能力的诊断、教学目标的达成度等，进而为教学者的教学决策(调整教学方案、改进评价设计、选择教学资源等)以及学习者的学习决策(制订学习计划、定制学习资源、选择学习路径等)提供更准确、更及时、更全面的支持，推进数据驱动的精准教学和精准学习②。

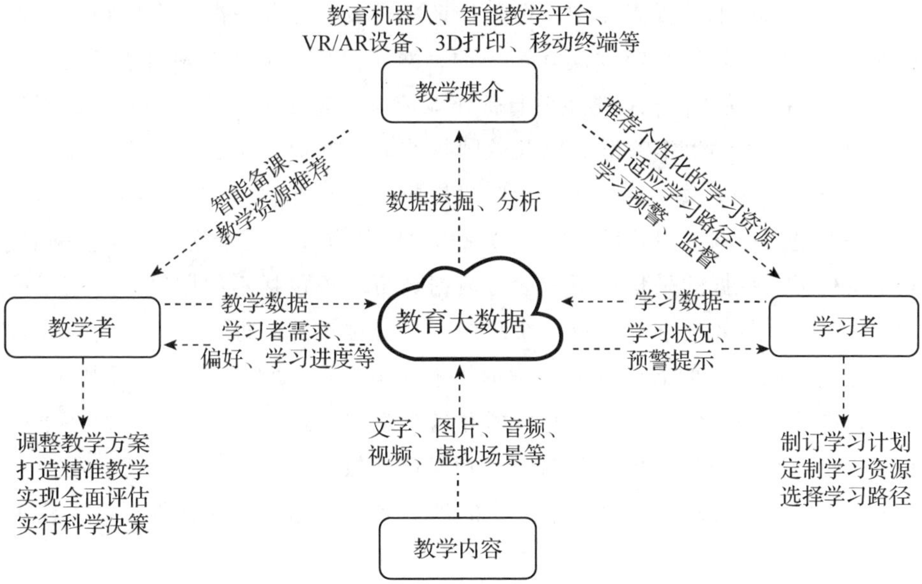

图 12-8　数据驱动的教学范式框架

① 付达杰、唐琳：《基于大数据的精准教学模式探究》，《现代教育技术》，2017年第7期，第12—18页。

② 杨现民、骆娇娇、刘雅馨等：《数据驱动教学：大数据时代教学范式的新走向》，《电化教育研究》，2017年第12期，第13—20、26页。

付达杰和唐琳认为大数据突破了传统教学环境的诸多制约，有利于推动教师在思维理念上接受并认可精准教学，所以从教学目标确立、教学过程框架设计、教学评价与预测三个维度，构建了“基于大数据的精准教学模式”[①]。万力勇、黄志芳和黄焕认为大数据驱动的精准教学在具体实施过程中应同时考虑教学大数据采集和教学大数据分析。所以提出了“精准教学目标设定→精准教学内容推送→精准学习活动设计→学习行为记录与测评→精准决策与干预”的“大数据驱动的精准教学操作框架”[②]。邢丽丽在深入剖析混合式教学“精准”需求的基础上，构建了基于精准教学的混合式教学模式，并在实践中进行应用[③]。

区域基础教育大数据精准教学在具体应用实施过程中重点包括三个方面，一是真实全面的数据采集；二是精准科学的数据分析；三是精准高效的教学活动。三个方面层层递进、环环相扣[④]。数据采集可以使用“线上数据采集”和“线下数据采集”两种方式相结合，前者采集“电子数据”，后者采集“纸质数据”。线上数据采集主要通过数字化在线课堂教学平台以及学习终端设备，记录学生在线课堂上的提问互动、习得反馈、在线作业等情况，生成相关学习数据。线下数据采集有两种模式，一种是对于日常大量的作业采用“先批后扫”的数据采集模式，先将学生的日常作业或练习卷在传统批阅基础上，通过高速扫描仪采集学生作答情况以及教师批改痕迹并保存至云端，教师通过终端 App 随时查看教学诊断云平台上收集生成的学生数据，并给出个性的建议。另外一种是通过网上阅卷系统采用“先扫后批”的方式，实现集中的网上阅卷，同步实现考试数据的采集分析。学习数据分析应该包括不同层级。对于学校管理者来说，需要精准分析每一个班级、每一位教师、每一门学科的对比数据，全面监控学校的教学现状，适时调整学校的教学管理；对于教师来说，需要精准分析每一位学生的学习数据并进行学情追踪，帮助找准课堂教学的起点、重点和每一位学生的薄弱点，开展精准教学；对于学生来说，需要精准分析自己的学习现状，提出个性化的课后复习计划和作业建议。有了精准

---

① 付达杰、唐琳：《基于大数据的精准教学模式探究》，《现代教育技术》，2017 年第 7 期，第 12—18 页。

② 万力勇、黄志芳、黄焕：《大数据驱动的精准教学：操作框架与实施路径》，《现代教育技术》，2019 年第 1 期，第 31—37 页。

③ 邢丽丽：《基于精准教学的混合式教学模式构建与实证研究》，《中国电化教育》，2020 年第 9 期，第 135—141 页。

④ 林厚从：《基于大数据分析的精准化教学》，《上海教育科研》，2017 年第 2 期，第 63—67 页。

的大数据分析，帮助学生更好地了解自己，也帮助教师更好地了解每一位学生，从而做到有的放矢、因材施教，设计精准高效的教学活动。

案例一：推进宝山区教育数字化转型，重塑教育教学新模式①

为贯彻落实教育部和上海市教委关于教育数字化转型战略行动，宝山区率先开展规划和实践探索，整体聚焦教、学、管、考、评、研、资源等应用场景，构建泛在、智慧的教育环境，改变传统课堂灌输、作业操练为主的教育教学模式，着眼于解决教育公平与效率问题，实现引领智能时代教育范式创新、教育教学模式更加灵活智能、人才培养方式更加个性多元、教育评价更加科学精准。目前推进全区 50 多所学校开展常态化试点工作，已形成了区域层面颇具代表性与创新性的实践案例。

宝山区建立数字基座，依托基座用户中心、应用中心、数据中心、消息中心、物联中心的五大中心枢纽能力，对接国家和市级资源平台，推进数字化教学助手、智慧同侪课堂等应用，为各机构、用户提供网络学习空间服务，实现上下融合贯通的智慧教育生态体系。

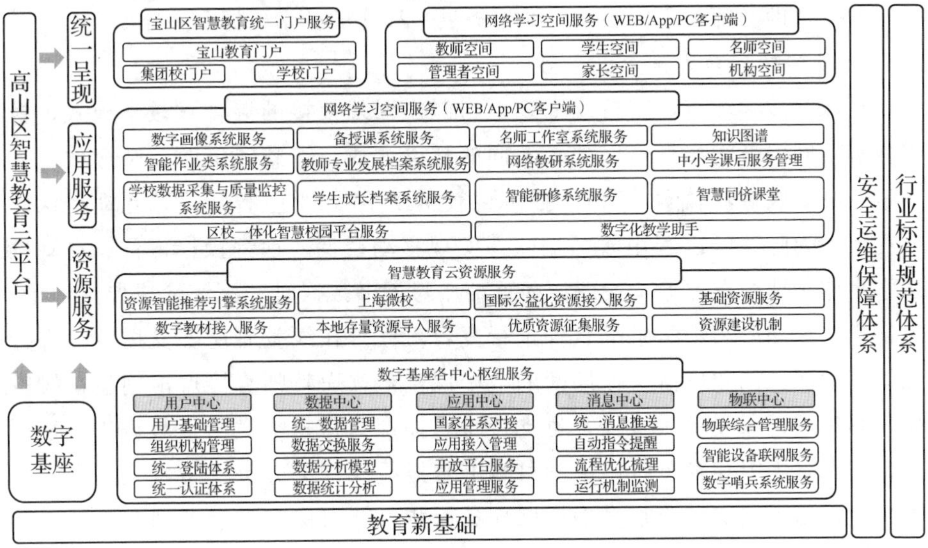

图 12-9　宝山区智慧教育生态体系架构

根据市教委“教师备课一帮一”“课堂教学一加一”“课外辅导一对一”的战

① 互联网教育国家工程实验室：《智慧教育优秀案例 25 | 推进宝山区教育数字化转型，重塑教育教学新模式》，https：//mp. weixin. qq. com/s/NS2nzgKkV6XmjNB68UDaHQ.

略部署，打造了数字化教学助手，覆盖课前、课中、课后关键环节，以“落实双减，提质增效”为目标，在常态化使用中不仅减少教师低智慧的重复劳动，而且减轻了学生的学习负担，提升了学生学习效能。通过融合教师、学生、家长、管理者等各类网络学习空间，实现了线上线下融合的教学全流程闭环，构建了数字化的教学生态体系。宝山区在原有线下一体化教学的基础上，通过数字化改造与升级，形成线下线上一体化的教学新场景。

1. 备课环节凝智聚力共分享

教师在课前，利用课件资源、自定义课包和题库资源三大资源类型板块进行备课。课件资源按国家统一的知识图谱进行分类标识、精选汇聚，包含七大优质模块，如一系列精品课案例及配套教学资源的“一师一优课”模式和上海全学科、全学段的中小学教材资源的数字教材模块。教师可以新建 PPT 课件资源、互动资源、习题备课，互动资源提供 PPT 备课助手、知识导图等适用于多种教学场景的工具，帮助教师快速创建个性化的高质量互动课件；习题备课基于课堂上的学情，借助相似题推荐引擎，自动推送不同难易程度的练习，帮助教师为不同层次的学生提供差异化的教学资源和策略。

2. 教学环节助力课堂出奇招

在课堂教学环节，支持线上线下与课内课外衔接的混合式教学模式，根据教师不同的教学场景可以选择不同的授课方式。智慧同侪课堂结合教室一体机线下班级现场教学，结合“数字化教学助手”，学生智能终端互动授课效果更佳。教师还可以利用教师端软件实现移动授课、远程操控课件、一键推送学生作品即时点评等，授课过程重难点与板书数据自动沉淀形成课堂记录，方便学生在课后利用学生端软件进行复习巩固。在线教研能够支撑教师进行在线直播课，例如疫情防控期间的空中课堂：普通教师直接点击创建在线教研，学生通过课表进入直播，也支持将直播课堂信息推送给任教班级。学校管理者可以组织和发布各年级学科线上直播授课任务并且支持网上巡课，教师可通过移动端实时接收直播授课任务提醒，有力保障教学计划有序开展和实施。

3. 课后环节聚焦高质量作业

作业内容由区教研员组织高水平教研力量进行优选、编排。作业支持常态化的在线作业、拍照作业、错题反馈作业、基于活动的打卡作业、探究作业等。教师根据教学需求有选择性地进行布置，借助智能终端，实时采集学生作业过程中的作答时长、书写轨迹、作答正确率等信息。作业完成后，部分题型由人工智能技术进行智能批改，教师仅需要批改少量的主观题。批改完成后，自动为教师生成作业报告及讲评课件，作业报告帮助分析学生作业完成情况及学习态度等信息。教师在课堂上直接使用讲评课件进行作业讲评，实时查看典型错误，分享优秀作品。

4. 优质资源库全量汇聚使用

数字化教学助手基于宝山区学校的特色，接入了各类优秀的应用供使用者选择。教师用户可以进行宝山生态应用的添加和删除；校级用户可以对本校应用设置权限管理，选择相应应用是否开放给学校教师。区级用户同样拥有应用下发的权限，可以选择给本区域各校提供哪些生态板块。

5. 为学生提供自主个性学习

借助多种方式，对班级学生的作业、检测、考试进行全方位数据采集分析。精准反馈不同学生的学业表现，帮助教师快速了解学生知识点及错题的掌握情况，及时调整教学方案，优化教学方法。基于学情分析，教师可以基于班级错题，结合人工智能推荐的相似题，针对班级学生推送错题练习。同时也可以针对学生个人，推送基于错题的个性化练习，减少学生的重复性练习，提升学习效率。

6. 为教师提供智能批阅服务

以考试＋常态测练为切入点，通过“智能题库＋数据采集＋分析评价＋报告输出”，为学校的日常测验、期中/期末/模拟考试提供阅卷与分析服务。帮助学校进行学情分析、构建分层教学方案；帮助区域教育管理机构进行学情过程的跟踪和监测；帮助教师精准掌握班级/年级学情，指导学生进行个性化学习。

案例二：苏州市平直实验小学校“聚焦数据，透视结果，着眼监测”①

苏州市平直实验小学校以“聚焦数据，透视结果，着眼监测”的方式，提供更多、更精确、更有用的信息用于教育质量监测和诊断分析，为学校的教育教学质量提升、教师培养和教育决策开辟新路径。学校的教学和管理不再“闭门造车”，而是与大数据“结伴同行”。

1. 构建学业质量三维分析方法模型

在传统教学环境下，教师开展精准教学时过度强调对学习行为结果的分析，并根据结果分析来干预学生的学习行为；而在大数据环境下，促进学生

① 中小学数字化教学：《案例分析——如何应用大数据进行精准教学和深度干预?》，https：//mp. weixin. qq. com/s/Vn-wcB7qEznqmsp8J-uoLA.

精准学习不仅要分析结果，而且要考量学习行为的过程等要素——通过采集学生在学习行为过程中产生的各类信息，形成反映学习情况的数据源，随后利用各种数学建模方法和大数据处理技术对数据源进行测量、分析与比较，并根据结果对学生的学习行为及学习表现进行评估和干预，研判学生的发展趋势，也可为学生量身定制更为有效的干预方法和改进措施，以保障学生的个性化发展。

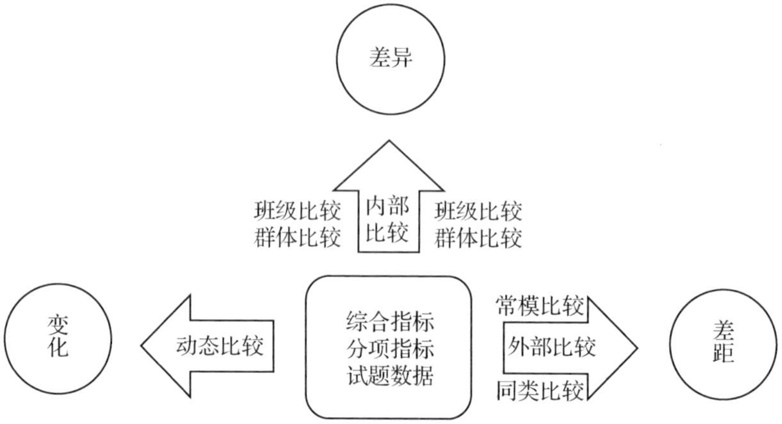

图 12-10　学业质量三维分析方法模型

学校构建了学业质量三维分析方法模型，对测试结果做了多层面和多维度的分析，方便教师梳理和研读数据，使评价从宏观转向微观，从粗略转向精细，从模糊转向清晰，从评估转向诊断。

2. 建立大数据教学资源库并推送个性化资源

程序化教学是一个输入输出过程，即输入教学资源，输出学生的学习结果。在传统教学环境下，由于教学资源有限、信息技术匮乏，以整个班级为基本颗粒开展教学活动，无法保障学生的个性化发展。

针对此问题，学校将大数据学情诊断平台与大数据教育资源库对接，从海量的数字化教学资源中进行资源的优化和匹配，利用平台根据教学进度和班级学习情况从海量试题库中智能选择题目组卷；同时，将教学(输入输出系统)的基本颗粒由班级细化到每个学生，利用智能推荐技术，根据学生的学习情况和学习特点配置优质教学资源，实施个性化教学。

3. 优化传统教学过程并做分析与比较

教师在完成评价学生核心素养发展的综合性指标、分项指标设计的基础上，借助大数据诊断系统，全面采集课前、课中和课后等学习场景的过程性数据和结果性数据，并挖掘分别面向学校、教师、学生和家长的分析报告，展开面向不同班级、不同群体、不同学科、不同年级的学业成绩、能力发展等多维度的比较。

同时，计算平均分、标准差，利用班级常模做对比来考查学生在班级中的相对位置，并参照四分位等维度将学生与同水平群体学生进行比较。此外，在深度分析大数据诊断系统所自动记录和跟踪到的班级及学生学习波动和成长历程基础上，阶段性挖掘学生薄弱点，预测其未来变化与发展趋势，并动态提供定向补救方案。

4. 实施精准干预

精准干预是精准教学的精髓所在。在大数据环境下，无论是借助学习平台、微信公众号还是家校互动网络空间，师生都可以实现跨越时空的沟通(记录可追溯查询)。在操作层面，对特殊问题和普遍问题分别干预：针对个别学生的特殊问题，借助即时通信工具实时干预；对普遍问题，则统一干预。

例如，学校利用学习大数据平台从班级视角和学生视角分别分析整个班级薄弱知识点和个人薄弱知识点，并采取推荐补救练习、学习资源等方式予以干预。建立干预机制是一个反复的工作，而练习、测量与记录同干预一起，构成了一个循环迭代的系统，这个循环迭代直至全部学生达标才终止。

案例三：郑州群英中学——“双减”政策下如何精准教、个性学[①]

郑州群英中学作为郑州市金水区智慧教育首批应用校之一，自 2011 年起开始探索信息化精准教学样态，借助信息技术和人工智能技术，基于智慧课堂环境和智慧作业系统，积极探索精准教学和个性化学习的创新育人模式，形成了别具特色的“心动课堂”精准教学模式。

区别于传统课堂，学生会在课前收到老师发布的导学任务单，主要包含趣味微课、多元化预习作业等，学生在新课开始前便可进行自主学习，完成自我检测的作业，提前洞察自己的学习短板，从而在课中有侧重地听讲。课中，学生能和老师进行高效多样互动，比如“抢答”“PK”等智能化工具能够最大限度让学生全身心投入到课堂中，进而形成沉浸式、立体化的“心动课堂”；课堂教学结束后，老师则根据学生当堂或课后测试，自动推送个性化的分层作业，帮助学生攻克薄弱点，从而进一步拓展提升。

① 讯飞 AI 校园：《【校园案例】郑州群英中学——“双减”政策下如何精准教、个性学》，https：//mp. weixin. qq. com/s/Rn4FWKauxxkqpbLzpb9PEw.

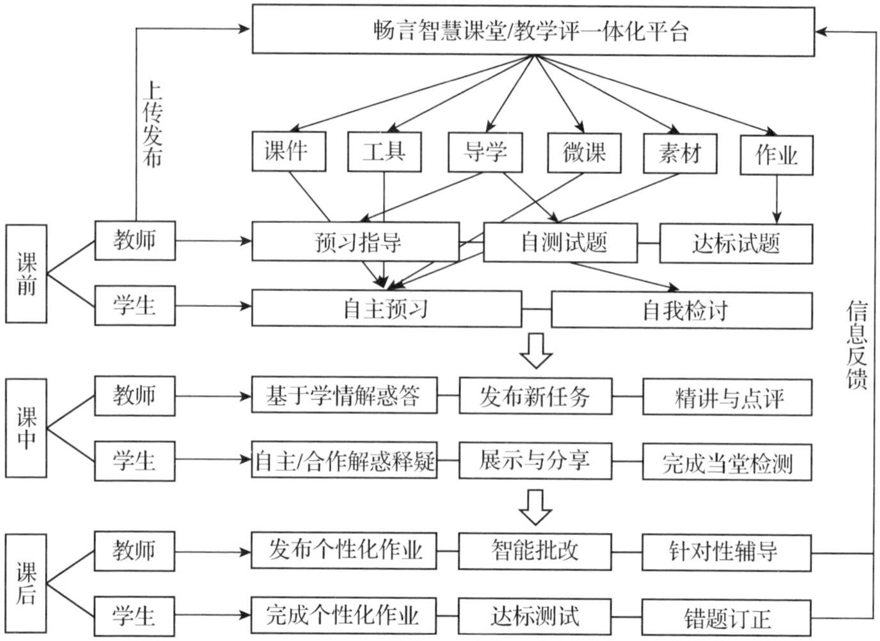

理念： 混合式学习理念。

学生主体： 基于课前导学和教师任务，是自主、合作、探究和知识的建构者。

教师主导： 以导学为起点，以智能终端为工具，借助线上教学平台和线下教学解惑释疑，以智能测评为抓手，及时评估学习效果，是教学的组织者、指导者。

资　　源： 教材、畅言智慧课堂、教学评一体化平台、智学网、国家中小学网络云平台、学在郑州、省市教育资源平台等。

图 12-11　“心动课堂模式”结构图

1. 智慧作业助力课前导学，精准分析学情

课前，老师会用智慧作业系统，布置多元化的导学任务。语文老师可以布置课文朗读、字词测评等任务，提前了解学生对字词的语音语调的掌握程度；数学老师在上新课前，可以布置新课中知识的基础运用，比如概念判断、基础运算等，提前了解学生对概念的理解能力和基础运算能力；英语老师往往关注学生的发音水平及朗读水平，可以布置单词语音测评、情境朗读等任务，提前了解学生的发音水平等。

通过课前的导学任务完成情况，帮助老师精准分析学生自主学习的效果，定位班级学情，以及学生个人的学习问题，从而在教学设计上把控教学的重难点，帮助老师科学精准备课。

2. 智慧课堂辅助课中乐学，生发高效课堂

而在课中，老师注重分层教学，会根据课前导学情况，将学生分成不同小组，针对性设计多样化的教学活动和学习目标，让学生能够充分融入课堂，分工合作进行探究学习，这样不仅能锻炼学生沟通和协作的能力，还能培养学生发现、分析、解决问题的能力，增强学生的创新与应用意识。

在数学课上，老师根据情况实施“翻转课堂”，以学生为中心，开启“学生讲”模式，有效调动学生的积极性，激发学生争当班级的“小讲师”，这样不仅能加深学生的理解，提高学生的思维水平，还能锻炼学生的主人翁意识，激发学生的自主性和独立性。同时借助智慧课堂多元化的互动工具，营造自主探究、自评互判的学习氛围，让“心动课堂”更加精彩纷呈，学生更能沉浸在知识的海洋中深入思考，调动学生学习的自主性、能动性、探究性，形成师生同频互动，生发沉浸式、立体化的高效课堂。

此外，课堂互动和检测等过程性数据会自动汇聚，比如学生的互动次数、全班作答数据会智能生成班级报告呈现在教师眼前，帮助老师实时掌握学生的“课堂表现”，及时调整教学策略，实现差异化的精准教学。

3. 智慧作业提供课后自(智)学，分层个性学习

课后，老师则会根据学生们的课堂表现，布置层次化、多元化的个性作业。学生提交的作业，可以智能生成班级及学生作业报告，同时在报告中结构化呈现出学生的知识图谱，老师会结合知识图谱中的薄弱点开展个性化辅导，学生也可以根据自己的时间，利用微课视频等资源自主学习，攻克薄弱点，进而再往上进行巩固拓展。

课前、课中、课后的学习数据汇聚也能精准刻画出学生学习画像，生成个性化的学习路径。个性化的学习模式可以让学生按照自己的学习路径做好学习规划，比如已掌握的知识点可以少做，将学习重心放在未掌握的知识点上，这样不仅能够减少低效重复的作业，大大提高学生学习效率，更能落实“双减”要求，减轻学生很大的作业负担，让学生在有限的课后时间去发展兴趣和个性特长，促进学生德智体美劳全面发展，助力五育并举。

“心动课堂”模式大大提升了精准教学的可操作性。精准教学实施的关键在于“精准”二字，智慧课堂借助大数据技术，可以实现课前—课中—课后教师教学、学生学习全过程数据的伴随式采集与智能分析，帮助教师实现精准分析学情，实时调控教学策略，进而实现“以学定教”。

第三节　基于区域基础教育大数据的教育治理应用案例

党的十九届四中全会提出“把我国制度优势更好地转化为国家治理效能”，五中全会进一步提出推进“国家治理效能得到新提升”。在高质量发展阶段，中国特色社会主义教育制度与教育治理体系更加成熟定型，如何进一步完善教育制度体系，推进制度优势转化、提升教育治理效能，既是现阶段我国教育治理现代化建设的关键议题，更是有效解决教育治理难题、建设高质量教育体系的重要手段[①]。随着信息化的深入发展，人类社会将进入一个新的大数据时代。运用大数据完善社会治理、提升政府治理能力已经成为全球范围内的发展趋势并受到普遍重视。教育作为政府治理的重要方面，需要适时抓住大数据发展的有利时机，利用大数据推动教育治理能力现代化[②]。

关于教育治理的内涵，褚宏启教授认为，教育治理是指国家机关、社会组织、利益群体和公民个体，通过一定的制度安排进行合作互动，共同管理教育公共事务的过程[③]；孙绵涛教授认为，教育治理是通过一定规则和程序对教育中相互冲突相互竞争的利益各方进行调解的一种过程。它一般由“谁来治理、治理什么、如何治理”等基本要素组成[④]；刘来兵副教授等认为大数据时代的教育治理体系是一个以数据为前提、制度为保障、政府是关键、学校是主体、社会是必需的规范、协调和高效的运行系统[⑤]。近年来，很多研究者已经注意到大数据技术对教育治理的支撑作用。“以教育信息化驱动教育现代化”是我国教育领域的一个共识。在教育部印发的《教育信息化 2.0 行动计划》[⑥]和《关于加

① 蒲蕊：《论高质量发展阶段的教育治理效能提升》，《中国教育学刊》，2022 年第 8 期，第 7—12 页。

② 王永颜：《大数据时代教育治理能力现代化构建与路径选择》，《电化教育研究》，2017 年第 8 期，第 44—49 页。

③ 褚宏启：《教育治理：以共治求善治》，《教育研究》，2014 年第 10 期，第 4—11 年。

④ 孙绵涛：《现代教育治理体系的概念、要素及结构探析》，《教育研究与实验》，2015 年第 6 期，第 52—56 页。

⑤ 刘来兵、张慕文：《大数据时代教育治理现代化的内涵、愿景及体系构建》，《教育研究与实验》，2017 年第 2 期，第 30—35 页。

⑥ 中华人民共和国教育部：《教育部关于印发〈教育信息化 2.0 行动计划〉的通知》，http：// www. moe. govcn/srcsite/A16/s3342/201804/t20180425 334188. html.

强新时代教育管理信息化工作的通知》[①]两个文件中，都提出要利用大数据提升教育管理信息化水平。由此可见，政府高度重视教育管理信息化工作，尤其是大数据对教育治理创新与变革的支撑引领作用[②]。

大数据时代，区域教育治理面临着前所未有的发展机遇。一方面，大数据能为区域教育治理提供实时而丰富的信息，有助于政府、学校、社会及时、全面地了解相关信息，共建多主体协商共治平台；另一方面，通过相关数据分析技术对大数据具有的海量数据进行挖掘与分析，可以找到教育现象背后所蕴含的教育规律与逻辑，促进区域教育治理[③]。

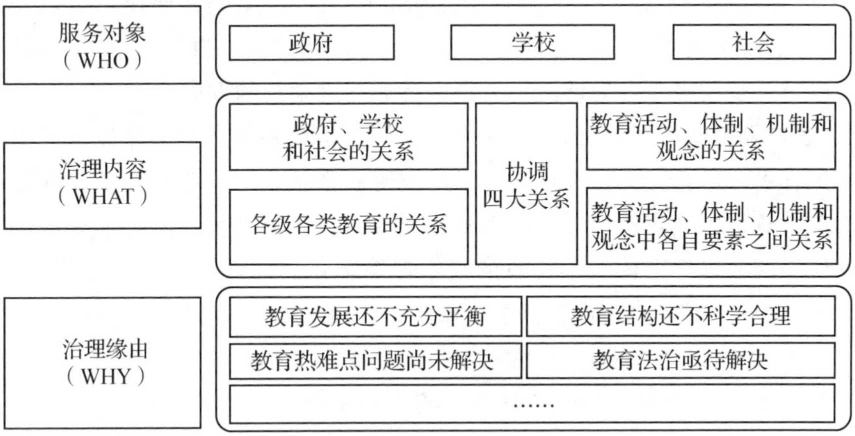

图 12-12　教育治理 3W 模型

丁志刚教授曾提出过任何治理活动都至少应该考虑四个基本问题，即谁来治理、治理什么、为何治理及如何治理，而这四个问题便构成了治理的基本要素，即治理主体、治理客体、治理目标和治理方式[④]。杨现民教授也曾基于教育面临的现实问题构建了教育治理的 3W 模型，如图 12-12 所示，包含了治理缘由（WHY）、治理内容（WHAT）和服务对象（WHO）三个层次[⑤]。基于

① 中华人民共和国教育部：《关于加强新时代教育管理信息化工作的通知》，《中华人民共和国教育部公报》，2021 年第 4 期，第 33—37 页。

② 张瑶、杨现民、周德青：《国内教育治理研究：主题嬗变与前沿趋势》，《现代教育技术》，2021 年第 11 期，第 20—27 页。

③ 任胜洪、段丽红：《大数据背景下区域教育治理现代化的机遇、挑战及路径》，《教育理论与实践》，2020 年第 10 期，第 18—23 页。

④ 丁志刚：《论国家治理体系及其现代化》，《学习与探索》，2014 年第 11 期，第 52—57 页。

⑤ 杨现民、郭利明、王东丽等：《数据驱动教育治理现代化：实践框架、现实挑战与实施路径》，《现代远程教育研究》，2020 年第 2 期，第 73—84 页。

此，从管理者或教育部门的角度出发，基于区域基础教育大数据的教育治理的一般流程可以总结为：教育部门对包含学生基本信息、教师信息、教育资源分布、教育项目投入等的各类数据进行分类采集，依托人工智能、云计算等对教育数据进行分析，根据发现的问题和不同客体的需求以及不同领域要实现的目标，形成富有区域特点的智慧教育平台等，进而促进教师结构优化、教育资源合理分配等教育治理的实现。

案例一：瓯海区数字技术与教育治理的深度融合①

瓯海区以数字化改革为契机，聚焦“未来教育创新区”，打造“以学生为中心”的美好教育新生态，携手温州中津研究院通过应用场景建设，构思“学校发展”智治一张图项目，统筹推进数字技术与教育管理、教育教学广泛深度融合，以进一步增强教育智治能力，进而反哺促进学校的发展。

“学校发展”智治一张图项目是推进瓯海区学校整体智治的年度重点项目。主要包含“153”工作体系的构建，即：构建一张基础图，建成区域校网布局、入学预警分析、教育资源分布、教师发展分析、投资项目监测五个应用场景，建立统一的数据标准体系、有效的组织保障体系、高效的网络安全体系三大保障体系(见图 12-13)。该项目主要从三个方面实现数据处理和体系的构建。

1. 技术驱动，实现数据共享

项目基于 V 字模型的任务分解，梳理了基础图、学校、教师、学生四方面的数据需求，明确数据源头，如跨平台的瓯教云、电子证书、骨干教师、督导评估等数据；跨部门资规的地理信息、住建的不动产、公安的户籍等数据；跨层级的市级招生、体质健康、近视防控，省级的浙里办、电子学籍，国家的教师管理信息等数据。但这些散落在各个应用、各个部门间的数据难以互通，赋能不畅。项目通过整合教育内部数据，多跨协同外部数据，逐步打破部门间、应用间的数据壁垒。

(1)升级迭代，实现教育内部数据共享

“瓯教云”作为瓯海区教育综合管理大平台，从以“单点登录”为标志的 1.0 版本升级成以“数据互联”为标志的 2.0 版本，2019 年再次迭代更新，打造以“精准管理”为标志的 3.0 版本，实现“数据多跨，协同高效，数据赋能”，打破教育内部应用数据孤岛，实现教育内部的数据全共享。

① 温州中津先进科技研究院：《案例｜瓯海学校发展智治一张图——数据赋能，提升教育治理水平》，https：//mp. weixin. qq. com/s/tKs _ 4ZzyeJ3gMISNjzd0vA.

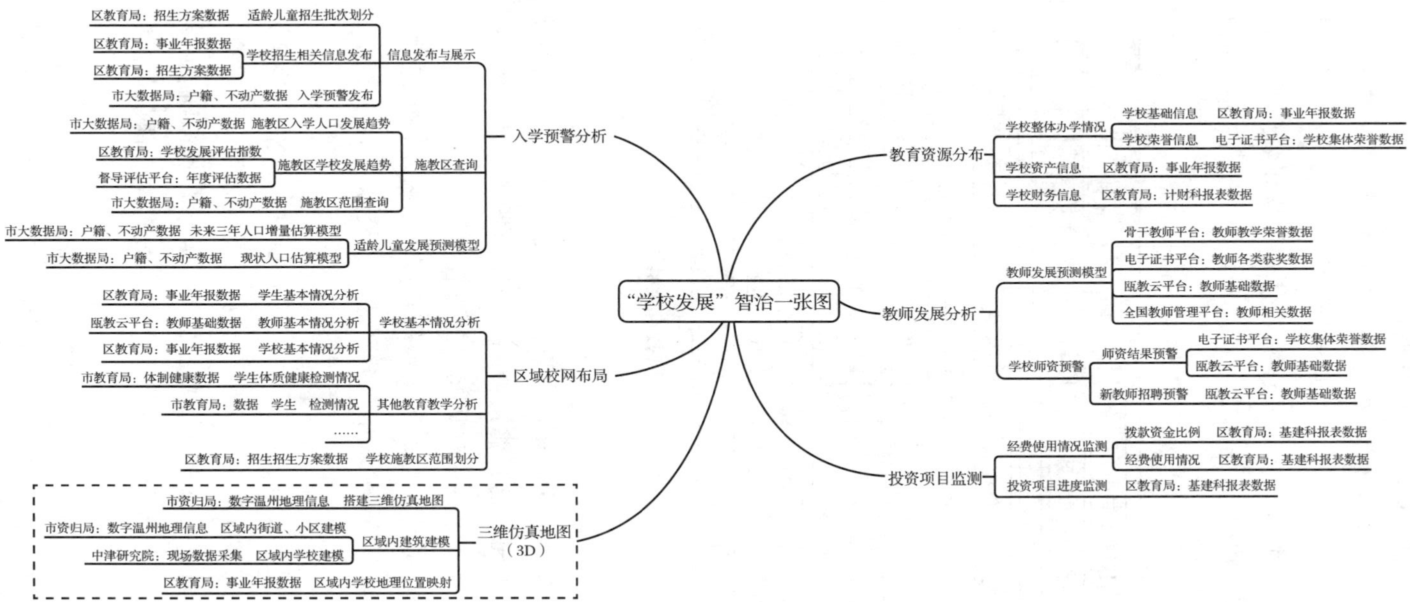

图 12-13　学校发展智治一张图①

① 温州中津先进科技研究院：《案例|瓯海学校发展智治一张图——数据赋能，提升教育治理水平》，https://mp.weixin.qq.com/s/tKs_4ZzyeJ3g MIS-Njzd0vA.

(2)打破壁垒，实现教育外部数据共享

通过开放数据接口，搭建前置机等方式，对接公安、资规等相关部门，获取适龄儿童户籍、入户年限、不动产等数据，实现跨部门的周期性数据共享。教育外部数据的清洗、归集入库，补充完善基础数据库和专题数据库，最终形成瓯海教育大数据仓(见图 12-14)，为项目服务端和治理端的应用场景提供数据支撑。

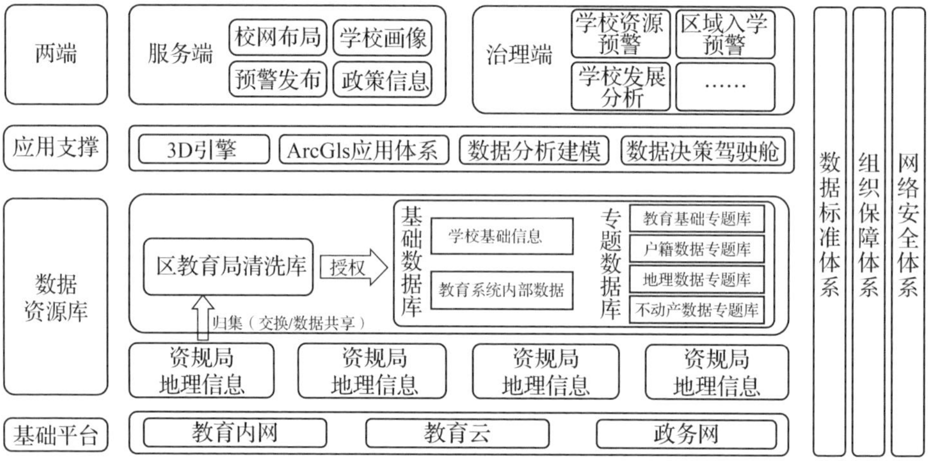

图 12-14　瓯海教育大数据仓①

2. 技术赋能，挖掘数据价值

项目通过采集教育资源数据，辅以系统模型推演，可以较精准地画像学校发展智治场景，实现多色智能预警。依托应用场景，可动态掌握全区校网布局，精准配置教育资源；及时掌握并分析各学区户籍生消长情况和热点学区户籍生入学情况走势，动态发布预警研判；动态跟踪管理区内新建扩建学校的重点投资项目；更均衡地在区域、城乡、校际、学科之间配置教师资源等。

以教师发展分析场景为例(见图 12-15)，项目通过对省学籍系统、瓯教云、名师汇、电子证书等数据进行整合分析，形成教师发展智治图，直观动态的数据展示，为教育决策提供了高效依据。若指标达标则表示区域内的师资分布相对均衡优质，若不达标则预警反馈。教育主管部门可及时决策并反

① 温州中津先进科技研究院：《案例｜瓯海学校发展智治一张图——数据赋能，提升教育治理水平》，https：//mp. weixin. qq. com/s/tKs _ 4ZzyeJ3gMISNjzd0vA.

馈给职能科室，通过针对性地人才引进、教师培育、内部流动等教育治理方式，优化学校教师结构，促进学校优质均衡。

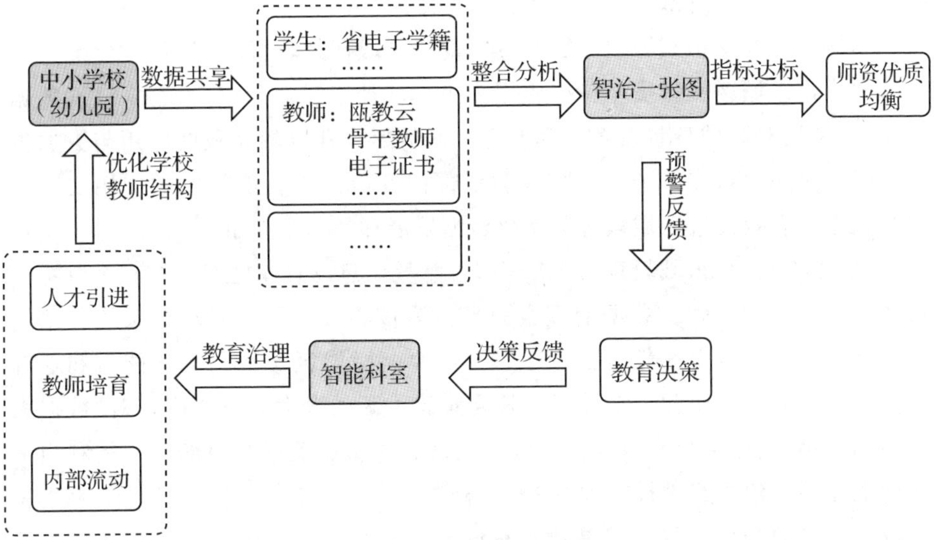

图 12-15　教师发展分析场景①

3. 数据赋能，重塑服务路径

“学校发展”智治一张图项目强调运用数字化技术和数字化思维对教育领域的教育管理模式、方式流程等进行全方位的改革引导与系统重塑，通过数据赋能，推动服务端与治理端的流程再造，实现效率变革，高效协同。

在数据赋能改革破题的过程中，一是技术创新：通过建立数据开放标准、应用接入标准，实现数据的有效共享；通过建立基于百度地图的教育资源动态分布地图，形成基于数据的教育领域可视化分析系统。二是系统重塑：重塑了群众了解区域教育资源动态的交流渠道，满足群众对教育信息的知情权；重塑了学校标准化、现代化等指标的显示路径，实现教育资源信息一屏展示；形成了基于数据的区、街、校三级的数字画像，通过主动预警反馈机制辅助教育决策。三是高效协同：突破数据壁垒，实现了跨部门、跨应用、跨层级的数据协同；建立了基于数据分析反馈的线上线下协同工作机制。

该项目基于区域教育优质均衡、学前教育的普及普惠、中小学的标准化、现代化建设等相关指标提炼教育整体智治的指标体系，融合汇通部门间、应

① 温州中津先进科技研究院：《案例丨瓯海学校发展智治一张图——数据赋能，提升教育治理水平》，https：//mp. weixin. qq. com/s/tKs _ 4ZzyeJ3gMISNjzd0vA.

用间的多跨数据，结合教育部门业务需求，建设区域教育整体智治应用场景。能有效满足各县(市、区)教育部门教育治理的刚性需求和个性化应用场景的打造，适宜于在教育部门统一部署推广。

案例二：北京市东城区“数据大脑”促进区域智慧教育治理[①]

北京市东城区区教委坚持以应用为王，从技术、业务双向发力，以“数据大脑”为基提升区域智慧教育治理能力，创新形成开放的互联网应用与数据生态，引入多元力量支持全区各校及教研部门开展人工智能技术的应用实践与场景探索，有效促进区域教育数字化转型发展和教与学变革。

“数据大脑”是东城教育“1＋7＋N”智慧教育建设总体框架的核心，以统一服务支撑平台为基础、数据治理服务平台为核心，汇聚东城教育系统各单位业务数据，以实现全区教育数据治理与共享、赋能区域数据治理能力和综合服务能力提升。基于此，东城区区教委筹建了区教育大数据中心，对“数据大脑”汇聚的各类区域教育数据进行统一清洗、质检、关联与存储。一是利用多维数据体系，建立起学校管理“一校一档”、教师发展“一师一档”、学生成长“一生一档”的全息画像。二是建立东城区综合数据管理平台，实现教育数据资源的统一“目录树”管理，目前已完成46个科室324个职责目录、95张数据表、7151万条数据记录的清洗、质检和共享工作。三是深度挖掘专题大数据应用场景，搭建形成数据汇聚、智慧课堂、智慧办公等功能动态监测与分析展示智慧大屏，探索利用数据支撑教育科学决策。四是开通数据接口，将“数据大脑”中的模块化数据点对点打包推送至市教委和下属各教育单位，推动区域数据资源的有序安全共享。

此外，东城区还依托人工智能等技术手段，助力区域教育体系多方面重塑。在教学体系上，东城区在全区推广在线教学平台，并在集团校、结对校之间有计划地开展双师教室改造和双师课堂探索；在育人体系上，线上线下融合课堂形式新颖，为学生们提供了体验式深度学习的新场景，激发了学生的学习兴趣和积极性。且融合课堂结束后，基于在线互动工具形成的教师行为数据、学生行为数据将留存于东城区智慧教育“数据大脑”，辅助进行课堂教学质量分析监测和师生互动行为分析，目前已积累有效数据几十万条，能够充分协助教师进行教学反思和教研反馈；在重塑教研体系上，东城区建立了大数据精准教研平台。平台融合数据、资源、应用、人工智能技术于一体，

① 互联网教育国家工程实验室：《智慧教育优秀案例1丨数据赋能、体系重塑，东城教育登上高位优质均衡大舞台》，https：//mp.weixin.qq.com/s/F5icUbqD5LYVMwMYQxpcJA.

形成“一平台四中心”体系架构，开展数字教研创新，搭建线上线下融合的教研环境，实现对教师教研全过程数据的采集和分析，形成多类教研环节之间的场景贯通和数据联动。管理者和研究者通过分析报告聚焦教师真正需求，实现从备课、教学、听评课到师训、评价等环节的贯通考虑，形成相对系统和完整的特色学科教研新形态。

东城区搭建的“数据大脑”，利用智能技术感知、采集和监测教育信息，实时掌握区域、学校和师生发展态势；探索教育数据在教育质量监测、校园安全预警、招生与学位管理、信息安全管控、校际协作、智慧教研、综合素养评价等方面的全场景应用，形成“用数据辅助决策”的新机制，构建了基于数据可视化的“一张图”教育治理新模式。此外，结合东城区的“数据大脑”，区教委还积极营造互联网应用和区域智慧教育应用融合生态，将互联网应用产生的教育数据“留”在东城区，用不断累积的教育大数据助力区域智慧教育可持续发展。

案例三：智慧教育大数据平台的构建与应用①②

大数据智慧教育平台以互联网、物联网、大数据、人工智能、移动互联、虚拟仿真等技术为基础，解决了基础教育在顶层设计不全面、应用建设独立分散、数据壁垒无法互通、教学管理效率不高等方面的问题。这里介绍天津市河西区和江西省南昌市在智慧教育大数据平台上的应用。

国家教育2.0战略背景下，华为携手拓维信息，以大数据共融、共享、开放的思维，结合智慧教育示范区应用场景，基于云计算、大数据、5G、人工智能等技术，助力天津市河西区打造了5G＋智慧教育大数据平台。在课程建设上，天津市河西区不断传承创新，立足地域特色和校本特色，从教育管理、教育教学、教育评价等多维度出发驱动教育变革，带动区域教育均衡高质量发展，打造了全国智慧教育示范区的“智慧标杆”。

在提升“教育治理能力”方面：通过制定统一的数据标准和指标体系，规范河西区教育大数据的平台建设及数据治理，形成区域大数据看板。比如教师资源板块，通过大数据分析预测未来1～3年的教师配备、校舍及学位、教育用地等需求数量。在推动“教育决策能力”方面：根据学校发展、教师发展

① 华为中国政企业务：《献礼开学季 | 以大数据驱动教育创新，构建智慧教育新生态》，https：//mp. weixin. qq. com/s/WRiMmSg4dQxRI0H5KfZDAw.

② 互联网教育国家工程实验室：《智慧教育优秀案例19 | 基于“一一四”建设模式的区域智慧作业应用探索与实践》，https：//mp. weixin. qq. com/s/FFPFhM9DNQGMbYE3O4Hffg.

和学生发展的整体情况来进行指标监测。以学生发展数据为例，通过对全区中小学生体质健康数据的监测，区域指导学校管理，针对性地加强学生薄弱项目锻炼，从而提升全区学生整体体质健康水平。在增强“教学服务能力”方面：天津第二新华中学通过大数据驱动创新教学，对创新课程的开课、选课、教学成果等数据进行采集，通过创新课程数据分析，优化课程结构，为学校教育教学提供辅助服务。在实际应用中，该学校校级大数据中心通过对学生学业水平及身心发展精准数据画像的分析，让教师可调整教学工作安排，学生可及时优化学习方法；通过对于财务和项目支出的精准汇总，让学校管理者可以实现教育精准治理，优化教育资源配置。

而江西省南昌市则以“作业”为切入点，依托智慧作业平台，利用大数据、云计算、人工智能等信息技术，打造大规模云计算基础设施，并通过点阵笔、高拍仪、高速扫描仪三种形态对学生作业、学情动态进行采集，逐步形成一个“智慧作业”共享圈。通过采集日常作业情况反馈出来的教与学数据，利用数字教育决策平台，将学情大数据应用于教育领域，提高教与学的有效性、完善质量监控体系、实现动态的质量管理、推进教育决策的科学化。